देवेन्द्र राज अंकुर

दिल्ली विश्वविद्यालय से हिन्दी साहित्य में एम.ए.। राष्ट्रीय नाट्य विद्यालय से निर्देशन में विशेषज्ञता के साथ नाट्य-कला में डिप्लोमा। बाल भवन, नई दिल्ली के वरिष्ठ नाट्य-प्रशिक्षक। राष्ट्रीय नाट्य विद्यालय रंगमंडल के सदस्य। भारतेन्दु नाट्य अकादमी, लखनऊ में नाट्य-साहित्य, रंग स्थापत्य और निर्देशन के अतिथि विशेषज्ञ। राष्ट्रीय नाट्य विद्यालय में भारतीय शास्त्रीय नाटक और सौन्दर्यशास्त्र के सहायक प्राध्यापक। 'सम्भव', नई दिल्ली के संस्थापक सदस्य और प्रमुख निर्देशक। राष्ट्रीय नाट्य विद्यालय रंगमंडल के साथ आधुनिक भारतीय रंगमंच में एक बिलकुल नई विधा 'कहानी का रंगमंच' के प्रणेता। विभिन्न शौकिया और व्यावसायिक रंगमंडलियों के साथ पूरे भारत और विदेशों में 400 से अधिक कहानियों, 16 उपन्यासों और 60 नाटकों की प्रस्तुति। बांग्ला, उड़िया, कन्नड़, पंजाबी, कुमाऊँनी, तमिल, तेलुगू, मलयालम, अंग्रेज़ी, धीवेही, सिंहली और रूसी भाषाओं में रंगकर्म का अनुभव। राष्ट्रीय नाट्य विद्यालय द्वारा विभिन्न शहरों में संचालित गहन रंगमंच कार्यशालाओं में विशेषज्ञ, निर्देशक तथा शिविर और कार्यशाला निर्देशक के रूप में सम्बद्ध। देश के विभिन्न रंगमंच संस्थानों और विश्वविद्यालयों में अतिथि परीक्षक। दूरदर्शन के लिए नाट्य-रूपान्तरण और निर्देशन। हिन्दी की सभी प्रमुख पत्रिकाओं में रंगमंच पर लेख और समीक्षाएँ। अंग्रेज़ी और अन्य भारतीय भाषाओं से कई प्रसिद्ध नाटकों का हिन्दी में अनुवाद। राष्ट्रीय नाट्य विद्यालय में स्वतंत्र रूप से अभिनय, आधुनिक भारतीय नाटक, रंग स्थापत्य, प्रस्तुति प्रक्रिया, दृश्य सज्जा और रंगभाषण के अध्यापन का भी अनुभव। राष्ट्रीय नाट्य विद्यालय, क्षेत्रीय अनुसंधान व संसाधन केन्द्र, बंगलौर के निदेशक। हांगकांग, चीन, डेनमार्क, श्रीलंका, मालदीव, रूस, नेपाल, फ्रांस, मॉरीशस, बांग्लादेश, जापान, सिंगापुर, थाइलैंड, इटली, यू.के., पाकिस्तान, ऑस्ट्रेलिया इत्यादि देशों में रंगकार्यशालाएँ, प्रस्तुतियाँ और अध्यापन। प्रमुख कृतियाँ : 'पहला रंग', 'रंग कोलाज', 'दर्शन-प्रदर्शन', 'अन्तरंग बहिरंग', 'रंगमंच का सौन्दर्यशास्त्र', 'पढ़ते सुनते देखते' आदि।

रंगमंच का सौन्दर्यशास्त्र

देवेन्द्र राज अंकुर

राजकमल पेपरबैक्स

पहला पुस्तकालय संस्करण
राजकमल प्रकाशन प्राइवेट लिमिटेड द्वारा
2006 में प्रकाशित

राजकमल पेपरबैक्स में
पहला संस्करण : 2023

राजकमल पेपरबैक्स : उत्कृष्ट साहित्य के जनसुलभ संस्करण

राजकमल प्रकाशन प्रा.लि.
1-बी, नेताजी सुभाष मार्ग, दरियागंज
नई दिल्ली-110 002
द्वारा प्रकाशित

शाखाएँ : अशोक राजपथ, साइंस कॉलेज के सामने, पटना-800 006
पहली मंजिल, दरबारी बिल्डिंग, महात्मा गांधी मार्ग, प्रयागराज-211 001

वेबसाइट : www.rajkamalprakashan.com
ई-मेल : info@rajkamalprakashan.com

बी.के. ऑफसेट
नवीन शाहदरा, दिल्ली-110 032
द्वारा मुद्रित

मूल्य : ₹199

RANGMANCH KA SOUNDRYASHASTRA
by Devendra Raj Ankur

ISBN : 978-93-95737-65-4

उन नए रंगकर्मियों, पाठकों, दर्शकों और समीक्षकों के लिए जो रंगमंच के सौन्दर्यशास्त्र को तैयार करने में लगे हुए हैं।

दो शब्द

एक जिज्ञासा बहुत दिनों से मन में बनी हुई है कि हम किसी भी नाटक में क्या देखने जाते हैं और कैसे देखते हैं ? यह प्रश्न जितना नाटक के लिखित आलेख से जुड़ा है उससे कहीं ज्यादा उसके प्रस्तुति रूप से भी। स्वयं एक व्यावहारिक रंगकर्मी होने के बावजूद मुझे उपर्युक्त जिज्ञासा का कोई उत्तर नहीं मिला इसलिए मैंने सोचा कि मैं अपने से ही विमर्श की शुरुआत करूँ और कुछ निश्चित्-अनिश्चित् चीज़ों को पढ़ने की कोशिश करूँ—इसी प्रक्रिया का परिणाम है *रंगमंच का सौन्दर्यशास्त्र*।

इसमें जितने भी लेख संकलित हैं वे विशेष रूप से इसी पुस्तक के लिए नहीं लिखे गए थे। इसमें से ज़्यादातर लेख पहले भी मेरी अलग-अलग किताबों में प्रकाशित हो चुके हैं लेकिन अब यहाँ वे अपने उसी पुराने रूप में मौजूद नहीं हैं। जब मैंने इस किताब को लिखने की योजना बनाई तो अपने सभी नए-पुराने लेख और किताबें सम्पादन के लिए अपने दोस्त महेश आनन्द को सौंप दिए थे। उन्होंने बड़े ध्यानपूर्वक दो-तीन साल लगाकर पूरी सामग्री को बार-बार पढ़ा, काटा-छाँटा और उसे एक नया रूप दे डाला, जिससे पाठक को अलग-अलग किताबों को न ढूँढ़ना पड़े और एक विषय से सम्बन्धित सारी सामग्री एक ही जगह पर मिल जाए। इस काम में मेरी दो अप्रत्यक्ष शिष्याओं ने भी बहुत सहयोग किया है। वे हैं—प्रतिभा राणा और ज्योति शर्मा। इन तीनों ने मिलकर इस किताब को ऐसा ज़रूर बना दिया है कि पाठक को पुरानी सामग्री की याद बिलकुल न आए। मैं इनका हार्दिक रूप से धन्यवाद करता हूँ।

हमेशा की तरह राजकमल प्रकाशन के प्रबन्ध निदेशक अशोक महेश्वरी ने जो अतिरिक्त दिलचस्पी दिखलाई, वह काबिले तारीफ़ है।

—देवेन्द्र राज अंकुर

अनुक्रम

प्रारम्भ

साहित्य (विशेष रूप से काव्य), चित्रकला, स्थापत्य और यहाँ तक कि संगीत और नृत्य के सन्दर्भ में भी सौन्दर्यशास्त्र की अवधारणा धीरे-धीरे विकसित होती गई है, लेकिन जहाँ तक नाटक और रंगमंच का प्रश्न है, मुझे नहीं लगता कि इस विषय में अभी तक किसी गम्भीर चर्चा अथवा विमर्श की शुरुआत हुई है। इसके कई कारण हो सकते हैं। एक तो यही कि रंगमंच को प्रायः दूसरे कला माध्यमों का मिश्रित रूप मानने के कारण उनके जो सौन्दर्यशास्त्रीय प्रतिमान रहे हैं, उन्हीं को कमोबेश रंगमंच पर भी आरोपित किया जाता रहा है। दूसरे, पिछले डेढ़ सौ वर्षों में आधुनिक भारतीय रंगमंच अपनी एक निजी शैली की खोज में इतना व्यस्त रहा कि शायद इस तरफ़ किसी का ध्यान ही नहीं गया। सवाल है कि नाटक और रंगमंच में लिखित आलेख और उसकी प्रस्तुति का क्या कोई अलग-अलग सौन्दर्यशास्त्र होना चाहिए अथवा दोनों के लिए एक शास्त्र से ही काम चल सकता है ? इन सारे कारणों से अलग और नाटक व उसकी प्रस्तुति से भी पहले हम रंगमंच के सौन्दर्यशास्त्र पर एक संवाद आरम्भ करें तो ज़्यादा सार्थक होगा।

सबसे पहले यह देखने की कोशिश की जाए कि स्वयं रंगमंच कौन-कौन से आवश्यक तत्त्वों से मिलकर बना है। ये तत्त्व हैं कोई कथा-कहानी जिसके माध्यम से नाटककार कोई विचार या संदेश पाठक, श्रोता और दर्शक तक सम्प्रेषित करना चाहता है; अभिनेता (जिसमें निर्देशक, नेपथ्यकर्मी और नाट्य मंडली के दूसरे सदस्य भी शामिल हैं) जो नाटक के आलेख और दर्शकों के बीच एक पुल का काम करते हैं; आलेख (चाहे लिखित हो अथवा मौखिक इससे कोई अन्तर नहीं पड़ता); स्थान (जिसे मंच, रंगभूमि अथवा प्रेक्षागृह-भी कहा जा सकता है) जहाँ पर नाटक का मंचन किया जाता है; दर्शक जो नाटक के प्रस्तुति आलेख को पढ़ने के लिए नहीं वरन् देखने और सुनने के लिए आते हैं; दूसरे तकनीकी पक्ष जैसे मंचसज्जा, वेशभूषा, रूपसज्जा, प्रकाशसज्जा, अन्य दूसरे उपकरण आदि जो अभिनेता के साथ मिलकर प्रस्तुति की एक सम्पूर्ण रंगभाषा रचते हैं।

ज़ाहिर है कि रंगमंच के सौन्दर्यशास्त्र पर गहराई से विचार करने के क्रम में आलेख और प्रस्तुति, सिद्धान्त और व्यवहार, परम्परा और शास्त्र, सभी चीजों का अपने-आप समावेश होने लगता है। इन्हें आधार बनाते हुए हम उपर्युक्त पाँच तत्त्वों के परिप्रेक्ष्य

में रंगमंच के सौन्दर्यशास्त्र को व्याख्यायित करने की कोशिश करेंगे। प्रायः नाटकों के आलेख के बारे में ऐसी टिप्पणियाँ पढ़ने या सुनने को मिलती रहती हैं कि उसका आलेख बहुत कमजोर था। यह जानना बेहद ज़रूरी है कि जिसे हम एक अच्छा और सशक्त आलेख कह सकें उसकी क्या विशेषताएँ होती हैं।

कहने की ज़रूरत नहीं कि नाटक का माध्यम उसके संवाद और उन संवादों को बोलने व झेलने वाले पात्र होते हैं। संवाद भी कहानी या उपन्यास की तरह मात्र विवरणात्मक न होकर क्रियात्मक होने चाहिए। क्रियात्मक होने का अर्थ है कि वे सिर्फ़ विवरण का चित्रण मात्र प्रस्तुत न कर बोलने वाले को शारीरिक हरक़त के लिए उकसाएँ और उत्तेजित करें। वे जितने संक्षिप्त हों उतने ही सांकेतिक होंगे और सीधे और सपाट न होकर बिम्बों और प्रतीकों की सृष्टि करेंगे। उन्हें एक सीधी रेखा में न होकर घात, प्रतिघात और बलाघात के उबड़-खाबड़ रास्ते पर चलने की क्षमता से भरपूर होना चाहिए। जो कुछ लिखा गया है, उनमें उससे ज़्यादा ध्वनित करने की सम्भावना होनी चाहिए अर्थात् उनमें अभिधा से ज़्यादा लक्षणा और व्यंजना होनी चाहिए।

उन्हें प्रयोग में लाने वाले पात्र टाईप न होकर सचमुच के हाड़-मांस के जीते-जागते प्राणी हों। उनके चरित्र-चित्रण में मात्र सफेद और काले रंगों का ही प्रयोग न किया गया हो यानी वे अच्छे और बुरे जैसे एक आयामी न होकर बहु-आयामी हों। नाटक की कथा का विकास कम से कम तीन बिन्दुओं को बहुत स्पष्टता से दर्शाता हो जैसे कि आरम्भ, मध्य और अन्त। यह इसलिए ज़रूरी है कि साहित्य की दूसरी विधाओं की अपेक्षा नाटक एक निश्चित् समय सीमा में बँधा हुआ होता है। उसे एक ही बार में आरम्भ से अन्त तक देखना होता है न कि कहानी और उपन्यास की तरह जिसे हम कभी भी बीच में पढ़ना छोड़कर दुबारा शुरू कर सकते हैं। इसीलिए नाटककार को समाज से ली हुई कहानी को इस तरह से दृश्यों में संयोजित करना पड़ता है कि वह दर्शकों में उत्सुकता, तनाव, रहस्य, असमंजस जैसी नाटकीय स्थितियों को जन्म दे सके।

नाटक की दृष्टि से स्थान या स्पेस को कई तरह से विश्लेषित किया जा सकता है। सबसे पहले तो इस रूप में कि एक ऐसी जगह जहाँ नाटक का मंचन किया जाता है। उस जगह का स्थापत्य नाटक की शैली और दर्शकों के साथ उसके रिश्ते को बहुत गहराई से स्थापित करता है। दर्शक एक दायरे में बैठकर नाटक देख रहे हैं या उस दायरे के तीन तरफ़ बैठ कर देख रहें हैं, या चारों तरफ़ बैठें हैं लेकिन यह दायरा न होकर चौकोर और आयताकार स्थान है। यही नहीं, दर्शक और अभिनेता आमने सामने भी हो सकते हैं जैसे आजकल प्रायः हर प्रेक्षागृह में दिखाई पड़ता है। यह तो हुई भौगोलिक स्पेस की बात, लेकिन इसी के साथ-साथ एक मानसिक स्पेस आलेख, अभिनेता और दर्शक के साथ लगातार यात्रा करता रहता है। आलेख में यह विराम, मौन, रंग-निर्देश और अंकों अथवा दृश्यों के बीच में होने वाले अन्तराल के रूप में दिखाई पड़ता है। इसी के साथ उसे अधूरे शब्दों, वाक्यों और टूटी-फूटी पंक्तियों में भी पाया जा सकता है।

अभिनेता की दृष्टि से फिर यह स्पेस दो-तीन स्तरों पर अपना रिश्ता बनाता है। एक तो उसका वातावरण और परिवेश जिसमें उसे नाटक को शुरू से लेकर आख़िर तक जीना है, दूसरे लम्बे-लम्बे दृश्यों के बीच कई बार सिर्फ़ चुपचाप खड़े रहने या ऐसी ही कोई प्रतिक्रिया देने तक सीमित और अन्ततः एक प्रस्थान से दूसरे प्रवेश के बीच मिले अन्तराल का स्पेस। इसी के समानांतर लगभग ऐसी ही प्रक्रिया दर्शक के मन-मस्तिष्क में भी घटित होती रहती है। नाटक को सिर्फ़ पढ़ते हुए उसके अपने भीतर चलता एक दृश्य संसार नाटक को किसी दूसरे से सुनते हुए उसके मन-मस्तिष्क में बनते टूटते दृश्यचित्र या फिर उसे देखते हुए मंच की दृश्य रचना के बरक्स उसकी अपनी रचित होती हुई दुनिया। इसीलिए तो हर दर्शक के लिए एक नाटक के अलग-अलग अर्थ और आशय होते हैं।

बार-बार यह जिज्ञासा होती है कि आख़िर दर्शक नाटक देखने क्यों आता है ! क्या अपनी ज़िन्दगी का प्रतिबिम्ब देखने अथवा दूसरों की ज़िन्दगियों का प्रतिबिम्ब देखने ? या दूसरों के बहाने से अपनी ज़िन्दगी का आकलन करने ? यदि ऐसा नहीं है तो वह कहानी के साथ-साथ क्यों चलने लगता है, चाहे कहानी कितनी भी जानी-पहचानी हो या बिलकुल अपरिचित। इसमें कोई संदेह नहीं कि सभी कलाओं की सृष्टि इसीलिए हुई हैं कि वे उनका आस्वादन करने वाले को उसकी अपनी ज़िन्दगी से अलग एक नए संसार में ले जाएँ जिसमें घटित स्थितियों, सम्बन्धों, चरित्रों, के आपसी तनाव को देखकर दर्शक को कहीं अपने भीतर सुकून और शांति महसूस हो, साथ-साथ वह सोच की दिशा में भी सक्रिय हो। इसलिए यह और भी ज़रूरी हो जाता है। कि जितनी संवेदनशीलता अभिनेता में होनी चाहिए उससे कहीं ज़्यादा सहृदयता दर्शक में होनी चाहिए।

नाटक और रंगमंच की भाषा को सम्पूर्ण बनाने में कुछ और तत्त्व भी पृष्ठभूमि के रूप में काम करते हैं, जैसे नाटक की दृश्यसज्जा, वेशभूषा, रूपसज्जा और रंगदीपन। यद्यपि इनकी रचना करने वाले रंगकर्मी कभी स्वयं मंच पर नहीं आते लेकिन इन तत्त्वों की मंच पर साकार उपस्थिति के माध्यम से वे अपनी पहचान स्थापित करते हैं। वास्तव में दर्शक के लिए एक नाटक को देखते समय आरम्भ से लेकर अन्त तक जो एक दृश्यचित्र तैयार होता है उसमें आलेख, अभिनेता, स्थान के साथ-साथ इन तत्त्वों का भी बराबर का योगदान रहता है। कहना तो यह चाहिए कि जिन कारणों से नाटक और रंगमंच को एक दृश्यकाव्य की संज्ञा दी गई है, उसके पीछे इन्हीं तत्त्वों का सबसे बड़ा हाथ है।

यदि साहित्य की दूसरी विधाओं के लिए बने-बनाए प्रतिमानों जैसे कथानक, चरित्र-चित्रण, देशकाल, भाषा, छंद, अलंकार और उद्देश्य से अलग नाटक और रंगमंच के अपने तत्त्वों के प्रकाश में उसके सौन्दर्यशास्त्र को रचने की शुरुआत की जाए तो अच्छा होगा।

नाट्यालेख

इसमें कोई संदेह नहीं कि हरेक कला मनुष्य के अन्तर को बाह्य से जोड़ने का माध्यम है अर्थात् उसके आंतरिक भावों, संवेदनाओं एवं अनुभव-अनुभूतियों की अभिव्यक्ति किसी-न-किसी रूप में होती है। इन्हें शास्त्रकारों ने सुविधा के लिए तीन वर्गों में बाँट दिया है—साहित्य, जिसमें कविता, कहानी, उपन्यास, नाटक और वे सारी विधाएँ समाहित हैं जो मुख्यतः मौखिक अथवा लिखित शब्द पर आधारित हैं। ललित कलाएँ, जिनमें वे कलारूप आते हैं जो चित्रकला, मूर्तिकला, स्थापत्य कला इत्यादि के नाम से जाने जाते हैं और रंगों, ब्रशों, कैनवास, मिट्टी, पत्थर और इनसे मिलती-जुलती किसी भी सामग्री का प्रयोग करते हैं और अपने अंतिम चरण में एक ठोस आकार प्राप्त करते हैं। प्रदर्शनकारी कलाएँ, जिनमें मुख्यतः संगीत, नृत्य और नाट्य जैसे वे कलारूप हैं, जिनका माध्यम भी मनुष्य है और रचयिता भी मनुष्य है अर्थात् यहाँ साधन और साध्य एक ही तत्त्व है और वह है मनुष्य नामक जीवंत तत्त्व। इन तीन प्राचीन प्रदर्शनकारी कलाओं के साथ पिछले डेढ़-दो सौ वर्षों में विकसित फ़ोटोग्राफ़ी, फ़िल्म, वीडियो और दूरदर्शन जैसे यांत्रिक माध्यमों को भी सम्मिलित किया जा सकता है। आज यदि हम प्रदर्शनकारी कलाओं की नई-नई सम्भावनाओं पर विचार करें तो कंप्यूटर और इंटरनेट से प्राप्त चाक्षुष बिम्बों को भी कहीं-न-कहीं ललित कला अथवा प्रदर्शनकारी कला की श्रेणी में परिभाषित करना पड़ेगा। ज़ाहिर है कि यह सारा विवेचन निहायत ही सतही है और इसे दोहराने का एकमात्र उद्देश्य यही था कि यहाँ से हम अपने विषय के और गहरे व जटिल सूत्रों की ओर बढ़ सकते हैं। यहीं पर पुनः दोहराव का ख़तरा उठाते हुए भी दो बातों की ओर संकेत करना आवश्यक है—एक तो यह कि अन्ततः उपर्युक्त उल्लिखित सभी कलाओं की रचनाप्रक्रिया कमोबेश एक समान है। कलाकार अपने से बाहर उपलब्ध अनुभव-संसार से अपनी सामग्री को अपने अन्तर तक ग्रहण करता है और फिर उसे अपने-अपने कला-माध्यम में अभिव्यक्ति देता है। एक प्रकार से यह पूरी प्रक्रिया गोलाकार है—बाहर से भीतर और पुनः बाहर तक। दूसरे, साहित्य में अपने अलग-अलग माध्यमों में तो उपस्थित है ही, वह ललित कलाओं और प्रदर्शनकारी कलाओं के मूल स्रोत के रूप में भी क्रियाशील रहता है। इसे यूँ भी कहा जा सकता है कि हर कला अपने-आप में एक नैरेटिव है अर्थात् कोई-न-कोई कहानी वहाँ हमेशा मौजूद रहती है। इस अर्थ में हर कला एक-आयामी न होकर कम-से-कम द्विआयामी और कई बार तो बहु-आयामी हो जाती है—पहला, उसका ठीक हमारे सामने दिखलाई पड़ने वाला स्थूल, अमूर्त या ठोस रूप, दूसरा इस रूप के पीछे से झाँकता एक और कथ्य

व कथानक और तीसरा, इन दोनों के मेल से देखने वाले के मन-मस्तिष्क में जन्म और आकार लेता अपना अर्थायाम। मैं समझता हूँ कि इस जानी-पहचानी पूर्व-पीठिका के पश्चात् साहित्य और प्रदर्शनकारी कलाओं की अन्तरंगता के विविध पहलुओं का अध्ययन करना अत्यंत सहज एवं सरल हो जाता है।

सबसे पहले साहित्य की मूल प्रकृति की ओर लौटा जाए। यह सर्वमान्य तथ्य है कि मनुष्य ने अपने आदिमकाल में ही सम्प्रेषण की एक भाषा की खोज कर ली थी। भले ही, यह भाषा अपने आरम्भ में मात्र ध्वनियों एवं शारीरिक हरक़तों की भाषा थी। कालांतर में इसे चित्र एवं शब्द-चित्र मिले और बहुत बाद में उस विकसित शब्द का जन्म और विकास हुआ, जिस रूप में आज हम उससे परिचित हैं। इस पूरी विकास-प्रक्रिया में एक चीज़ शुरू से लेकर आज तक निरंतर उपस्थित रही है और वह है भाषा का बोला जानेवाला रूप और लिखा जानेवाला रूप। बाद में इसी का एक तीसरा रूप मुद्रित भी सामने आया, लेकिन शब्द की मूल प्रकृति में कोई अन्तर नहीं आया। वह आज भी उतना ही निराकार है, जितना अपने आदिम युग में रहा होगा। आदिम युग में तो फिर भी शारीरिक हरक़तों के रूप में उसका कुछ-न-कुछ साकार स्वरूप वर्तमान था, लेकिन जब से उसने भाषा के विकसित रूप को ग्रहण किया, वह ज़्यादा-से-ज़्यादा निराकार होता चला गया है। कहने का तात्पर्य यही है कि शब्द अपने दृश्यत्व में मात्र कुछ अक्षर इकाइयों का व्याकरणीय मेल है। काग़ज़ पर लिखे गए अथवा मुद्रित रूप में भी उसमें कोई दृश्य या बिम्ब समाहित नहीं है, लेकिन जब हम किसी विशेष प्रसंग में उन शब्दों को सुनते या पढ़ते हैं तो वही निराकार शब्द हमें एक ऐसे दृश्य-संसार में ले जाते हैं जो संपूर्ण रूप में साकार और ठोस जान पड़ता है, यद्यपि छूकर देखने के स्तर पर वह पुनः उतना ही अमूर्त एवं निराकार हो जाता है। साहित्य को इसीलिए शायद एक शुद्ध विधा का दर्जा दिया गया है, क्योंकि वह मूलतः शब्दों पर आश्रित है और शब्द एक साथ ही निराकार भी हैं और साकार भी, अर्थात् उन्हें निराकार से साकार तक पहुँचने के लिए किसी दूसरे बाहरी उपकरण की ज़रूरत नहीं पड़ती। यों तो एक रूप में दूसरे उपकरण के स्थान पर उस श्रोता-पाठक की उपस्थिति को नज़र-अंदाज़ नहीं किया जा सकता, फिर भी शब्दों के साकार बिम्बों में परिवर्तित होते जाने की प्रक्रिया उसके मन-मस्तिष्क की आँखों के सामने घटित होती रहती है, जिसका कोई बाहरी रूप हमारे सामने नहीं आता। इतना ही नहीं, यह आंतरिक साकार बिम्ब भी अपनी सत्ता में एकदम मुक्त एवं स्वतंत्र है। किन्हीं भी दो पाठकों-श्रोताओं के मन-मस्तिष्क में हूबहू वही बिम्ब उभरें, यह कतई ज़रूरी नहीं है। कब एक बिम्ब पुनः निराकार हो जाता है, दूसरे में स्थानांतरित हो जाता है या बहुत से बिम्ब गुंफित होकर न जाने कौन सा नया आकार ग्रहण कर लें—मनुष्य के भीतर चलने वाली यह रचनाप्रक्रिया इतनी सूक्ष्म और जटिल है कि उसे किसी भी निश्चित् परिभाषा में बाँधा नहीं जा सकता। सीधे-सीधे समझने के स्तर पर इतना ही कहा जा सकता है कि लेखक के अन्तर में बाहरी संसार से प्राप्त अनुभवों के आधार पर कुछ बिम्ब जन्म लेते हैं,

वह उन्हें शब्दों के रूप में एक 'निराकार आकार' देता है और अन्ततः वे पाठक अथवा श्रोता के भीतर पुनः आकार ग्रहण करते हैं। हर स्थिति में शब्द और उनसे बनते बिम्ब पूरी तरह से स्वतंत्र हैं—शब्दों के अपने बिम्ब, रचयिता के अपने बिम्ब और ग्रहण करने वाले के अपने बिम्ब, जबकि इन तीनों स्तरों पर शब्दों में अपने-आप में कोई परिवर्तन नहीं होता।

शब्द, उसकी ध्वनि और उसमें से उभरते दृश्य की सम्भावना ने ही कालांतर में प्रदर्शनकारी कलाओं को जन्म दिया। संगीत, नृत्य एवं नाट्य—तीनों ही शब्द पर आधारित हैं, लेकिन अलग-अलग रूप में। संगीत में शब्द एक ध्वनि के रूप में अपने मूल एवं शुद्ध निराकार रूप में मौजूद है तो नृत्य में वह शारीरिक गतियों एवं मुद्राओं में एक दृश्य रूप ग्रहण कर लेता है और नाट्य में एक साथ ध्वनि एवं दृश्य के माध्यम से एक ठोस बिम्ब में परिवर्तित होता जाता है। इस प्रकार उपर्युक्त तीनों विधाओं का पहला स्रोत तो साहित्य अथवा शब्द ही है, लेकिन बस यहीं तक मूल रचयिता यानी लेखक की ज़रूरत होती है। इसके बाद तो दर्शक अथवा श्रोता के बीच अनिवार्य रूप से एक तीसरे तत्त्व की अपरिहार्यता है अर्थात् शब्द और श्रोता-दर्शक के बीच एक तीसरा तत्त्व और प्रवेश करता है, जो कहीं गायक है, कहीं नर्तक है और कहीं अभिनेता है। यह तीसरा तत्त्व साहित्य को अनुभूत करने की प्रक्रिया में कहीं सम्मिलित नहीं था, लेकिन प्रदर्शनकारी कलाओं का वह आवश्यक व अनिवार्य अंग है।

जिस प्रकार शब्दों के बिना साहित्य की कल्पना नहीं की जा सकती, रंगों-रेखाओं के बिना चित्रकला की कल्पना नहीं की जा सकती, उसी प्रकार इस जीवंत तत्त्व के बिना इन प्रदर्शनकारी कलाओं के अस्तित्व की कोई ठोस कल्पना नहीं की जा सकती। यद्यपि आज इस बात पर बहस की जा सकती है कि संगीत को रिकार्डेड रूप में सुनकर भी उतना ही आनन्द लिया जा सकता है, नृत्य को वीडियो व दूरदर्शन जैसे माध्यम में भी उसकी संपूर्णता में अनुभूत किया जा सकता है और फ़िल्म ने तो बड़े-से-बड़े नाटकीय अनुभव को भी सहज-सुलभ रूप में उपलब्ध करा दिया है। यदि गहराई से देखा जाए तो क्या अपने यांत्रिक रूपों में भी वह तीसरा तत्त्व यहाँ उपस्थित नहीं है—एक कैसेट, वीडियो, फ़िल्म अथवा पर्दे के रूप में ? इतना ही क्यों, इन यांत्रिक रूपों तक पहुँचने की रचनाप्रक्रिया तो अन्ततः उसी तीसरे तत्त्व के माध्यम से ही पूरी हुई है। कहा जा सकता है कि साहित्य में लेखक के अनुभव संसार और पाठक के अनुभूत संसार के बीच यदि किसी तीसरे तत्त्व का अस्तित्व माना भी जाए तो वह स्वयं शब्द है। इसके समानांतर प्रदर्शनकारी कलाओं में उपर्युक्त तीनों तत्त्वों के परे एक और अतिरिक्त तत्त्व की आवश्यकता पड़ती है, जिसकी जीवंत उपस्थिति की ऊपर चर्चा की गई है।

लेकिन साहित्य और प्रदर्शनकारी कलाओं को अनुभूत करने की प्रक्रिया ठीक एक-दूसरे के विपरीत है। जैसा कि विवेचित किया जा चुका है, साहित्य में शब्द निराकार से पाठक और श्रोता के लिए साकार की ओर बढ़ते हैं, लेकिन संगीत, नृत्य और नाटक में सारी अनुभव-प्रक्रिया साकार से निराकार की ओर बढ़ती है। किसी हद तक संगीत

एवं साहित्य को लगभग एक ही स्तर पर अनुभूत किया जा सकता है, यानी गायक की जीवंत उपस्थिति को छोड़कर शब्द यहाँ भी उतने ही निराकार होते हैं, यद्यपि वे चुपचाप पढ़े नहीं जा रहे हैं वरन् एक रूढ़, नियमबद्ध एवं निश्चित् राग में सुने जा रहे हैं। लेकिन अपनी मूल प्रकृति में वे यहाँ भी शब्द ही रहते हैं और इसीलिए संगीत व साहित्य एक-दूसरे के बहुत निकट पड़ते हैं। नृत्य एवं नाटक में स्थिति एकदम भिन्न है। नर्तक स्वयं तो शब्दों को ध्वनि के स्तर पर झेलता ही नहीं है, वे प्रायः पृष्ठभूमि से अथवा मंच पर बैठे वाद्य-वृंद के समूह द्वारा ही बोले या गाए जाते हैं। लेकिन रेखांकित करने लायक तथ्य यह है कि उन शब्दों को वह नर्तक मंच पर शारीरिक गतियों एवं मुद्राओं के माध्यम से एक निश्चित् आकार दे रहा है। इस प्रकार यहाँ निराकार और साकार एक साथ उपस्थित हैं और यह साकारता भी ठोस स्तर पर कम-से-कम दो रूपों में मंच पर विद्यमान है—एक तो नर्तक की अपनी जीवंत उपस्थिति और दूसरे उसके गतिविधान एवं मुद्राओं से बनने वाला दृश्यत्व। यह अलग बात है कि इतना ठोस दृश्यत्व होने के बाद भी अन्ततः उसकी परिणति निराकार में होती है, क्योंकि अपने व्याकरण में वे गतियाँ और मुद्राएँ कितनी भी निश्चित् क्यों न हों, इसके बावजूद दर्शक उनसे अपने-अपने बिंब और अर्थ ग्रहण करने के लिए स्वतंत्र है। इसी के साथ निराकार इस रूप में भी कि नर्तक के मंच से परे हटते ही इस ठोस दृश्यत्व का कोई चिह्न वहाँ शेष नहीं रहता—शेष रहता है तो मात्र दर्शक की स्मृति में, पुनः उसी रूप में उसके मन-मस्तिष्क में जैसे साहित्य और संगीत का शब्द रह जाता है। नृत्य की अपनी निजी एवं मौलिक खोज यही है कि निराकार शब्दों को सचमुच का एक ठोस आकार देना और उस आकार को उतना ही तरल, लचीला एवं क्षणभंगुर बना देना।

नाट्य, नाटक अथवा रंगमंच को अनुभूत करने की प्रक्रिया सबसे ज़्यादा जटिल है। सबसे पहले तो वहाँ भी साहित्य की तरह मात्र शब्द हैं, लेकिन वे अपने-आप में पूर्ण और अंतिम नहीं हैं। साहित्य में एक बार लिखित और मुद्रित होने के बाद शब्द अपनी पूर्णता को प्राप्त कर लेता है, लेकिन रंगकर्म में शब्द के पूर्ण और अंतिम होने की शुरुआत ही शब्द के लिखे जाने के बाद होती है। ऐसा इसलिए है क्योंकि नाटक अनिवार्य रूप से एक प्रदर्शनकारी कला है, जबकि साहित्य के साथ ऐसी कोई शर्त नहीं जुड़ी है। फिर शब्दों के साथ नाटक साहित्य और नृत्य से इस मायने में भी अलग सलूक करता है कि यहाँ शब्दों को बोलने वाला और दिखाने वाला भी एक ही व्यक्ति अर्थात् अभिनेता स्वयं है। इसीलिए साहित्य के शब्दों की इयत्ता और रंगमंच के शब्दों की इयत्ता बिलकुल अलग-अलग है—जहाँ साहित्य का शब्द अपने मूल रूप में मात्र एक बिम्ब, एक चित्रण या एक नैरेटिव भर है, वहाँ नाटक का शब्द अपने-आप में शारीरिक हरक़त और दृश्य को भी समेटे हुए रहता है। इतना ही नहीं, अभिनेता के साथ-साथ एक-दूसरे में गुँथे हुए कई अन्य तत्त्व भी क्रियाशील होते हैं—संगीत, वेशभूषा, रूपसज्जा, आलोक-सज्जा, मंच-उपकरण व मंचसज्जा। इस प्रकार मंच पर शब्द स्वयं तो अभिनेता की आवाज़ एवं शरीर के माध्यम से एक बिम्ब और दृश्य में बदलता ही है, इसके साथ

ही बहुत सी दूसरी चीज़ों का प्रयोग करके एक ठोस आकार ग्रहण करता है। यह कहना ज़्यादा सही होगा कि मंच ही एकमात्र ऐसी प्रदर्शनकारी कला है, जिसमें शब्द अपनी त्रिआयामी ठोसता को प्राप्त करते हैं। एक-दूसरे पक्ष से विचार किया जाए तो इतने ठोसत्व के बाद भी शब्दों की नियति यहाँ भी वही रहती है यानी वे चाहे कितने भी साकार हो जाएँ, उन्हें अन्ततः निराकार ही होना है। इसके अतिरिक्त मंच पर घटित होने वाले दृश्य को देखने की प्रकृति भी शेष सब कलाओं से भिन्न है, क्योंकि नाटक के दृश्य को अभिनेता और निर्देशक चाहे कितना भी निश्चित् क्यों न कर लें, दर्शक-दीर्घा में अलग-अलग स्थान पर बैठे दर्शकों के लिए उसका अर्थ भी भिन्न-भिन्न होगा। दूसरे, नाटक संगीत या नृत्य की तरह ऐकांतिक कला नहीं है, वरन् एक-दूसरे समूह को अपने में समाहित किए रहती है और इसलिए उसका दृश्यत्व ठोस होकर भी अत्यंत पारदर्शी है क्योंकि किस विशेष क्षण में मंच पर कौन सा कलारूप रेखांकित हो जाए, यह प्रक्रिया भी अपने-आप में उसे निरंतर तरल और गतिशील बनाए रखती है। तीसरी और सबसे महत्त्वपूर्ण बात यह है कि मंच पर घटित होने वाला नाटक जिस दिन वहाँ जन्म लेता है, उसी दिन अपनी समाप्ति पर उसकी मृत्यु भी हो जाती है। नाटक समाप्त होने के बाद अन्ततः क्या शेष रहता है हमारी आँखों के सामने—कुछ भी तो नहीं। यदि कुछ शेष रहता भी है तो उसी तरह से हमारी स्मृति में और मन-मस्तिष्क में जैसे संगीत, नृत्य में होता है और एक-दूसरे स्तर पर साहित्य में—क्या अन्ततः शब्दों की अंतिम परिणति निराकार से साकार और पुनः निराकार होना ही है ? ललित कलाओं में ऐसी स्थिति नहीं है—आज भी न जाने कितने हज़ार वर्षों पूर्व चित्रित और निर्मित मूर्तियाँ और स्थापत्य के चिह्न ज्यों-के-त्यों सुरक्षित हैं। साहित्य का लिखित एवं मुद्रित शब्द भी अपने उसी रूप में आज भी उपलब्ध है। लेकिन संगीत, नृत्य एवं नाट्य के बिम्ब एवं दृश्य की जीवंतता और ठोसत्व मात्र उसी क्षण के लिए हैं। क्या इसका यह अर्थ लिया जाए कि साहित्य की तुलना में प्रदर्शनकारी कलाएँ अल्पायु हैं ? इतिहास पर दृष्टिपात किया जाए तो तथ्य बिलकुल इसके विपरीत जाते हैं। प्रदर्शनकारी कलाओं का न केवल जन्म साहित्य से पहले हो गया था बल्कि वे आज भी निरंतर गतिशील हैं। बेशक उनकी मूल प्रकृति में कोई अन्तर नहीं पड़ा है, क्योंकि वे आज भी रोज़ पैदा होती हैं और उसी रोज़ मरती भी रहती हैं। इसका एकमात्र रहस्य यही है कि जैसे साहित्य में अन्ततः शब्द सुरक्षित रह जाते हैं, प्रदर्शनकारी कलाओं में जीते-जागते, जीवंत तत्त्व मनुष्य की भागीदारी ही उसका वह सशक्त पक्ष है, जो अपनी शर्तों पर शब्दों को झेलता है, उनका सामना करता है और प्रायः उन्हें लाँघकर आगे निकल जाता है।

साहित्य के शब्द में समाहित दृश्य-बिम्ब, संगीत, नृत्य एवं नाटक का स्वयं में प्रदर्शनकारी होना; मध्यकाल में चित्रकला जैसे दो-आयामी माध्यम में 'पर्सपैक्टिव' की खोज से प्राप्त तीसरे आयाम से ठोस यथार्थ का भ्रम पैदा करने की सम्भावना—समय के लम्बे अन्तराल में ये प्रेरणा स्रोत तो स्वाभाविक विकास के रूप में रखे ही जा सकते हैं। औद्योगिक क्रांति के परिणामस्वरूप इनसे भी अधिक विकसित होनेवाली फ़ोटोग्राफ़ी,

फ़िल्म, दूरदर्शन, वीडियो जैसी प्रदर्शनकारी कलाओं ने शब्द से अलग अपने अस्तित्व की पहचान स्थापित की है। कुछ सीमा तक फ़ोटोग्राफ़ी और मुद्रित शब्द को भले ही एक-दूसरे के आस-पास रखकर देख लें, क्योंकि अपने अंतिम रूप में दोनों एक स्थिर आकार ग्रहण कर लेते हैं, चाहे वे एक-दूसरे से एकदम भिन्न हैं 'यानी शब्दों से दृश्य और बिम्ब स्वयमेव मन में उभरते हैं और चित्रों से प्राप्त कहानी को शब्दों में बाँधा जा सकता है। इनके विपरीत फ़िल्म, दूरदर्शन और वीडियो–इन तीनों कलारूपों में शब्द की अनिवार्यता कतई नहीं है, यहाँ तक कि अभिनेता जैसे जीवंत तत्त्व की भी कोई अपरिहार्य स्थिति नहीं है। मेरे कहने का अर्थ यह है कि इन माध्यमों में शब्द और उसे बोलने वाले अभिनेता के बिना भी काम चल सकता है क्योंकि मूल रूप से ये कलाएँ मात्र चाक्षुष बिम्बों पर आश्रित हैं। यह अलग बात है कि आज भी शब्द और ध्वनि, संगीत और नृत्य, नाटक और अभिनेता अपनी संपूर्ण बिम्बगत एवं दृश्यगत सम्भावनाओं में इन कलारूपों के साथ सम्बद्ध हैं। दूसरे शब्दों में पूर्णरूपेण दृश्य माध्यम होते हुए भी इन्हें शब्द से छुटकारा नहीं मिला है–क्या ये साहित्य के शब्दों की शक्ति और अस्मिता का सूचक नहीं है कि वे माध्यम भी, जो शब्द का सहज विकास नहीं हैं, शब्द पर ही आश्रित हैं। एक-दूसरे दृष्टिकोण से भी ये कलाएँ शब्द के बहुत निकट आ जाती हैं। जिस प्रकार शब्द अपनी ध्वनि एवं संयोजन से बिम्बों एवं चित्रों के वास्तविक होते जाने के यथार्थ का भ्रम उत्पन्न करते हैं, उसी तरह ये यांत्रिक माध्यम भी अपनी मूल प्रकृति में बाहरी यथार्थ को ज्यों-का-त्यों प्रस्तुत कर देने की क्षमता के बावजूद अन्ततः मात्र उसका भ्रम ही होकर रह जाते हैं। संगीत, नृत्य और रंगमंच में भी यथार्थ का भ्रम होते हुए हम जीवंत गायक, नर्तक और अभिनेता को चाहें तो स्पर्श करके भी अनुभूत कर सकते हैं, लेकिन इन यांत्रिक कलाओं में तो वह नितांत असम्भव है। रेडियो, फ़िल्म, दूरदर्शन और वीडियो आदि कितना भी तकनीकी विकास क्यों न कर लें, क्या वे संगीत, नृत्य और नाटक देखने के उस अनुभव का सामना कर सकते हैं, जहाँ सुनने-देखने वालों की वाह-वाही की तत्काल प्रतिक्रिया मंच पर उपस्थित कलाकार तक पहुँच जाती है और उसकी प्रदर्शन-कला एक नई स्फूर्ति और एक नया रूप लेकर आगे बढ़ती है। क्या यही कारण नहीं है कि महज़ पिछले दो-डेढ़ सौ वर्षों में ही विकसित होकर और अपने प्रभाव में अत्यंत शक्तिशाली माध्यम बन जाने के बावजूद आज इन्हें अपने अस्तित्व के लिए बाक़ी सारी प्रदर्शनकारी कलाओं के मुक़ाबले ज़्यादा संघर्ष करना पड़ रहा है। इससे भी ज़्यादा एक और कारण भी है। जहाँ साहित्य एवं दूसरी जीवंत प्रदर्शनकारी कलाओं ने मनुष्य के जीवन के सामाजिक ढाँचे को बरकरार रखा हुआ था, वहाँ इन अधुनातन कलाओं ने उस सामाजिकता को पूरी तरह से समाप्त कर दिया है और आदमी अपने में सिमटकर बिलकुल अकेला और वैयक्तिक होते जाने को अभिशप्त है।

उपर्युक्त विवेचन और विश्लेषण के बाद एक तथ्य फिर भी स्वयंसिद्ध है और वह यह कि साहित्य और अन्य सारी प्रदर्शनकारी कलाएँ अपनी प्रकृति एवं अभिव्यक्ति की प्राविधियों में बेशक एक-दूसरे से नितांत भिन्न हों, लेकिन वे साहित्य के उस मूल गुण

से कभी दूर नहीं हो पाएँगी, जो उसने शब्दों के पीछे से उभरती, झाँकती और सम्प्रेषित होती कहानी के रूप में अपने पास बचाकर रखा हुआ है और यही अन्तरंगता का वह सूत्र भी है, जो सारी कलाओं और विधाओं में समान रूप से संचरण करता रहता है। इसीलिए मौखिक, लिखित अथवा मुद्रित शब्द की सीमाओं और सम्भावनाओं को पीछे छोड़कर दूसरी प्रदर्शनकारी कलाएँ कितनी भी आगे क्यों न निकल जाएँ, वे अपने-आप को कभी भी साहित्य से अलग नहीं कर पाएँगी। इसका मात्र एक ही उदाहरण पर्याप्त है—एक ओर मीडिया के प्रचार-प्रसार के कारण शब्द की महत्ता पर ही प्रश्नचिह्न लगता रहा है, तो दूसरी ओर पत्र-पत्रिकाओं एवं पुस्तकों के रूप में शब्द का प्रसार और भी ज़्यादा बढ़ता जा रहा है। यह बात निरंतर लगती चित्रकला की प्रदर्शनियों, संगीत, नृत्य और नाटकों के नियमित प्रदर्शनों में उमड़ती जनसमूह की उपस्थिति के रूप में भी रेखांकित की जा सकती है। सबसे ज़्यादा उल्लेखनीय बात यह भी है कि विभिन्न कलाओं के आपसी लेनदेन में जितनी आवा-जाही बीसवीं शताब्दी के उत्तरार्द्ध में हुई है, उतनी शायद इतिहास में कभी नहीं हुई। यदि एक ओर सभी कलाएँ अपने-अपने माध्यमों में शिखर तक पहुँचकर पुनः शून्य की ओर लौट रही हैं और इस तरह से अपनी एक वर्तुलाकर यात्रा पूरी कर रही हैं, वहीं वे एक-दूसरे पर और भी ज्यादा आत्मर्निर्भर होती जा रही हैं।

लेकिन बीसवीं शताब्दी के रंग इतिहास में पूरे विश्व में नाटक के इसी प्राण तत्त्व शब्द से ही मुक्ति पाने की कोशिशें होती रही हैं और सबसे दिलचस्प तथ्य यह है कि जहाँ-जहाँ शब्दों को पीछे छोड़ते हुए मात्र अभिनेता की वाणी और शरीर के माध्यम से भी एक नई रंगभाषा तैयार करने की दिशा में लगातार काम हुआ, वहाँ भी अन्ततः शब्द ही नाट्य-प्रस्तुति के केन्द्र में रहा। पश्चिम में अगर आर्तो, मेयरहोल्ड, ग्रोतोव्स्की और पीटर ब्रुक जैसे निर्देशक इस क्षेत्र में सक्रिय रहे, वहाँ भारत में भी बादल सरकार, कावलम नारायण पणिक्कर, रतनथियम, बंसी कौल जैसे निर्देशक शब्दों से परे या उसके समान्तर मात्र अभिनेता के माध्यम से ध्वनियों, गतियों, सरकस और परम्पराशील तत्त्वों के सहयोग से उस रंगभाषा की तलाश में लगे हैं, जहाँ शब्द की स्थूल सत्ता कम-से-कम होती जाए अथवा उससे पूरी तरह ही मुक्ति पा ली जाए।

आख़िर शब्दों से मुक्ति की यह यात्रा रंगमंच में शुरू ही क्यों हुई ? इस यात्रा के पीछे नाटक और रंगमंच के इतिहास में यथार्थवादी नाट्य लेखन का दौर उत्तरदायी है। यथार्थवादी रंगमंच में पहली बार गीत, संगीत, मुद्राओं, गतियों से रहित एक ऐसी नाट्यशैली सामने आई जो सीधे-सीधे रोज़मर्रा की ज़िन्दगी से जुड़े हाव-भाव और व्यवहार के माध्यम से एक ऐसी अभिनयशैली के साथ जुड़ी, जो किसी भी प्रकार की बाह्य आलंकारिकता से रहित थी। ऐसी स्थिति में ज़्यादा से ज़्यादा आग्रह शब्दों पर ही हो सकता था और ऐसा ही हुआ भी। ऐसा नहीं है कि अभिनय की यह शैली पहले से मौजूद नहीं थी। पश्चिम में भले ही यह शैली पिछले डेढ़-सौ, दो-सौ बरस पहले ही आई लेकिर हमारे यहाँ तो भरत के नाट्यशास्त्र में आज से दो-ढ़ाई हज़ार साल पहले

ही लोकधर्मी नाट्यशैली के विवेचन के तहत इस तरफ़ संकेत किया जा चुका है।

लेकिन क्या सच में ही यथार्थवादी नाटकों में शब्दों पर इतना ज़ोर रहता है कि उससे मुक्ति की कामना की जाए ? क्या दूसरी तरह की नाट्य-शैलियों की रचनाओं में शब्दों की स्थिति गौण होती है ? यदि हम पश्चिम और अपने देश के नाट्य-लेखन पर आदिकाल से आज तक नज़र डालें तो वस्तुस्थिति बिलकुल इसके उलट है। मान लें, पश्चिम में यथार्थवादी लेखन इधर ही प्रचार में आया किन्तु इससे पूर्व क्या होता रहा है ? यूनानी नाटक, शेक्सपीयर के नाटक, मौलियर के नाटक, बेन जॉनसन के नाटक, मार्लो के नाटक—कहने का तात्पर्य यह कि यथार्थवादी दौर से पहले किसी भी देश और भाषा के नाटकों को उठा लीजिए वे पूरी तरह से शब्द-बहुल नाटक हैं और तुर्रा यह कि वे नाट्यधर्मी रंगपरम्परा का प्रतिनिधित्व करते हैं जो अपनी मंचीय अभिव्यक्ति में अधिक से अधिक शैलीबद्ध रंग तत्त्वों यथा गीत, संगीत, मुद्राओं एवं गतियों का प्रयोग करते हैं। ठीक यही या इससे मिलती-जुलती स्थिति भारतीय रंगपरम्परा में पाई जाती है—संस्कृत नाटक, लोक नाटक, पारसी नाटक, प्रसाद के नाटक, भारतेन्दु के नाटक, टैगोर के नाटक—इनमें से कोई भी पश्चिम के यथार्थवाद के अनुकरण में नहीं लिखा गया है और फिर भी शब्दों से भरा पड़ा है। ये शब्द बहुलता इस सीमा तक है कि यदि किसी नाटक को अपने सम्पूर्ण कलेवर में मंच पर प्रस्तुत करना चाहें तो कम-से-कम आठ-दस घंटे की अवधि दरकार होगी। शेक्सपीयर के नाटक भी इसके अपवाद नहीं हैं। यही कारण है कि आज जब भी इनमें से किसी नाटक को मंचित किया जाता है तो काफ़ी काट-छाँट और संपादन करना पड़ता है, जबकि यथार्थवादी नाटकों के मंचन में संपादन की समस्या का बिरले ही सामना करना पड़ता है। वास्तव में यथार्थवादी नाटकों में शब्द ज़्यादा होते हैं—यह ग़लत धारणा इसलिए भी बन गई है क्योंकि वहाँ सचमुच में बोले जानेवाले शब्दों की तुलना में उन शब्दों की बहुतायत भी रहती है जो मंच-संकेत के रूप में कोष्ठकों में लिखे जाते हैं। ये शब्द अभिनेता और निर्देशक की अपनी तैयारी से सम्बद्ध रहते हैं। वे चाहें तो इनका अनुगमन करें और चाहें तो इन्हें छोड़ दें।

अब एक जायज़ा उन नाटकों और रंगमंच का भी लिया जाए, जो घोषित रूप से यथार्थवाद के विरोध में और उसी के साथ-साथ शब्द के विरोध में प्रचलित हुए। सबसे पहले ब्रेष्ट जैसे नाटककार और निर्देशक का उदाहरण लें। यथार्थवादी नाट्य लेखन और प्रस्तुतिशैली दर्शकों के लिए यथार्थ का भ्रम पैदा करता है, उन्हें भावनाओं से अनुप्राणित कर अपने साथ बहा ले जाता है और उनकी सोचने-विचारने की शक्ति को निष्क्रिय बना देता है—इसके विरोध में उन्होंने अपने महाकाव्यात्मक रंगमंच और अलगाव के सिद्धान्त की अवधारणा को रंग जगत के सामने रखा। गहराई से विचार किया जाए तो हम पाते हैं कि मानों ब्रेष्ट अपने नाटकों के माध्यम से अपने विचारों और सिद्धान्तों को अभिव्यक्ति देने के लिए कुछ ज़्यादा ही शब्द जाल का सहारा लेते हैं—पोस्टर-बैनर पर शब्दों के माध्यम से सूचना, गीत एवं कोरस के माध्यम से कथा को आगे बढ़ाना,

विभिन्न दृश्यों में एकालापों ओर संवादों के माध्यम से नाटक का विकास करना—यह भी एक तथ्य है कि आज तक हमारे यहाँ ब्रेष्ट का कोई नाटक भी अपनी सम्पूर्णता में कभी नहीं खेला गया क्योंकि उनमें इतना दोहराव है कि उसे पढ़ने के स्तर पर तो हम किसी तरह स्वीकार कर भी लें, सुनने और देखने की प्रक्रिया के दौरान तो वे बेहद बोझिल हो जाते हैं। सिर्फ़ भारत में ही नहीं, पश्चिम में भी उनकी रचनाओं पर आधारित जितनी प्रस्तुतियों को देखने का अवसर मिला है, उनमें भी कभी उनके किसी नाटक को सम्पादित किए बिना नहीं किया गया।

दूसरे विश्वयुद्ध के बाद पश्चिम में असंगत नाटकों का दौर आया, जिनका दर्शन ही यह था कि जीवन की सार्थकता क्या है ? परस्पर संवादहीनता की स्थिति आ गई है। पहले से तैयार और बनी-बनाई भाषा भोथरी और धारहीन हो गई है और एक नई भाषा को गढ़ने की ज़रूरत है, जो इन अर्थहीन, उद्‌देश्यहीन स्थितियों को अभिव्यंजित कर सके। यह एक व्यंगपूर्ण स्थिति ही कही जाएगी कि जिन नाट्‌य रचनाओं में कम-से-कम शब्द होने चाहिए थे, वे अधिकाधिक शब्दजाल में उलझकर रह गईं। उदाहरण के लिए आयनेस्को का नाटक 'द लैसन' जो तत्कालीन शाब्दिक शिक्षा पद्धति की अर्थहीनता को केन्द्रित करके लिखा गया है, अन्ततः स्वयं उस शब्दजाल से कहाँ मुक्त हो पाता है ? बैकेट का 'वेटिंग फार गोडो' इस तथ्य को पुष्ट करने वाला दूसरा नाटक है कि जितना हम शब्दों की रंगभाषा से दूर भागना चाहते हैं, उतना ही शब्दों के लिए हमारा मोह और बढ़ता जाता है।

पश्चिम का ही एक तीसरा महत्त्वपूर्ण चरण ग्रोतोव्स्की और उसी की राह पर चलने वाले उन निर्देशकों के रंगकर्म से सम्बद्ध है, जो 'पूअर थिएटर' 'एम्पटी स्पेस' और 'एनवायरनमैंटल थिएटर' की परिकल्पना लेकर सामने आए अर्थात् रंगमंच के परम्परागत तत्त्वों का त्याग करते हुए मात्र अभिनेता को केन्द्रित किया जाए। सिद्धान्त या अवधारणा के स्तर पर ये सारे विचार भले ही आदर्श हों लेकिन व्यावहारिक स्तर पर उन्होंने नाटक के सबसे पहले और ज़रूरी तत्त्व शब्द से कोई छुटकारा नहीं पाया। पीटर ब्रुक का 'महाभारत' अथवा 'कॉन्फ्रेस ऑफ द बर्ड्स' इस लिहाज़ से दृष्टव्य हैं, जिनमें जितने ज़्यादा चाक्षुष बिम्ब हैं तो उससे कहीं अधिक शब्द हैं।

हमारे अपने देश में तो स्थिति और भी ज़्यादा चिन्ताजनक है। जितने भी निर्देशक अभिनेता के माध्यम से नई-नई रंगभाषा, रंग पद्धतियाँ और नई-नई छवियाँ प्रस्तुत करने की चेष्टा में लगे हैं उन्हीं के रंगकर्म में शब्दों की भरमार है। रतनथियम की ताज़ा प्रस्तुति 'उत्तर प्रियदर्शी' इसका ज्वलन्त उदाहरण है जिसमें अपने प्रदेश की संगीतात्मक ध्वनियों एवं गतियों-मुद्राओं को इस्तेमाल करने के बावजूद अज्ञेय के 'उत्तर प्रियदर्शी' नाटक में निर्देशक को अपनी तरफ़ से भी एक नया दृश्य लिखने की ज़रूरत महसूस होती है। यही बात बंसी कौल की प्रस्तुति 'गधों का मेला' के बारे में भी कही जा सकती है, जिसमें वे अभिनेता की कला के नाम पर मसखरों, विदूषकों, मदारी के क़रतबों से जुड़ी शारीरिक हरक़तों के माध्यम से एक नया दृश्य संसार रचने के लिए प्रयत्नशील हैं,

लेकिन महज़ बीस-पच्चीस मिनट में समाप्त होने वाले नाटक को बढ़ा-चढ़ाकर वह पचहत्तर मिनट तक खींच ले जाते हैं और इस प्रक्रिया में नाटक में उपलब्ध, मूल शब्द भी तीन गुना बढ़ जाते हैं, इसके साथ अभिनेताओं के सरकसी क़रतब तो होते ही हैं। यही हाल बादल सरकार और कावलम नारायण पणिक्कर के यहाँ भी है।

इन सारी उपर्युक्त स्थितियों के परिप्रेक्ष्य में यह बात बहुत तल्ख़ी के साथ उभरकर आती है कि आख़िर शब्दों से मुक्ति क्या सचमुच में सम्भव है ? यहाँ तक कि नृत्य जैसी विधा का काम भी शब्दों के बिना नहीं चलता, कठपुतली जैसी निष्प्राण कला भी अन्ततः शब्दों पर ही आश्रित है। सबसे बड़ी बात तो यह कि फ़िल्म और दूरदर्शन जैसे पूरी तरह से चाक्षुष माध्यम भी अपने अन्तिम प्रभाव में दृश्य से ज़्यादा शब्दों के ही अनुगामी हैं। हमें तो शब्दों का और वह भी मुद्रित शब्दों का ऋणी होना चाहिए क्योंकि यही वह एकमात्र तत्त्व है, जो चिरकाल तक जीवन्त रहने की सामर्थ्य रखता है—उससे मुक्ति की कल्पना दूसरी कलाओं में बेशक सम्भव हो, नाटक और रंगमंच में तो बिलकुल नहीं।

साहित्य और रंगमंच की समानान्तर यात्रा को एक और दृष्टिकोण से भी जाँचा-परखा जा सकता है। यदि साहित्य की पहली अभिव्यक्ति विधा के रूप में शायद कविता थी तो उसके तुरन्त बाद जिस विधा ने जन्म लिया, वह नाटक ही था। कविता और नाटक का रिश्ता तो इतना गहरा रहा है कि हमारे यहाँ और पश्चिम में भी नाटककार को कवि की संज्ञा से अभिहित किया जाता है। कविता के साथ-साथ नाटक जैसी विधा का विकास अकारण भी नहीं है। जो शब्दों की संक्षिप्तता कविता के लिए चाहिए, वही नाटक में भी दरकार है। शब्दों से चाक्षुष बिम्ब, चित्र और प्रतीक में परिणत हो जाने की जो क्षमता कविता में समाहित है, नाटक की भी हू-ब-हू वही प्रक्रिया है। अभिधा को छोड़कर ज़्यादा-से-ज़्यादा लक्षणा और व्यंजना को अपने भीतर समेटकर चलना यदि काव्य का गुण है तो नाटक भी उससे अछूता नहीं है। इसीलिए अच्छा नाटक उसे माना जाता है, जिसमें लिखे गए, बोले गए और उपस्थित शब्दों से भी ज़्यादा अनलिखे, अनबोले और अनुपस्थित शब्दों, अर्थों, अर्थछायाओं एवं अर्थध्वनियों की सम्भावनाएँ हों। किसी ने ठीक ही कहा था कि एक अच्छा कवि एक अच्छा नाटककार भी हो सकता है। इसे यूँ भी कहा जा सकता है कि वास्तव में एक नाटककार नाटक के बहाने से एक कविता की रचना ही कर रहा होता है। क्या इसीलिए हमारे यहाँ नाटक को दृश्यकाव्य के नाम से जाना गया ? क्या इसीलिए नाटकों की रचना में आरम्भ से ही पद्य और गद्य साथ-साथ चलते आए ? पश्चिम में तो यह सम्बन्ध और भी ज़्यादा पुष्ट रूप में दिखाई पड़ता है, जहाँ यूनानी नाटक, शेक्सपीयर और उसके समकालीनों के नाटक और मौलियर से पहले के फ्रांसीसी नाटक पूरी तरह से काव्य में ही लिखे गए। आधुनिक युग तो भारत क्या, विदेश क्या—काव्य नाटकों की अपनी एक स्वतन्त्र धारा के नाम से ही जाना जाता है।

हमारे यहाँ हिन्दी साहित्य का इतिहास तो और भी ज्यादा रोचक और तथ्यपरक

उदाहरण प्रस्तुत करता है। संस्कृत के बाद जब ब्रज, अवधी, बुन्देली, मालवी, राजस्थानी जैसी बोलियों और लोकभाषाओं के बाद खड़ी बोली हिन्दी का विकास हुआ तो साहित्यिक अभिव्यक्ति के रूप में सबसे पहली रचना नाटक की हुई। उसके बाद कहानी, उपन्यास और यहाँ तक कि कविता की बारी आई। इस प्रकार हम देखते हैं कि साहित्य और नाटक के बहाने से रंगमंच का रिश्ता आदिकाल से ही चला आ रहा है।

लेकिन इस पृष्ठभूमि से यह निष्कर्ष निकाल लेना नितान्त भ्रामक होगा कि अन्ततः साहित्य और रंगमंच के अध्ययन के लिए एक जैसे ही मानदंड, प्रतिमान और कसौटियाँ लागू की जा सकती हैं ? यह सही है कि साहित्य की सभी दूसरी विधाओं की तरह नाटक का भी एक लिखित रूप हुआ करता है, लेकिन बस यहीं तक हम साहित्य के साथ उसकी समानता को रख सकते हैं। वह इसलिए कि जहाँ अपने लिखित रूप में साहित्य की दूसरी विधाएँ अपनी पूर्णता को प्राप्त कर लेती हैं, वहाँ नाटक के लिए उसका लिखित रूप एक कच्चे माल की तरह से है, जहाँ से अपने अन्तिम स्वरूप तक पहुँचने की उसकी यात्रा शुरू होती है और एक निश्चित् और अन्तिम परिणति तक तो कभी भी नहीं पहुँच पाती। यह दोहरी यात्रा नाटक की एक ऐसी निजी सम्पत्ति है, जो साहित्य की किसी विधा में तो क्या, किसी दूसरी कला और माध्यम में भी नहीं मिलती। यहाँ तक कि टुकड़ों-टुकड़ों में रचा जानेवाला अधुनातन माध्यम सिनेमा भी एक सीमा पर आकर एक निश्चित् आकार ग्रहण कर लेता है, जब फ़िल्म प्रदर्शन के लिए तैयार हो जाती है। नाटक के साथ तो यह सुविधा और विकल्प भी मौजूद नहीं है। बेशक नाटक एक विशेष क्षण में प्रदर्शन के लिए तैयार होता है ज़रूर लेकिन क्या उसका अन्तिम रूप वही होता है, जो हम देख रहे होते हैं ? क्या अपने प्रदर्शन में वह रूप प्रतिदिन वही होता है ? क्या वह रूप प्रतिदिन वही रह पाता है ? रह सकता है ? केवल दर्शक के लिए ही नहीं क्योंकि प्रतिदिन नया दर्शक हो सकता है। अभिनेता के लिए भी, चाहे किसी नाटक के प्रदर्शन में वही अभिनेता क्यों न काम कर रहे हों ? शायद यही कारण है कि नाटक के दो आलेख माने जाते हैं—एक उसका पाठ्यलेख और दूसरा उसका प्रस्तुति आलेख।

यदि हम साहित्य और रंगमंच के इस मूलभूत अन्तर को समझ लें तो उनकी समीक्षा और आलोचना के प्रतिमानों पर खुलकर बातचीत की जा सकती है। नाटक भी चूँकि पहले एक लिखित आलेख के रूप में हमें प्राप्त होता है, इसलिए हम उसे पूरी तरह से एक साहित्यिक कृति मानते हुए उसके कथ्य को अन्ततः उन भाषाई उपकरणों एवं सीमाओं के भीतर बाँधकर रख देते हैं, जो दूसरी विधाओं पर लागू होते हैं अर्थात् उसका व्याकरण, छन्द अलंकार, शब्दशक्तियाँ और बहुत हुआ तो बिम्ब व अप्रस्तुत विधान। उसके रचनाकार की जीवनदृष्टि और सौन्दर्यबोध, नाटक के पात्रों का चरित्र-चित्रण, देशकाल, वातावरण और अन्ततः उद्देश्य। इसमें कोई दो राय नहीं हो सकती कि नाटक के आलेख में भी ये सब तत्त्व मौजूद होते हैं और होने भी चाहिए लेकिन कहने का तात्पर्य यही है जहाँ साहित्य की दूसरी विधाओं की उपर्युक्त सभी तत्त्वों

की आधारशिला पर बहुत अच्छी समालोचना की जा सकती है, वहाँ नाटक के सन्दर्भ में ये तत्त्व तब तक कोई मायने नहीं रखते, जब तक कि उस आलेख में प्रदर्शन की सम्भावनाओं की जाँच-पड़ताल इस तथ्य से प्रमाणित होगी कि उस नाटक का मंचन हुआ है या नहीं ? इसी बात का एक दूसरा पहलू यह भी है कि कोई नाटक मंचन की दृष्टि से बहुत ही लोकप्रिय रहा हो लेकिन फिर भी यह नितान्त सम्भव है कि किसी भी प्रकार के उच्च साहित्यिक मूल्यों से वह एकदम शून्य हो। उदाहरण के लिए रमेश मेहता के नाटक एक समय पर हिन्दी रंगमंच में बहुत ज़्यादा मंचित हो रहे थे और आज भी कभी-कभार स्कूलों-कॉलेजों में सांस्कृतिक कार्यक्रमों में उनकी मंच-प्रस्तुतियाँ होती रहती हैं, लेकिन इससे यह निष्कर्ष निकाल लेना बहुत ही सरलीकरण होगा कि उनका साहित्यिक दृष्टि से भी कभी कोई मूल्यांकन किया गया था अथवा किया जा सकता है। बेशक उनका मंचन बार-बार हुआ लेकिन आलेख के रूप में वे निहायत ही सपाट, एकांगी और किसी भी प्रकार के मानवीय सम्बन्धों की गहराई से शून्य हैं, जिनमें प्राण तत्त्व नहीं के बराबर है। यदि वे कुछ समय के लिए रंगमंच पर लोकप्रिय हुए भी तो मात्र रमेश मेहता सदृश अभिनेता के कारण, न कि मेहता नाटककार के कारण। यही कारण है कि आज उन नाटकों का कोई नामलेवा भी नहीं है।

इसी तथ्य का दूसरा छोर है प्रसाद, भुवनेश्वर और यहाँ तक कि भारतेन्दु के नाटक। प्रसाद और भुवनेश्वर स्वयं अपने समय में बहुत कम खेले गए और प्रसाद के नाटकों के बारे में तो यह अन्तिम रूप से घोषित कर दिया गया कि साहित्यिक दृष्टि से उनका कितना भी महत्त्व क्यों न हो, रंगमंचीयता तो उनमें नाममात्र को भी नहीं है। ठीक कुछ वैसे ही निष्कर्ष भारतेन्दु और भुवनेश्वर को लेकर भी तय कर लिए गए। नतीजा यह हुआ कि ये तीनों नाटककार पाठ्य-पुस्तकों के दायरे तक सिमटकर रह गए और इनकी समीक्षा उन्हीं साहित्यिक कसौटियों पर होती रही। लेकिन जब सचमुच में इन नाटकों की मंच प्रस्तुतियाँ हुई तो दर्शक इनमें उपलब्ध अपार नाटकीय एवं रंगमंचीय सम्भावनाओं एवं क्षमताओं को देखकर अचम्भित रह गए। ये नाटक सदैव मंच से अछूते रह गए, इसके लिए डॉ. जगन्नाथ शर्मा और डॉ. नगेन्द्र जैसे स्थापित आलोचकों के अपने निष्कर्ष ज़िम्मेदार थे, जिन्होंने इन नाटकों के शास्त्रीय अध्ययन की परम्परा को तो आगे बढ़ाया लेकिन साथ-साथ उसे रंगमंच से भी काट कर परे फेंक दिया। यह अलग बात है कि यदि सचमुच में हिन्दी रंगमंच में मंचित नाटकों की एक सूची तैयार की जाए तो उसमें सबसे ज़्यादा बार मंचित नाटकों में प्रसाद, भारतेन्दु, भुवनेश्वर, जगदीशचन्द्र माथुर, धर्मवीर भारती और फिर कहीं इनके बाद मोहन राकेश, सुरेन्द्र वर्मा, शंकर शेष, भीष्म साहनी, माणिमधुकर और सर्वेश्वरदयाल सक्सेना की रचनाएँ ही मिलेंगी, जो साहित्य और रंगमंच—इन दोनों के मानदंडों पर खरी उतरती हैं।

दरअसल नाटक को लेकर साहित्य और रंगमंच—इन दो वर्गों में विभाजन ख़ास ऐतिहासिक कारणों से हुआ। भारतीय स्वतन्त्रता संग्राम के दिनों में सन् 1930 से 1940 के बीच ऐसे अनगिनत हिन्दी एकांकियों व नाटकों की रचना हुई, जिनकी स्कूलों-कॉलेजों

के वार्षिक सांस्कृतिक कार्यक्रमों के लिए दरकार थी। इनकी रचना भी हिन्दी के बड़े-बड़े साहित्यकारों ने की जिनमें डॉ. रामकुमार वर्मा, हरिकृष्ण प्रेमी, सेठ गोविन्ददास, उदयशंकर भट्ट, लक्ष्मीनारायण मिश्र, उपेन्द्रनाथ अश्क़ आदि सम्मिलित थे। इनमें से भी अधिकांश नाटक उस समय नए-नए आविष्कृत ध्वनि माध्यम रेडियो की आवश्यकता के दबाव में लिखे गए थे। हुआ यह कि शायद अपने समय में कभी-कभी मंच पर खेले गए ज़रूर, लेकिन अन्ततः वे मात्र पाठ्य-पुस्तकों तक सीमित होकर रह गए। उनकी समीक्षा साहित्य के रूप में ही होती रही और अन्ततः वही प्रतिमान रंगमंच की दृष्टि से भी रूढ़ होते चले गए।

अतः आज ज़रूरत इस बात की है कि एक ऐसी रंग आलोचना का विकास किया जाए, जो एक साथ नाटक के साहित्यिक एवं रंगमंचीय पक्ष को उजागर करने की कोशिश करे। ज़ाहिर है कि यह काम उतना आसान नहीं है, जितना कि दिखाई पड़ता है। जैसा कि इस आलेख में पहले भी इस बात की चर्चा की गई थी कि साहित्य ने अपनी समीक्षा एवं आलोचना के लिए एक परम्परा निश्चय ही विकसित कर ली है, जिसके लिए उसकी अपनी काव्यभाषा ज़िम्मेदार है। लेकिन इसी प्रकार नाटक की अपनी रंगभाषा क्या हो सकती है ? नाटक में रंगभाषा बनने की शुरूआत उसमें निहित प्रदर्शन की सम्भावनाओं से ही होती है। इस दृष्टि से पहला तत्त्व है संवाद। प्रायः मान लिया जाता है कि संवादों में लिखे जाने से कोई विधा अपने आप नाटक बन जाएगी। ऐसा कभी नहीं होता। नाटक के संवाद का गुण ही यही है कि बिना किसी प्रकार के मंच निर्देशों के वह अपने-आप में अभिनेता को एक शारीरिक भाषा में परिणत कर दे। इसीलिए नाटक की भाषा से यह अपेक्षा रहती है कि वह क्रियात्मक हो, शारीरिक हरक़त को अपने में समाहित किए हो, शब्दों से बिम्ब और दृश्यों का निर्माण करने में समर्थ हो और यह सब कुछ कम-से-कम शब्दों में घटित हो, क्योंकि समय के एक विशेष कसाव और बन्धाव में नाटक को आरम्भ और समाप्त होना होता है। फिर नाटक की कथावस्तु का नाटकीय होना बेहद ज़रूरी है। नाटक में यह नाटकीयता अनिवार्य रूप से मानवीय सम्बन्धों के भीतर से पैदा होनी चाहिए। किसी भी दूसरी विधा में आदमी की उपस्थिति के बिना भी कथावस्तु नाटकीय हो सकती है लेकिन नाटक में आदमी की उपस्थिति के बिना उसकी कल्पना ही नहीं की जा सकती। नाटक चाहे वस्तुओं के बारे में हो, जीव-जन्तुओं के बारे में, विचारों के बारे में हो—मंचित उसे अन्ततः मानवीय तत्त्व के माध्यम से ही होना है। इसीलिए उसकी रंगआलोचना में मात्र चरित्र-चित्रण के उल्लेख से काम नहीं चल सकता, यहाँ तो किसी अभिनेता विशेष ने उस चरित्र का निरूपण कैसे किया, इस पर ज़ोर दिया जाना ज़रूरी है।

अन्ततः रंगभाषा के अपने कुछ ऐसे पहलू जो मात्र नाटक की ही सम्पत्ति है, मसलन मंचसज्जा या दृश्यबन्ध, वेशभूषा, रूपसज्जा, रंगसंगीत और प्रकाश। बेशक ये तत्त्व उसके प्रदर्शन के व्यावहारिक पक्ष से ज़्यादा जुड़े हैं लेकिन ये उसके आलेख में भी कितने ही धुँधले रूप में ही क्यों न सही, उपस्थित अवश्य रहते हैं। उदाहरणार्थ

अंधायुग जैसे आलेख में मंचसज्जा के रूप में विशाल कैनवास, खंडहर, प्रकाश के अलग-अलग रंग और चमत्कार, वेशभूषा के धूसर और गहरे रंग किसी भी रंग निर्देशक को अनायास ही क्यों दिखाई पड़ने लगते हैं ?

मैं समझता हूँ कि ये कुछ ऐसे बिन्दु हैं, जिनको आधार बनाकर साहित्य और रंगमंच के आपसी सम्बन्धों पर एक सार्थक संवाद की शुरुआत की जा सकती है और यहीं से रंगआलोचना की अपनी निजी भूमि और पहचान की भी आधारशिला रखी जा सकती है।

जब भी नाटक के शिल्प और संरचना की बात होती है तो हम केवल उसके बाहरी स्वरूप में उलझ कर रह जाते हैं, यानी एक नाटक में कितने अंक हैं, हर अंक में कितने दृश्य हैं, वे दृश्य कहाँ-कहाँ स्थित हैं, नाटक संवादों में लिखा हुआ है और संवादों को बोलने वाले अलग-अलग पात्र हैं। ये सारे तत्त्व मिलकर नाटक को आरम्भ से अन्त तक पहुँचाते हैं, लेकिन यह यात्रा संपन्न कैसे होती है, इसके विषय में गहराई से विवेचन और विश्लेषण करने की ज़रूरत है। सबसे पहले तो यही देखा जाए कि नाटक जैसी विधा में नाटकीयता कैसे पैदा होती है। यों तो कहा जाता है कि नाटकीयता केवल नाटक की संपत्ति नहीं है, वह साहित्य की सभी विधाओं और कलाओं में भी मौजूद रहती है। लेकिन नाटक में इसका विशेष महत्त्व है क्योंकि दूसरी विधाओं के मुक़ाबले नाटक वर्णित की बजाए एक घटित होती हुई विधा है। यदि नाटक में निहित कहानी का संवादों, चरित्रों और घटनाओं के माध्यम से क्रमबद्ध विकास नहीं होगा तो नाटक आरम्भ से अन्त तक पहुँचेगा ही नहीं। यहाँ इस बात को दोहराने की ज़रूरत नहीं कि नाटक चाहे किसी भी शैली में लिखा गया हो, कथा का विकास हर हाल में एक महत्त्वपूर्ण और अपरिहार्य तत्त्व है और यह विकास जितना ज़्यादा से ज़्यादा नाटकीय होगा उतना ही दर्शकों पर अपना असर डालेगा। यह नाटकीयता कई तरह से विश्लेषित की जा सकती है। सबसे पहले नाटक में दो विरोधी चरित्रों, विचारधाराओं का आपसी टकराव नाटकीयता के जन्म का कारण बनता है। इसीलिए नाटक में हमारे यहाँ नायक एवं प्रतिनायक (आज की भाषा में खलनायक) और पश्चिम में प्रोतेगनिस्त और एंतेगनिस्त की परिकल्पना की गई है। ऐसा माना जाता है कि नायक अथवा प्रोतेगनिस्त रचनाकार के दृष्टिकोण और विचारों का प्रतिनिधि होता है और प्रतिनायक उर्फ़ एंतेगनिस्त उसके विरोध में खड़ी शक्तियों का प्रतिनिधि। दरअसल, नाटक मुख्यतः इन्हीं दो तत्त्वों के बार-बार पास आने, बहस करने, टकराने और अन्ततः किसी एक की जीत या हार के साथ संपन्न होता है। यह स्वीकार और अस्वीकार की प्रक्रिया ही नाटक में तनाव, जिज्ञासा, उत्सुकता, रहस्य, रोमांच, निश्चय, अनिश्चय की स्थितियों को पाठक/दर्शक के लिए उपलब्ध कराती रहती है और इस तरह से नाटकीयता का विकास होता है।

पाश्चात्य काव्यशास्त्र में अरस्तू ने त्रासदी विवेचन के सन्दर्भ में नाटक की कथा विकास के तीन बिन्दुओं को परिभाषित किया था आरम्भ मध्य और अन्त। आरम्भ नाटक की कहानी और उससे जुड़े पात्रों का परिचय, मध्य यानी कहानी का चरमोत्कर्ष

और तीसरा बिन्दु कथा के अन्त के माध्यम से अपने नाम को सार्थक करता है। चूँकि यूनानी नाटक प्रायः एक अंक के ही हुआ करते थे, इसलिए कथा के तीन विकास बिन्दुओं की बात समझ में आती है। यदि हम अपने जीवनक्रम का भी अध्ययन करें तो उसकी यात्रा भी लगभग इन्हीं तीन बिन्दुओं में समाहित है। जन्म और बाल्यावस्था यदि आरम्भ है तो युवावस्था को मध्य और वृद्धावस्था को अन्त के रूप में परिभाषित कर सकते हैं जो मृत्यु के साथ पूर्णता को पहुँचती है। इसके विपरीत हमारे नाट्यशास्त्र में बीज, बिन्दु, पताका, प्रकरी और कार्य के रूप में पाँच अर्थ प्रकृतियों की चर्चा की गई है। इन्हीं के समानांतर पाँच कार्य अवस्थाएँ यथा आरम्भ, प्रयत्न, प्राप्त्याशा, नियताप्ति और फलागम एवं पाँच संधियों-मुख, प्रतिमुख गर्भ, विमर्श, और निर्वहण का भी उललेख मिलता है। कालांतर में पाश्चात्य नाटकों में भी कथा विकास के पाँच बिन्दुओं को उन्नीसवीं शती में स्वीकार कर लिया गया।

अभी कहा गया है कि कथ्य अपना रूप (फॉर्म) स्वयं निर्धारित कर लेता है। दूसरे कला माध्यमों के परिप्रेक्ष्य में यह सिद्धान्त भले ही पूरी तरह लागू नहीं किया जा सके, लेकिन साहित्यिक विधाओं के विषय में काफ़ी हद तक सही सिद्ध होता है। इनमें भी सबसे ज़्यादा यह बात नाटक पर लागू होती है। इसका सीधा कारण यही है कि जहाँ दूसरी साहित्यिक विधाएँ शब्द के मात्र लिखित रूप से सम्बन्ध रखती हैं वहीं नाटक शब्द के वाचिक पक्ष से भी उतनी ही गइराई के साथ जुड़ा होता है। दूसरे शब्दों में यह कतई ज़रूरी नहीं कि कहानी जैसी विधा जिन भाषाई उपकरणों का इस्तेमाल कर रही है उनका कहानी के अपने शिल्प, संरचना और फॉर्म से भी कोई सीधा रिश्ता हो। लेकिन नाटक के मामले में ऐसा नहीं कहा जा सकता। ज़ाहिर है कि यदि नाटक में वाचिक के स्तर पर रोज़मर्रा की भाषा और उसी से जुड़े कथ्य को आधार बनाया गया है तो नाटक अपने लिखित रूप में यथार्थवादी ढाँचे से अलग नहीं हो सकता।

यही कारण है कि नाटक की विधा को लेकर शिल्प और शैली में भेद करना बहुत ज़रूरी है। अंग्रेज़ी भाषा से शब्द उधार लेकर अपनी बात को स्पष्ट करने की कोशिश की जाए तो वहाँ नाटक के लिए दो शब्द मिलते हैं 'ड्रामा' और 'प्ले'। अब देखा जाए तो इन दोनों में सतही तौर पर कोई अन्तर नहीं है, तब क्या इन्हें एक-दूसरे का पर्यायवाची माना जा सकता है ? लेकिन ऐसा नहीं है, ड्रामा शब्द यदि नाटक के लिखित आलेख को इंगित करता है तो 'प्ले' उसके प्रस्तुति रूप का परिचायक है। शेक्सपीयर ने भी लिखा है कि 'प्ले इज द थिंग।' इसी तरह के दो शब्द अंग्रेज़ी भाषा में और उपलब्ध हैं जिन्हें हम फॉर्म और स्टाइल के नाम से जानते हैं। ज़ाहिर है कि इन दोनों शब्दों में भी यह अन्तर है कि फॉर्म नाटक के लिखित आलेख के व्याकरण शिल्प अथवा संरचना का सूचक है और शैली उसके प्रस्तुति पक्ष से सम्बद्ध है। एक शब्द यदि सैद्धांतिक है तो दूसरा व्यावहारिक। ज़ाहिर है कि सैद्धांतिक रूप इस बात को काफ़ी हद तक निश्चित् कर देता है। कि उसका व्यावहारिक स्तर पर क्या रूप और आकार

बनने वाला है। यह तभी सम्भव है जब हम लिखित आलेख का अपनी प्रस्तुति में भी हूबहू अनुकरण करें। दरअसल, यही वह बिन्दु है जहाँ से लिखित और प्रस्तुति-आलेख की उस यात्रा की शुरुआत होती है जिसके अलग-अलग रूप और रंग दिखाई देने लगते हैं। यानी यह नितांत सम्भव है कि जिस व्याकरण और शिल्प में नाटक की रचना हुई हो उसकी प्रस्तुति बिलकुल उससे अलग हटकर हो।

इस दृष्टि से जितने भी विकल्प हो सकते हैं उनकी छानबीन की जानी चाहिए। इसमें कोई संदेह नहीं कि कुछ नाटक अपने भाषाई व्याकरण में इस क़दर गुँथे और बँधे हुए होते हैं कि उन्हें उससे अलग किसी और शैली में प्रस्तुत कर पाना सम्भव नहीं होता। उदाहरण के लिए पारसी नाटकों को लें। उनकी पूरी बुनावट इस तरह से है कि उन्हें अतिरंजित शैली के अतिरिक्त किसी और तरीक़े से प्रस्तुत ही नहीं किया जा सकता। शेरो-शायरी, आलंकारिक भाषा और उसको बोलने का अंदाज़, यह सब कुछ पारसी नाटकों की तत्कालीन प्रस्तुति की अपेक्षाओं से इस क़दर जुड़ा हुआ था कि मानो दर्शकों की अपार उपस्थिति ने ही अभिनेताओं को उस तरह की अभिनय शैली के लिए बाध्य किया हो। या यह भी कहा जा सकता है कि अभिनेताओं के बोलने का ढंग ऐसा था कि दर्शक (चाहे उनकी संख्या कितनी भी बड़ी क्यों न हो) उसके आकर्षण में बँधे बिना नहीं रह सकता था।

लगभग यही बात संस्कृत नाटकों अथवा जयशंकर प्रसाद के नाटकों के विषय में भी कही जा सकती है। पहले तो उनका गद्य ही दिन प्रतिदिन के व्यवहार में आने वाला गद्य नहीं है, ऊपर से साथ-साथ चलने वाली कविता और गीत। क्या ये सारे तत्त्व पहले से ही इस बात की पुष्टि नहीं कर देते कि नाटक की प्रस्तुतिशैली को हम जो भी नाम देना चाहें लेकिन वह यथार्थवादी तो नहीं ही कही जा सकती। पश्चिम में यूनानी और शेक्सपीयर के नाटकों पर भी यही तर्क लागू किया जा सकता है।

दूसरा रास्ता यह हो सकता है कि प्रस्तुतकर्ता नाटक के लिखित फॉर्म को छोड़कर अपनी प्रस्तुति के लिए एक बिलकुल नई शैली का निर्माण करे। स्पष्ट है कि ऐसी स्थिति में उसे नाटक के लिखित आलेख में बहुत से परिवर्तन करने होंगे। यहाँ पहली प्राथमिकता प्रस्तुति-शैली की है और उसके बाद उसमें किसी भी आलेख को फिट करने की बात आती है या फिर उस शैली के लिए अलग से नाट्य रचना की जाती है। हमारे यहाँ अलग-अलग भाषाओं में लोक नाट्य शैलियों को लेकर लिखे गए नाटकों को इसी श्रेणी में रखा जा सकता है। यहाँ तक कि बादल सरकार ने अपनी 'तीसरा मंच' जैसी अवधारणा के अनुसार ही नए नाटकों की रचना की और पहले के लिखे हुए अपने सभी नाटकों को अस्वीकृत कर दिया।

मुझे जापान की 'नोह' और 'काबुकी' शैली से प्रेरित और प्रभावित आमाल अल्लाना की प्रस्तुति 'आधे-अधूरे' की याद भी आती है। जिसमें उन्होंने मोहन राकेश के नाटक में कोरस की परिकल्पना को साकार किया था। एक ऐसी ही प्रस्तुति एबोतोंबी ने 'आषाढ़ का एक दिन' जैसे नाटक को लेकर की थी जो पूरी तरह से नृत्य और संगीत

पर आधारित थी। यह तो सही है कि ऐसी प्रस्तुतियाँ थोड़ी देर के लिए देखने में भले ही अच्छी लगें, मगर सवाल इस बात का है कि इनमें मूल नाटक कितना बचा रह पाता है ? अच्छा यही होता है कि निर्देशक जिस शैली में काम करने का इच्छुक हो, उसी के अनुसार या तो स्वयं नाटक रचना करे या किसी से करवाए, तभी इस तरह के प्रयोगों की सार्थकता सिद्ध होगी।

इस बात से हरगिज़ इनकार नहीं किया जा सकता कि यह किसी निर्देशक की अपनी रुचि, चयन और स्वंतत्रता पर निर्भर है कि वह किसी नाटक को किस तरह से प्रस्तुत करता है। लेकिन इतना ध्यान अवश्य रहना चाहिए कि हम जो कुछ जिस रूप में प्रस्तुत कर रहे हैं वह दर्शकों को भी सहज रूप से सम्प्रेषित हो सके। हम प्रायः अपनी प्रयोगशीलता में इतने आत्ममुग्ध और खो जाते हैं कि शायद यह भूल जाते हैं कि उसे दर्शकों द्वारा देखा भी जाना है। मुझे यहाँ जयशंकर प्रसाद के नाटकों की कई ऐसी प्रस्तुतियों की याद आती है जिन्हें पूरी तरह यथार्थवादी तेवर में प्रस्तुत किया गया था। नतीजा यह हुआ कि वे प्रस्तुतियाँ असफल साबित हुईं और उन्होंने प्रसाद के नाटकों की अभिनेयता पर ही प्रश्नचिह्न लगा दिया।

बांग्ला में टैगोर के नाटकों के साथ भी लगभग ऐसा ही हुआ था। दरअसल फॉर्म और शैली का रिश्ता जितना सरल दिखाई देता है उतना ही जटिल है। कविता कितनी भी मुक्त छंद में क्यों न हो जाए, वह गद्य का स्थान नहीं ले सकती। इसी तरह कहानी या उपन्यास को कविता नहीं कहा जा सकता। अतः यह स्वतः प्रमाणित है कि एक फॉर्म को जब भी किसी दूसरे रूप में प्रस्तुत होना है तो उसे अपने मूल स्वरूप को छोड़ना होगा।

क्या एक तीसरा रास्ता ऐसा नहीं हो सकता जहाँ किसी विधा का अपना फॉर्म वैसे का वैसे निश्चित् रहे, लेकिन उसके बाद भी अपनी प्रस्तुति में वह विधा पूरी तरह से किसी अलग शैली का प्रयोग करे। इस सम्भावना को नृत्य और संगीत के माध्यमों में बहुत पहले ही खोज लिया गया था। इस रूप में कि वहाँ सारी मुद्राएँ, गतियाँ और राग भले ही पूरी तरह से निश्चित् होते हैं, इसके बावजूद नर्तक और गायक अपनी प्रस्तुति में एक-दूसरे से बिलकुल अलग होते जाते हैं। इसी से मिलती-जुलती एक कोशिश मैंने आज से तीस साल पहले कहानियों की मंच प्रस्तुति के साथ की थी जिसे कहानी का रंगमंच के नाम से जाना जाता है। यहाँ कहानी का एक-एक मूल शब्द और उसका ढाँचा ज्यों का त्यों मौजूद रहता है और तब भी प्रस्तुति मंच पर अपना एक निजी दृश्यतत्व लेकर आती है। इस तरह एक रचना के अलग अलग पाठ बनने लगते हैं जिनके बारे में बहुत कुछ लिखा जा चुका है।

चौथी शताब्दी ईसवी पूर्व अरस्तू ने अपनी पुस्तक काव्यशास्त्र की कला में यूनानी नाट्य परम्परा के अध्ययन और विश्लेषण के परिप्रेक्ष्य में नाटक की संरचना में काल, स्थान और कार्य की अन्विति का उल्लेख किया था। अपने सीधे अर्थों में हम इन तीनों अन्वितियों को इस रूप में परिभाषित करते आए हैं कि नाटक में मात्र एक दिन अर्थात्

24 घंटे में घटित होने वाली घटनाओं का समावेश किया जाना चाहिए, पूरे नाटक में उसका घटना-स्थल एक ही स्थान में केंद्रित होना चाहिए और नाटक का सारा कार्य-व्यापार एक ही कहानी के इर्द-गिर्द बुना जाना चाहिए। इसमें कोई संदेह नहीं कि लगभग सभी यूनानी नाटक इन अन्वितियों का निर्वाह करते हैं। दूसरे शब्दों में यह भी कहा जा सकता है कि अपने से लगभग दो सौ वर्ष पूर्व प्रचलित यूनानी नाट्य परम्परा में रचित और मंचित नाटकों की संरचना के भीतर से से गुज़रने के बाद ही अरस्तू ने अपने काव्यशास्त्र को रचने की पहल की थी। इन तथ्यों के प्रकाश में एक बार फिर यह स्वयंसिद्ध है कि कोई भी कला पहले एक परम्परा के रूप में जन्म लेती है और काफ़ी दूर तक विकसित होने के बाद उसके शास्त्र की रचना होती है। पश्चिम में यदि अरस्तू ने यह काम किया तो लगभग उसके समानांतर हमारे यहाँ भरत ने अपने नाट्यशास्त्र के माध्यम से इस ज़िम्मेदारी को पूरा किया।

बहरहाल, हम पुनः अरस्तू द्वारा प्रतिपादित और विवेचित तीनों अन्वितियों की तरफ़ लौटकर आएँ। क्या इनका अर्थ मात्र वहीं तक सीमित है जिसका ऊपर उल्लेख किया गया है अथवा हम इस अर्थ से परे भी नए-नए अर्थ और उनकी छवियाँ उनमें तलाश कर सकते हैं ? अच्छा होगा कि हम नाटक की मूल प्रकृति और पृष्ठभूमि में से इन तीनों तत्त्वों को पुनः व्याख्यायित करने की कोशिश करें।

सबसे पहले काल को लिया जाए। साहित्य और कला में काल की अवधारणा पर विमर्श की एक लम्बी परम्परा मौजूद रही है, लेकिन नाटक की दृष्टि से देखा जाए तो वहाँ काल से हमारा साक्षात्कार कई अलग-अलग रूपों में होता है। सबसे पहली और दिलचस्प बात तो यही है कि नाटक की घटनाएँ और कथानक किसी भी काल से सम्बद्ध क्यों न हो, वह घटित हमेशा वर्तमान में होता है, उदाहरण के लिए इडिपस की कथा बेशक होमर के महाकाव्यों एलियड एंड ओडेसी पर आधारित है, लेकिन आज भी जब-जब उसका मंचन होता है तो वह काल हमारे लिए वर्तमान काल होता है। नाटक के सारे रंग-निर्देश, पात्रों के प्रवेश-प्रस्थान और कोष्ठकों में दर्ज सारी सूचनाएँ वर्तमान काल में लिखी जाती हैं। क्या इसीलिए भी हर नाटक समकालीन लगने लगता है। इतना ही नहीं, यह बात भी ध्यान देने लायक है कि बेशक नाटक वर्तमान काल में घटित हो रहा है, तब भी उसमें भूतकाल और भविष्य एक साथ गुंथे हुए रहते हैं। कब नाटक का कोई पात्र अपने वर्तमान को छोड़कर अतीत में लौट जाए और प्रायः चीज़ों, घटनाओं और सम्बन्धों को याद करने के क्रम में लौटता भी है तो उस क्षण हमारे सामने दोनों काल एक साथ जीवंत हो उठते हैं। इडिपस का ही उदाहरण दुबारा लिया जाए तो नाटक की मुख्य कथा आरम्भ होने से पहले ही नाटक शुरू हो चुका है और बाद में होने वाली घटनाओं की भविष्यवाणियाँ भी की जा चुकी हैं। इस तरह से अतीत, वर्तमान और भविष्य का एक अद्भुत संगम रचता है नाटककार जो नाटक के बीच में भी कभी टाइरिसियस, कभी गड़रिए और स्वयं इडिपस द्वारा अपने अतीत में लौटने से दोहराया जाता रहता है।

काल का पुनर्पाठ एक-दूसरे धरातल पर भी किया जा सकता है। यह सही है कि नाटक 24 घंटे की अवधि के बीच की घटनाओं को अपना आधार बनाता है लेकिन वे 24 घंटे नाटक जैसी विधा में मात्र एक-डेढ़ घंटे में घटित हो जाते हैं, क्या काल का बना-बनाया ढाँचा नाटक को खेलने की अवधि के व्याकरण से अपने आप ही टूटने नहीं लगता ? यही क्यों, मंच पर रोशनी की एक छोटी-सी किरण, दृश्य के बीच का क्षणिक अंधकार अथवा नाटककार द्वारा दिया गया एक छोटा-सा संवाद भी कभी-कभी हज़ारों वर्ष के अन्तराल को सूचित कर सकता है। अतः नाटक में काल की अवधारणा जितनी बंधी हुई दिखाई पड़ती है, वस्तुतः उतनी होती नहीं।

यही बात कमोबेश स्थान के बारे में भी कही जा सकती है। स्पेस के कई रूप नाटक में देखे जा सकते हैं। एक तो रंगमंच का अपना भूगोल-विंग्स, बार्डर, लाइट यानी भवन का अपना स्थापत्य। फिर परिवेश का स्पेस नाटक जहाँ घटित हो रहा है। उस परिवेश में अभिनेता का अपना स्पेस जिसमें वह ख़ास-ख़ास क्षणों में उसी परिवेश में विशेष स्थानों में जाता है। इन सबके साथ-साथ दर्शक की कल्पना में उसका अपना स्पेस बनता है। क्या कभी सचमुच में ऐसा किसी नाटक में सम्भव होता है कि जिस स्थान, परिसर या परिवेश में उसकी शुरुआत होती है, वह आख़िर तक वहीं स्थित रहे ? हम प्रायः देखते हैं कि जब-जब कोई पात्र अपने अतीत में लौटता है तो वही पहले वाला परिवेश तुरंत उसके अतीत से जुड़े परिवेश में परिवर्तित हो जाता है। क्या इसीलिए प्राचीन नाटकों में एक न्यूट्रल स्पेस की परिकल्पना की जाती थी जिस पर अभिनेता जब जो स्पेस चाहे उसे स्थापित कर सके। यहाँ तक कि आधुनिक यथार्थवादी नाटकों में भी जहाँ कथानक पूरी तरह से एक स्थान पर क़ैद रहता है, वहाँ उसमें रहते हुए भी उसके बाहर जाने की सम्भावनाएँ हमेशा बनी रहती है। इसलिए अरस्तू की स्थान वाली अन्यिति को भी सीमित रूप में देखना उसके साथ अन्याय होगा जैसे काल बंधा होते हुए भी उतना ही लचीला और उन्मुक्त होता है, उससे भी ज़्यादा यह बात स्थान के बारे में कही जा सकती है। घर के भीतर, खिड़किया-दरवाज़ों से दीखता-झाँकता बाहरी परिवेश और इन्हीं के साथ दूर तक फैला हुआ अन्तहीन आकाश—ये सारे तो फिर भी भौगोलिक तत्त्व हैं, उस स्पेस का क्या किया जाए, जो नाटक देखते समय दर्शक की अपनी कल्पना में बनता-बिगड़ता रहता है। उसे स्पेस को कैसे परिभाषित किया जाए, जो लिखित नाटक की पंक्तियों के बीच कहीं उपस्थित रहता है अथवा अभिनेता मंच पर अपने अभिनय की यात्रा के दौरान रचता है, कभी चुप्पी के तौर पर, कभी दीर्घ श्वास के रूप में और कभी लम्बे-लम्बे वाक्यों के बीच शून्य अथवा बिन्दुओं से बने ख़ाली-अधूरे स्थान के रूप में इसीलिए नाटक में भी भौगोलिक और मानसिक स्पेस की अवधारणा विद्यमान है, यहाँ तक कि दर्शक का अपना स्पेस होता है जो नाटक में दिए गए स्पेस से भी बाहर या अलग होता है। इस प्रकार स्थान या स्पेस के भी नए नए आयाम खुलने लगते हैं, जो निश्चित् रूप से अरस्तू की परिकल्पना में भी रहे होंगे।

इससे इनकार नहीं किया जा सकता कि यूनानी नाटक में मात्र एक कथा ही रहती

है और सारे सूत्र उसी से जुड़े रहते हैं। यह इसलिए भी आवश्यक हो जाता है क्योंकि ये सारे नाटक मात्र एक अंक के ही होते थे, अतः अवांतर प्रसंगों के लिए समय और स्थान की गुंजाइश ही कहाँ होती थी। लेकिन देखा जाए तो कथा की यह अन्विति उन नाटकों में भी विद्यमान रहती है जो तीन, पाँच, सात या दस अंकों में भी बँटे रहते हैं। उदाहरण के लिए अभिज्ञान शांकुतल अथवा मृच्छकटिक नाटक दोनों में ही कितनी अवांतर कथाएँ और प्रसंग साथ-साथ चलते रहते हैं लेकिन उनमें मुख्य कथा से अलगाव कहाँ हो पाता है ? यों तो संस्कृत नाटकों में पताका के रूप में समानांतर प्रासंगिक कथा और प्रकरी के नाम पर छोटी-छोटी कथाओं या घटनाओं का प्रावधान भी किया गया है, लेकिन उनकी अपने आप में कोई अलग स्वतंत्र सत्ता नहीं है। वे सब मिलकर अन्ततः मुख्यकथा धारा को ही आगे बढ़ाती है। आज की हिन्दी फ़िल्मों के शिल्प से इस बात को बहुत अच्छी तरह से समझा जा सकता है। क्या यूनानी नाटकों में भी, जिनमें मात्र एक अंक या एक कथा होती है, जब-जब कोई नया पात्र मंच पर प्रवेश करता है, वह अपनी एक नई कहानी लेकर नहीं आता ? टाइरिसियस, गड़रिया और सबसे ज़्यादा क्रियान, जिसकी कथा का विकास एंटीगनी जैसे नाटक में जाकर होता है, उसके बीज इडिपस में ही नहीं मिल जाते ? कहना यही है कि समय, स्थान और कार्य की अवधारणा जितनी स्पष्ट, सपाट और एकायामी दिखाई पड़ती है, उतनी वास्तव में है नहीं, विचार-विमर्श आरम्भ करें तो इनके नए-नए कोणों से परिचय होने लगता है। और तब नाटक और उसका नाटकीय होना समझ में आता है। यह कुछ-कुद फ़िल्म में उपलब्ध 'मिसा-न-सीन' जैसी अवधारणा से मिलता है। अर्थात् असली नाटकीयता दिखाए जा रहे दृश्य में उतनी नहीं जितनी एक दृश्य से दूसरे दृश्य तक पहुँचने की तकनीकी प्रक्रिया या छोड़ दिए गए प्रसंगों-दृश्यों की ध्वनियों, अनुगूँजों और आभास से पैदा होती है। फ़िल्म और चित्रकला जैसे माध्यमों में ये तीनों अन्वितियाँ अपनी सीमाओं को और भी तेज़ी व कुशलता से लांघ जाती हैं, एक दो आयामी कैनवास या फ़िल्म के परदे जैसे सीमित स्पेस में अनन्त काल, स्थान और कार्य को दिखा पाना और वह भी तीसरे आयाम के पूरे भ्रम के साथ क्या यह सुविधा और सम्भावना हर कला में समाहित नहीं है जिसकी व्याख्या अरस्तू ने नाटक के सन्दर्भ में की थी ?

यह बात बहुत बार दोहराई जा चुकी है कि नाटक का कविता से गहरा सम्बन्ध रहा है। पश्चिम में तो बहुत दिनों तक नाट्य रचना केवल पद्य में ही होती रही। भारत में शुरू से ही नाटकों के लेखन में पद्य के साथ गद्य का भी प्रयोग होता रहा है, लेकिन लम्बे समय तक पद्य की प्रधानता बनी रही। नाट्य रचना में पद्य की इस महत्त्वपूर्ण उपस्थिति के कई कारण ढूँढ़े जा सकते हैं। एक तो यही कि साहित्य की पहली अभिव्यक्ति कविता के रूप में हुई थी, इसलिए उसने दूसरी विधाओं पर भी बहुत दूर तक अपना अधिकार जमाए रखा। दूसरे, नाटकों से भी पहले रचे गए महाकाव्यों ने भी नाट्य रचना पर अपना असर डाला। वह इस रूप में कि महाकाव्यों को गाकर सुनाने की परम्परा से ही बाद में नाटक का जन्म हुआ।

पश्चिम में यूनानी रंगमंच में उसके अपने कुछ निजी कारण भी नाटकों की रचना और मंचन में कविता की मुख उपस्थिति के लिए ज़िम्मेदार हैं। सबसे बड़ा कारण तो यही है कि यूनानी नाटक एक बड़े जनसमुदाय के सामने खेले जाते थे। किसी भी प्रस्तुति में तीन अभिनेताओं से अधिक कभी भी नहीं रहे और वे भी हमेशा मुखौटा पहने रहते थे। स्वाभाविक है कि तब अभिनय के लिए बहुत गुंजाइश नहीं थी। ऊँचे स्वर में गायन और वाचन के माध्यम से ही विशाल जनसमूह तक पहुँचा जा सकता था। इसीलिए यूनानी नाटक प्रायः एक अंक के ही हुआ करते थे। इतना ही नहीं, अभिनेता से भी ज़्यादा नाटक में कोरस की लगातार मौजूदगी के लिए कविता ज़्यादा सहायक थी। कभी बारह, कभी पंद्रह और कभी पचास लोगों के समूह को अगर एक साथ बोलना पड़े तो ज़ाहिर है कि वे लय, ताल और छंद में बँधी कविता का ही ज़्यादा उपयोग करेंगे।

यूनानी नाटकों के बाद पश्चिम में शेक्सपीयर और यहाँ तक कि मोलियर के युग तक भी काव्य की परम्परा उसी तरह बरकरार रही। उन्नीसवीं शताब्दी में यथार्थवादी नाटकों के लेखन का गद्य में प्रचलन शुरू हुआ तो उसकी भाषा में भी काव्यात्मकता पर ही आग्रह रहा और आज भी 'काव्यात्मक यथार्थ' की बात की जाती है। यों भी कविता और नाटक विधा के तौर पर एक-दूसरे के इतने निकट हैं कि यदि कविता नाटक पर इस क़दर हावी रही है तो कोई आश्चर्य नहीं। इसी परिप्रेक्ष्य में हम भारतीय रंगमंच में नाट्य रचना के विभिन्न रूपों पर चर्चा कर सकते हैं। जैसा पहले कहा जा चुका है कि हमारे यहाँ आरम्भ से ही नाटक में गद्य और पद्य का प्रयोग होने लगा था। इसका सबसे बड़ा कारण यही है कि जहाँ पश्चिम में प्रस्तुति के लिए शुरू से ही केवल नाट्यधर्मी शैली का इस्तेमाल हो रहा था, वहीं हमारे यहाँ नाट्यधर्मी के साथ-साथ लोकधर्मी शैली के प्रयोग का भी उल्लेख मिलता है। ज़ाहिर है कि नाट्यधर्मी शैली के लिए कविता का प्रयोग प्रमाणित ही है लेकिन लोकधर्मी शैली के लिए ज़रूरी था कि कविता से अलग एक ऐसी भाषा का इस्तेमाल किया जाए जो सहज, सरल और स्वाभाविक हो। इस प्रकार लोकधर्मी शैली और गद्य एक-दूसरे के पूरक तत्त्वों के रूप में देखे जा सकते हैं। संस्कृत नाटकों की पूरी शास्त्रीय परम्परा में इस पद्धति का प्रयोग खुलकर किया गया है। यही नहीं भाषा के दो रूप यानी गद्य और पद्य जहाँ दो तरह की प्रस्तुति शैलियों की रचना में सहायक बनते हैं, वहीं अभिनय के भी अलग-अलग आयाम उद्घाटित करते हैं। यूनानी रंगमंच के विपरीत हमारे नाटकों के मंचन बहुत ही सीमित दर्शक समुदाय के लिए बन्द प्रेक्षागृह में हुआ करते थे। इसलिए यह आवश्यक था कि अभिनेता बहुत ही सूक्ष्म और आन्तरिक अभिव्यक्ति की ओर उन्मुख हो और यह विकल्प उस लोकधर्मी शैली में ही उपलब्ध हो सकता था जो गद्य पर आश्रित है। यह दोहराने की ज़रूरत नहीं कि हमारे रंगमंच में कभी भी उस रूप में मुखौटों की उपस्थिति नहीं रही जैसी पश्चिम में थी।

मध्यकाल में जब हमारे यहाँ अलग-अलग बोलियों और भाषाओं का विकास हुआ तो स्वाभाविक है कि उनकी पहली अभिव्यक्ति कविता में ही हुई। लोक नाटकों में भी गीत-संगीत के रूप में काव्य और कविता का ही बोलबाला रहा और चूँकि नाट्य रचना और उसका प्रस्तुतिकरण मौखिक परम्परा पर आधारित था इसलिए बीच-बीच में यदि कोई संवाद आते थे तो वे भी थोड़े बहुत गद्य में, लेकिन ज़्यादातर पद्य में ही आते थे। लोक नाटकों की मंडलियाँ घूम-घूमकर गाँव-गाँव में नाटकों का मंचन करती थीं। अतः ऐसी स्थिति में पीढ़ी दर पीढ़ी नाटकों के एक बने बनाए ढाँचे को सुरक्षित रखना मौखिक परम्परा में कविता के जरिए ही सम्भव था। यह परम्परा लगभग सत्रहवीं-अठारहवीं शताब्दी तक निर्बाध रूप से जारी रही और आज भी काफ़ी कुछ अपने उसी पुराने स्वरूप में मौजूद है।

अठारह सौ पचास से लेकर अगले सत्तर-अस्सी सालों तक हमारा साक्षात्कार पारसी नाटकों से होता है जो बाक़ायदा लिखित रूप में मौजूद हैं। वे शेरो-शायरी और गद्य को एक साथ लेकर चलते थे और काफ़ी बड़े जनसमुदाय के सामने खेले जाते थे। बेशक यहाँ मुखौटे नहीं थे लेकिन अभिनय की शैली अतिरंजित हुआ करती थी। यह इसलिए कि अभिनेता सिर्फ़ अपनी आवाज़ से नहीं बल्कि अपने हाथ-पैरों के खुले संचालन से भी पूरे दर्शकवर्ग को अपनी गिरफ़्त में ले सकें। कहने की कोई ज़रूरत नहीं कि ऐसे में उस सूक्ष्म अथवा आन्तरिक अभिनय की कोई अपेक्षा नहीं थी जिसका ज़िक्र हम शास्त्रीय रंगमंच के सन्दर्भ में कर चुके हैं। इसीलिए यहाँ अगर गद्य है भी तो वह उसी शेरो-शायरी वाले अंदाज़ में सम्प्रेषित किया जाता था, यानी पूरी तरह से अलंकृत और अतिरंजित। उसमें भाषा के गद्य रूप का इतना महत्त्व नहीं था जितना उससे दर्शकों के ऊपर पड़नेवाले असर का। इसीलिए पारसी नाटकों में शेरो-शायरी और संवादों का गद्य लगभग एक-दूसरे के पर्याय ही कहे जा सकते हैं।

उन्नीसवीं-बीसवीं सदी में यदि ज़्यादातर नाटक सिर्फ़ गद्य में लिखे गए और लिखे जा रहे हैं तो उसके लिए पिछली दो-तीन शताब्दियों में हुई तकनीकी और वैज्ञानिक क्रान्तियाँ ज़िम्मेवार हैं। नई-नई खोजों और आविष्कारों ने जहाँ मनुष्य के सोच, शिक्षा-दीक्षा और रहन-सहन को प्रभावित किया वहीं उसके सम्प्रेषण के लिए एक नई भाषा की आवश्यकता पर भी बल दिया। अब उसका काम सपनों, आदर्शों और फंतासी से जुड़ी काव्य भाषा से चलनेवाला नहीं था बल्कि उसे चाहिए थी एक ऐसी भाषा जो उसे जीवन के दिन प्रतिदिन के रूखे-सूखे, कटु-मीठे यथार्थ से परिचित करा सके। ऐसा नहीं कि उस यथार्थ का सामना कविता में नहीं किया जा सकता लेकिन जिस तरह के यथार्थवादी अभिनय पर वर्तमान दौर में ज़ोर दिया जा रहा है, उसके लिए कविता से अधिक गद्य ही ज़्यादा उपयुक्त है।

अभिनय

रंगमंच का सबसे ज़्यादा प्रमुख, अनिवार्य और अपरिहार्य तत्त्व है—अभिनय। अतः कोई आश्चर्य नहीं कि रंगमंच के इतिहास में अभिनय की परिभाषा, स्वरूप और प्रक्रिया को लेकर सबसे ज़्यादा चर्चा हुई है, होती रही है और आज तक जारी है। पश्चिम में अरस्तू के 'कला जीवन की अनुकृति' से शुरू होकर अभिनय को सच, झूठ, करने, होने, हो जाने—न जाने कितने कोणों से जाँचा-परखा गया है, लेकिन एक बात पर सभी मतामत और परिभाषाएँ एकमत हैं कि मंच पर अभिनेता द्वारा दर्शक के लिए जो कुछ भी प्रस्तुत किया जा रहा है, वह दर्शक के लिए तो विश्वसनीय होना ही चाहिए। उससे भी पहले वह स्वयं अभिनेता के लिए भी उतना ही विश्वसनीय होना चाहिए अर्थात् वह मंच पर जो कुछ भी प्रस्तुत कर रहा है, उसे स्वयं अपने लिए वह विश्वसनीय लगना चाहिए, फिर कोई कारण नहीं कि वह उसे किसी भी रूप, आकार एवं शैली में प्रस्तुत करे, दर्शकों के लिए भी वह उतना ही विश्वसनीय होगा।

भारतीय रंगपरम्परा में भी अभिनय को लेकर प्राचीन काल से ही चर्चा-परिचर्चा होती रही है और कई मायनों में तो यह पश्चिम से भी ज़्यादा जटिल रूप में सामने आती है। संसार के दूसरे देशों की तरह ही भारत में भी अभिनय का विधिवत विकास हुआ है—आदिम मनुष्य की ध्वनियों एवं हाव-भाव की मुद्राओं से किसी घटना के सुनाने, दिखाने और फिर उसका अभिनटन करने के लम्बे इतिहास में भी अभिनय कला का एक स्वतंत्र एवं संपूर्ण कला के रूप में विकास होता गया। बाद में वाचिक और लिखित शब्द के आने के बाद अभिनय के बीज पहले महाकाव्यों को गाकर सुनाने की परम्परा के रूप में और बाद में उन्हीं महाकाव्यों पर आधारित नाटकों के मंचन के माध्यम से पूर्व और पश्चिम दोनों रंगपरम्पराओं के इतिहास में लगभग एक साथ अथवा कुछ पहले या बाद में अभिनय की जो विकास-प्रक्रिया सामने आई, उससे हम सभी परिचित हैं।

हमारे यहाँ अभिनय की सबसे पहली परिभाषा भरत के 'नाट्यशास्त्र' में उपलब्ध है, जो स्वयं अभिनय शब्द में ही समाहित है—अभि+नी+यच् अर्थात् अभि उपसर्ग नी धातु और यच् प्रत्यय के संयोग से अभिनय शब्द बना है, जिसका अर्थ है सामने लेकर जाना। इस अर्थ में यह परिभाषा एकदम साफ़, स्पष्ट एवं सीधे-सीधे इस कला के उद्देश्य को सम्प्रेषित कर देती है और वह यह है कि अभिनय एक ऐसी कला या माध्यम है जिसकी सहायता से अभिनेता नाटककार के शब्दों, विचारों अथवा कहानी को सामने बैठे दर्शकों तक पहुँचाता है। भरत द्वारा प्रतिपादित अभिनय की इस व्याख्या में अनायास ही रंगमंच के सभी तत्त्व सम्मिलित हो जाते हैं—नाटककार अथवा नाटक, स्वयं

अभिनेता एवं उसका माध्यम अर्थात् उसकी वाणी और शरीर, एक प्रदर्शन-स्थल, जहाँ वह अपनी कला का प्रदर्शन कर रहा है और अन्त में सामने बैठे दर्शक। एक-दूसरे रूप में लिखित या मौखिक शब्द के जीवित तत्त्व अभिनेता के माध्यम से उतने ही जीवंत दर्शकों तक पहुँचने की प्रक्रिया का नाम है—अभिनय। बेशक, यह प्रक्रिया शब्द के मात्र वाचन अथवा गायन में भी घटित होती है, लेकिन जब तक उसमें अभिनटन का चाक्षुष दृश्यत्व सम्मिलित न हो, वह अभिनय नहीं कहला सकती, अर्थात् अभिनय के साथ अनिवार्यतः उसके प्रदर्शन की शर्त भी जुड़ी हुई है। अतः यह सहज स्वाभाविक ही है कि नाटक, साहित्य की दूसरी विधाओं से अलग, तभी अपनी पूर्णता को प्राप्त करता है, जब वह अपने प्रदर्शित रूप में दर्शकों के सामने प्रस्तुत होता है।

यहाँ तक तो सभी कुछ सहज गम्य है लेकिन कठिनाई तब पैदा होती है, जब भरत चार प्रकार के अलग-अलग अभिनयों का विवेचन करते हैं—वाचिक अभिनय, आंगिक अभिनय, आहार्य अभिनय और सात्विक अभिनय। यदि हम इन्हें अभिनय के अलग-अलग अंगों के रूप में समझने की चेष्टा करें तो भरत का विवेचन अत्यंत सहज लगता है। अर्थात् अभिनय कला वाणी, शरीर, शरीर की वेशभूषा, अलंकरण, रूपसज्जा इत्यादि, प्रदर्शन में प्रयोग की गई कोई विशेष शैली और इन सबको मिलाकर सात्विक यानी सूक्ष्म अभिनय, जिसे भरत ने सामान्य अभिनय भी कहा है। यदि हम उन्हें अंगों के रूप में स्वीकार न करके अभिनय की चार अवस्थाओं के रूप में देखें तो भी बात एकदम समझ में आती है। वाचिक अभिनय अर्थात् अभिनय की पहली अवस्था या चरण, जब अभिनेताओं की मंडली आपस में बैठकर नाटक को पढ़ती है, उसकी कहानी, शब्दों एवं अर्थों को बोलने एवं रंगभाषण के माध्यम से हृदयंगम करती है। यह पूरी प्रक्रिया अभिनय के वाचिक पक्ष से सम्बद्ध है।

आंगिक अभिनय वह दूसरी अवस्था है जब अभिनेता अपनी गतियों, मुद्राओं एवं हाव-भाव से नाटक के वाचिक को एक दृश्य, एक रूप और एक आकार देना आरम्भ करते हैं। वाचिक के साथ आंगिक के जुड़ने से नाटक स्वयमेव दृश्यत्व ग्रहण करने लगता है।

आहार्य अभिनय स्वाभाविक रूप में वह तीसरा चरण है, जब अभिनेता नाटक के लिए अनुकूल वेशभूषा, आभूषण—अलंकरण, उपकरणों का पहले अभ्यास के तौर पर और अन्त में वास्तविक प्रदर्शन के दिन प्रयोग करते हैं।

और अन्त में सात्विक अभिनय सम्भवतः वह सबसे ऊँची और श्रेष्ठ अवस्था है अभिनय की, जिसमें अभिनेता से अपेक्षा की जाती है कि वह वाचिक, आंगिक एवं आहार्य के साथ इस प्रकार समाहित होकर एकाकार हो जाए कि अभिनय के दौरान ये भेद अपने स्वतंत्र रूप में अलग-अलग न दिखाई पड़े वरन् एक सामान्य तत्त्व के रूप में दिखाई दें। यह तभी सम्भव है जब अभिनेता बाहरी तत्त्वों को छोड़कर सूक्ष्म एवं आंतरिक अभिनय की तरफ़ बढ़े यानी अपनी कला से अभिनय का निचोड़ या सार प्रस्तुत करे। इसीलिए इस अवस्था का नाम सात्विक अभिनय रखा गया है और इसे

सबसे ज़्यादा महत्त्वपूर्ण माना गया है।

चित्राभिनय को अभिनय के किसी स्वतंत्र अंग के रूप में नहीं बल्कि मंच पर कभी-कभी उस परिवेश स्थान या वातावरण से जुड़े गतिविधान में उल्लिखित किया गया है, जैसे पर्वत पर चढ़ने का अभिनय, समुद्र में तैरने का अभिनय आदि। देखा जाए तो यह भी आंगिक अभिनय के अन्तर्गत ही आता है, लेकिन यहाँ भरत का तात्पर्य सम्भवतः ऐसे गतिविधान से रहा होगा, जिसकी मुद्राएँ शास्त्रीय अथवा रूढ़ न होकर मात्र एक चित्र का-सा आभास देने तक आवश्यक रही होंगी।

वाचिक, आंगिक एवं आहार्य यदि परस्पर घुल-मिलकर सात्विक यानी सामान्य अभिनय की ओर बढ़ते हैं, तो सात्विक को सामान्य कहे जाने की एक और व्याख्या भी प्रस्तुत की जा सकती है और वह यह कि सात्विक वह तत्त्व है, जो बाक़ी सारे अभिनयों में सामान्य या आवश्यक रूप में उपस्थित रहना ही चाहिए। कहने का तात्पर्य यह है कि अभिनेता का वाचिक भी सात्विक हो, आंगिक भी सात्विक हो और आहार्य भी सात्विक हो तभी प्रदर्शन के दौरान दर्शन के साथ वह तन्मयता, तादात्म्यता एवं विश्वसनीयता बनेगी जिसकी अभिनेता को अपेक्षा रहती है।

क्या भरत द्वारा प्रस्तुत चतुर्मुखी अभिनय की उपर्युक्त व्याख्या हमें आज अपने ज़्यादा निकट, समीचीन और समकालीन नहीं जान पड़ती ? क्या किसी भी नाटक में किसी पात्र या भूमिका की तैयारी की जिस सहज प्रक्रिया से आज का अभिनेता गुज़रता है, वह इस व्याख्या के उसी क्रमिक विकास को प्रस्तुत नहीं करती ?

अभिनयों के भेद-प्रभेद से भरत कहीं एक और संकेत भी देते से लगते हैं—वाचिक अभिनय यानी शायद उन नाटकों में अभिनय, जो वाचिक की बहुलता पर आधारित हों। क्या आज भी हम कभी-कभी किसी नाटक को देखकर ऐसी प्रतिक्रिया नहीं देते कि उसमें व्यर्थ का शब्द-जाल बहुत था। आंगिक अभिनय शायद वे नाटक जो नृत्य-नाटकों की श्रेणी में रखे जा सकें और आहार्य अर्थात् जिसमें किन्हीं विशेष नेपथ्य से जुड़े तत्त्वों पर आग्रह हो। पश्चिम में ऐसी अभिव्यक्ति प्रायः सुनाई पड़ती है, जैसे कॉस्ट्यूम ड्रामा अथवा पीरियड प्ले आदि। बहरहाल, हम चाहे कितनी भी तरह से इन अभिनयों की व्याख्या करें, एक बात निश्चित् है कि भरत का संपूर्ण विवेचन आज के अभिनेता की दृष्टि से भी नितांत आधुनिक, सार्थक एवं समकालीन जान पड़ता है। इसके पश्चात् भरत ने इन चारों शीर्षकों के अन्तर्गत जो चर्चा की है, वह तो और भी समसामयिक है, इसीलिए उसे यहाँ उल्लेख करने की कोई आवश्यकता नहीं रह जाती। संक्षेप में, वाचिक के अन्तर्गत वाणी के उद्गम स्थल, अभिधा, लक्षणा, व्यंजना, अलग-अलग सुर इत्यादि; आंगिक में शरीर के अलग-अलग अंगों-उपांगों की मुद्राएँ एवं उनके अर्थ, आहार्य में मंच-उपकरण बनाने की विभिन्न विधियाँ और सात्विक में विशेष रूप में स्वेद, स्तम्भ, मूर्च्छा, अश्रु आदि अभिनय की सूक्ष्म अभिव्यक्तियों का वर्णन है।

यहाँ उपर्युक्त वर्णन की अपेक्षा इस बात पर विचार किया जाना चाहिए कि तत्कालीन नाटकों के प्रदर्शन में अभिनय की रचनाप्रक्रिया क्या रहती होगी और वह मंच

पर दृश्य-रूप में क्या आकार ग्रहण करती होगी। इस दृष्टि से भरत ने पहले तो दो धर्मिताओं का उल्लेख किया है, जो लोकधर्मी एवं नाट्यधर्मी के नाम से अभिहित की गई हैं। जैसा कि इनके नाम से ही स्पष्ट है, लोकधर्मी में अभिनेता अपनी रोज़मर्रा की ज़िंदगी से जुड़ी मुद्राओं, चर्याओं, हाव-भाव एवं आवाज़ का प्रयोग करता होगा। यह अनुमान सहज ही लगाया जा सकता है कि अभिनय की यह शैली विशेष रूप से गद्य के प्रयोग में काम आती होगी, जिसका एक और संकेत तत्कालीन बोलचाल की बोलियों एवं भाषाओं की नाटकों में उपस्थिति से भी मिलता है, जैसे—प्राकृत, पालि, अपभ्रंश इत्यादि। यहाँ तक कि कुछ पात्रों के लिए तो इन्हीं बोलियों-भाषाओं में संवाद करने का नियम था। इसके विपरीत नाट्यधर्मी शैली एक ऐसी शैली के रूप में उभरी जो अपने रूपाकार में एकदम स्पष्ट थी, अर्थात् एक ऐसी शैली जो यथार्थ से परे हो। जो किसी भी प्रकार की रूढ़िबद्धता एवं रीतिबद्धता पर आधारित हो, जिसका अपना एक शास्त्र, एक व्याकरण हो, और यदि न भी हो तो भी वह सुदीर्घ परम्परा के तहत विकसित और निश्चित् हुई हो। इस शैली में आंतरिक भाषाभिव्यक्ति के लिए काव्य, गीत, संगीत एवं नृत्य का सहारा लिया गया और अभिनय को पूर्णतः सांकेतिक एवं अमूर्त बनाने की कोशिश की गई। इसके साथ ही एक तीसरा विकल्प—इन दोनों शैलियों के समन्वित रूप में उभरा जिसका संकेत भरत ने भी अपने 'नाट्यशास्त्र' में दिया। संस्कृत नाटकों में भी ऐसे अनेक उदाहरण देखे गए जहाँ दोनों शैलियों का समन्वय दिखा। उदाहरण के लिए 'अभिज्ञानशाकुंतलम्' में महुआरे का प्रसंग, 'मृच्छकटिक' का जुआरी प्रसंग, भगवट्अज्युकम्', 'भक्तविलास', 'हास्यचूड़ामणि' एवं 'धूर्त्त समागम्' जैसे रूपकों के लगभग सभी दृश्य।

यहीं पर यह चर्चा करना भी अप्रासंगिक नहीं होगा कि पश्चिम और पूर्व की अभिनय प्रक्रिया के संदर्भ में विवेचन करते हुए रंग-चिंतकों एवं आलोचकों ने दो अलग-अलग अवधारणाएँ प्रस्तुत की हैं—उनके अनुसार पश्चिम का अभिनय चरित्र-परक अर्थात् रिप्रेजेंटेशनल है और भारत की रंगपरम्परा में अभिनय प्रस्तुति-परक अर्थात् प्रेज़ेंटेशनल है। इसको यों भी समझ सकते हैं कि पश्चिम का अभिनेता एक चरित्र या भूमिका की तैयारी के लिए बाक़ायदा उस चरित्र को उसकी वेशभूषा, हाव-भाव, बोलने का ढंग एवं सोच के स्तर पर स्वयं पर आरोपित करता है, अथवा हूबहू बिलकुल वैसा ही मंच पर दिखने का अभिनय करता है, जबकि हमारे यहाँ अभिनेता की एक पात्र के रूप में कल्पना की गई है, जिसमें कोई भी सामग्री डाल दो, वह उसी सामग्री का पात्र कहलाने लगेगा। उदाहरण के लिए एक ख़ाली गिलास में दूध रखा है, तो वह दूध का गिलास है। उसमें से दूध निकालकर कोई दूसरा पेय डाल दिया तो वह उस पेय का गिलास कहलाने लगेगा यानी पात्र के अपने स्वरूप में कोई परिवर्तन नहीं होगा, जबकि पश्चिमी दृष्टि से सामग्री में भी परिवर्तन होगा और पात्र के स्वरूप में भी। लेकिन अपने यहाँ वेशभूषा, रूपसज्जा, मुद्राएँ एवं गतियाँ पहले से निश्चित् एवं नियमबद्ध होने के कारण कोई भी अभिनेता उस पात्र को अभिनीत करें, दर्शक तुरंत

पहचान लेंगे कि वह कौन सा पात्र कर रहा है। उसे अलग से कोई चरित्र-चित्रण करने की आवश्यकता नहीं है।

मुझे लगता है कि इस प्रकार की अवधारणाओं के पीछे यथार्थवादी अभिनय एवं शैलीबद्ध अभिनय–इन दो शैलियों को अलग-अलग देखने से पैदा हुई भ्रांति उत्तरदायी है। यह सही है कि यथार्थवाद दिन-प्रतिदिन के व्यवहार से सम्बद्ध है लेकिन मंच पर क्या वह हूबहू उसी रूप में आता है ? यदि ऐसा होता तो फिर नाटक देखने की क्या ज़रूरत है ? क्या मंच पर प्रस्तुत यथार्थवाद भी वास्तविक यथार्थवाद नहीं वरन् अभिनय की एक शैली ही है। दूसरी ओर शैलीबद्ध अभिनय को मात्र एक रूढ़ि, युक्ति अथवा व्याकरण के ही रूप में स्वीकार कर लेने से यह भ्रांति उत्पन्न हो गई है कि उसके लिए किसी चरित्र-निर्माण, उसकी संवेदना एवं अनुभूति की कोई आवश्यकता नहीं है। यदि इसे स्वीकार कर लिया जाए तब तो संगीत एवं नृत्य जैसी कलाओं में प्रत्येक राग एवं मुद्रा पहले से निश्चित् है, तो फिर क्यों एक गायक अथवा नर्तक की प्रस्तुति दूसरे से अलग हो जाती है ? क्या इसमें गायक अथवा नर्तक की अपनी भावाभिव्यक्ति की उस निजी प्रक्रिया का योगदान नहीं है, जिसमें से अभिनेता भी गुज़रता है, चाहे वह यथार्थवादी नाटक में अभिनय करे अथवा शैलीबद्ध नाटक में ?

यदि हम भरत के अभिनय-सिद्धान्तों एवं प्रक्रिया को मात्र तकनीकी, रूढ़, नियमबद्ध और रीतिबद्ध मानकर ही विवेचित करते रहेंगे तो रस-निष्पति को कहाँ स्थान देंगे, जिसका मूल मंत्र ही यही है कि 'तत्र भावानुभाव संचारी भाव संयोगाद्ररसनिष्पत्ति' : अर्थात् वहाँ भाव, अनुभाव, संचारीभाव के योग से रस निष्पत्ति होती है। इस सूत्र में 'वहाँ' किसके लिए प्रयोग किया गया है ? निश्चित् रूप से अभिनेता के लिए जो पहले स्वयं किसी अनुभव एवं अनुभूति से गुज़रता है और फिर उसे दर्शक तक पहुँचाता है। यदि अभिनेता मुद्राओं और गतियों के तकनीकी जाल तक ही सीमित होकर रह जाएगा तो वह अपने प्रदर्शन को रस की कोटि तक कैसे पहुँचाएगा ? वस्तुतः, हमारी परम्परा में अभिनय को प्रस्तुति-परक के रूप में लेने का अर्थ ही यही है कि सब कुछ पहले से निश्चित् होने के बावजूद दर्शक यही देखने के लिए आता है कि कोई विशेष अभिनेता किसी विशेष पात्र को कितना नए ढंग, रंग और रूप में प्रस्तुत कर रहा है। इसीलिए रंगमंच को पूरी तरह से अभिनेता का माध्यम और 'नाट्यशास्त्र' को उसकी डायरी के रूप में मान्यता दी गई है। हाँ, रस-प्रक्रिया में इस बात को रेखांकित करना नितांत आवश्यक है कि जब अभिनेता का भाव या अनुभूति उस पूरी प्रक्रिया से गुज़रकर दर्शकों तक पहुँचती है तो वह मात्र उसके अपने तक सीमित नहीं रह जाती वरन् एक ऐसे सार्वजनीन अनुभव में परिवर्तित हो जाती है, जिसे परवर्ती आचार्यों ने साधारणीकरण की संज्ञा दी है। यदि ऐसा न होता तो भरत के रस-सिद्धान्त की कोई सार्थकता ही नहीं रह जाती। मैं तो यहाँ तक कहना चाहूँगा कि भरत का रस-सिद्धान्त ही क्यों, अरस्तू का विरेचन-सिद्धान्त, यथार्थवादी नाटकों में अभिनय का प्रभाव, ब्रेष्ट का महाकाव्यात्मक रंगमंच–क्या सबका मूल उद्देश्य यही नहीं है कि अन्ततः रंगमंच

अभिनेता के व्यक्तिगत अनुभव से शुरू होकर उसे एक ऐसे विशाल एवं अमूर्त अनुभव में तबदील कर देता है जो सार्वजनिक हो, सर्वग्राह्य हो और सचमुच में ब्रह्मानन्द को पाने के आस्वाद जैसा हो। भरत के अभिनय-सिद्धान्त का सारा का सारा आग्रह नाट्यधर्मी पर होने के बाद भी लोकधर्मी अथवा आज की भाषा में कहें तो वह यथार्थवादी दृष्टि कहीं छूटती नहीं, जब वह विस्तारपूर्वक इन पक्षों का विवेचन करते हैं कि प्रत्येक अलग-अलग रस का मूल रंग कौन सा है, प्रत्येक पात्र को किस प्रकार की वेशभूषा धारण करनी चाहिए, नाटक में कौन सी भूमिका किस प्रकार के व्यक्तित्व वाले अभिनेता को देनी चाहिए? क्या ये सारे विवरण चरित्र-निर्माण और उसे ज़्यादा-से-ज़्यादा प्रामाणिक और विश्वसनीय बनाने की उसी रचनाप्रक्रिया से सम्बद्ध नहीं हैं, जिनके माध्यम से आज का अभिनेता भी गुज़रता है। संक्षेप में, उपर्युक्त सारे प्रश्नों, जिज्ञासाओं और विवेचना को यों समेटा जा सकता है कि किसी भी भूमिका को तैयार करते समय अभिनेता की आंतरिक यात्रा एक जैसी ही रहती है, यद्यपि बाहरी स्तर पर वह अपनी अभिव्यक्ति अलग-अलग रूप और शैली में करती है, जिसके लिए हमारे यहाँ दो विकल्प 'नाट्यशास्त्र' के समय से ही प्रस्तुत हैं—लोकधर्मी और नाट्यधर्मी। इन्हीं दोनों शैलियों को विश्व की विभिन्न रंगपरम्पराओं के संदर्भ में भी बड़ी आसानी से व्याख्यायित किया जा सकता है।

भारतीय अभिनेता की लम्बी रंगयात्रा में यह तथ्य बहुत दिलचस्प जान पड़ता है कि अन्ततः उसकी सारी कोशिश उस शास्त्र, उस नियमबद्धता एवं रूढ़िबद्धता से मुक्ति पाने की है, जिसमें उसे भारतीय रंगमंच के उदयकाल में ही बाँध दिया गया था। उसका सौभाग्य रहा कि उसे यह अवसर एक सामूहिक कला से जुड़े रहने के कारण एक हज़ार ईसवी के आसपास ही मिल गया, जबकि उसी के समानांतर दूसरी ऐकांतिक कलाएँ जैसे नृत्य और संगीत आज भी उसी शास्त्र में आबद्ध हैं, जहाँ से इन तीनों कलाओं की शुरुआत हुई थी। बेशक, इसके लिए तत्कालीन राजनीतिक परिस्थितियाँ भी उतनी ही ज़िम्मेदार हैं, लेकिन इस बात से भी इनकार नहीं किया जा सकता कि रंगमंच वस्तुतः एक ऐसी गतिशील, प्रगतिशील और सार्वजनिक कला है, जिसे दिन-प्रतिदिन बदलते समाज के साथ अपने आपको बदलना पड़ता है, बल्कि कई अर्थों में समाज से भी आगे बढ़कर उसका पथ-प्रदर्शक बनना पड़ता है।

इसीलिए संस्कृत रंगपरम्परा का अवसान मानो भारतीय अभिनेता की मुक्ति के लिए वरदान साबित हुआ। यह मुक्ति उसे एक नहीं, अनेक स्तरों पर मिली। लिखित आलेख से मुक्ति, एक ही भाषा से मुक्ति, एक ही शैली से मुक्ति, सीमित दर्शक समुदाय से मुक्ति और एक अर्थ में शैक्षणिक प्रशिक्षण से मुक्ति। इसमें कोई संदेह नहीं कि इस मुक्ति की प्रक्रिया में उसे बहुत कुछ खोना भी पड़ा, जिनमें सबसे बड़ी थी—आर्थिक सुरक्षा एवं संरक्षण। लेकिन उसके बरक्स जो कुछ उसने पाया, वह निश्चित् रूप से उस खोने से ज़्यादा बढ़कर मूल्यवान है। पहली बार अभिनेता को अपने परिवार के स्तर पर मान्यता मिली, यहाँ तक कि पूरे के पूरे परिवार ने रंगकर्म को अपनी आजीविका

एवं साधना का अंग बना लिया। उसे जीवनभर एक ही स्थान और संस्था की बजाय पूरे देश के भ्रमण का अनुभव मिला और पहली बार अपनी कल्पना, आशु-अभिनय, प्रदर्शन स्थल के खुलेपन और एक विशाल दर्शक समुदाय के साथ जुड़ने का अहसास हुआ। इन सब बातों ने मिलकर मध्यकालीन अभिनेता के व्यक्तित्व एवं कृतित्व में एक ऐसे खुलेपन का विस्तार किया, जो पश्चिम के अभिनेता के लिए सम्भव नहीं था। इससे भी बढ़कर एक और दूसरे रूप में भी उसके अभिनय में निखार आया। उसने शास्त्र से मुक्ति तो पाई, लेकिन शास्त्र की कुछ चीज़ें अनायास ही पीढ़ी-दर-पीढ़ी उसके साथ चलती भी रहीं, जिनके साथ उसकी अपनी क्षेत्रीय और लोक शैलियों ने मिलकर उसकी कला को और पुख़्ता कर दिया। उदाहरण के लिए शास्त्रीय रंगमंच का ख़ाली और निस्संग प्रदर्शन-स्थल, मंच पर शुरू से लेकर आख़िर तक उपस्थित रंगमंडली, मंच पर बार-बार कुछ गोलाकार गतियों से ही नाटक के परिवेश, स्थान और कार्य-व्यापार परिवर्तन की सूचना, नाटक में हर तरह की सम-सामयिकता और तात्कालिकता के बावजूद उसकी कहानी के तत्त्व को शुरू से लेकर अन्त तक पकड़े रहना। देखा जाए तो एक हज़ार ईसवी से लगभग सत्रहवीं शताब्दी तक का समय भारतीय रंगपरम्परा में अभिनय के उत्कर्ष का सबसे सुन्दर और सुदीर्घ पड़ाव है। इतना ही नहीं, सबसे ज़्यादा प्रयोगवादी भी, जिसमें भारत की ही दो नाट्य परम्पराओं—शास्त्रीय यानी नागर और लोक यानी देसी कलाओं के आपसी सिंथेसिस से अनजाने ही अभिनय की एक नई शैली का जन्म हो रहा था, जो न तो पूरी तरह से शैलीबद्ध है, न पूरी तरह से यथार्थवादी है और किसी भी रूप में विदेशी तो है ही नहीं। क्या आज के भारतीय रंगमंच को किसी ऐसी ही अभिनयशैली एवं प्रस्तुतिशैली की अपेक्षा नहीं, जो हमारी अपनी ही रंगपरम्पराओं से सहज रूप में पाई जा सके ? क्या आधुनिक रंगमंच के पहले भारतीय नाट्यकार और अभिनेता-निर्देशक भारतेंदु ने इसी रास्ते की तलाश नहीं कर ली थी ? दुर्भाग्य से, अल्पायु में ही उनकी मृत्यु ने इस दिशा में आगे होने वाले प्रयोगों से हमें आज से सौ-डेढ़ सौ साल पहले ही वंचित कर दिया।

कहा जा सकता है कि भरत के चहुँमुखी अभिनय की वास्तविक छटा मध्यकाल में ही दीख पड़ती है—वाचिक के उदाहरण के रूप में उत्तर भारत की अधिकांश लोकशैलियाँ, विशेष रूप से रामलीला, नौटंकी, भाँड़ और स्वांग, आंगिक के उदाहरण के लिए यक्षगान, आहार्य के प्रतीक के रूप में कथकलि और सात्विक की दृष्टि से कूडिआट्टम। यदि सात-आठ सौ वर्ष तक ये सारी लोकशैलियाँ लगातार जीवित रहीं और आज भी हैं और वह भी संस्कृत या शास्त्रीय रंगमंच की तरह बिना किसी राजकीय संरक्षण के, तो इससे इन शैलियों की शक्ति, जीवंतता और जनमानस पर पड़े गहरे प्रभाव का सहज ही अनुमान नहीं लगाया जा सकता ? इस दृष्टि से तो यह रंगपरम्परा शास्त्रीय शैली से भी अधिक प्रभावकारी सिद्ध हुई है। हमें लोक रंगशैली एवं अभिनय की इसी आत्मा एवं शक्ति को आज के रंगमंच में पाने, पकड़ने और जोड़ने की कोशिश करनी चाहिए, जबकि हम सदा उनके बाहरी उपादानों यानी गीत, संगीत एवं नृत्य में

ही उलझकर समय नष्ट करते रहे हैं। हमें इस दिशा में गंभीर विचार-विमर्श करना चाहिए कि क्या लोकशैलियाँ मात्र अपने गीत, संगीत या नृत्य की वजह से जीवित रही हैं अथवा लोक अभिनेताओं की उस बहुमुखी प्रतिभा के बल पर, जिसका ये तत्त्व मात्र एक छोटा सा अंश है ? आज हम ब्रेष्ट के 'खड़िया का घेरा' में तो इस सिद्धान्त का ज़ोर-शोर से पोषण करते हैं कि ज़मीन का स्वामी उसे ही होना चाहिए, जो उसे जोतता है, न कि वह जो उसका मात्र उत्तराधिकार से स्वामी है। यही बात 'जसमा ओडन' में जब कामकुंडला जैसी अप्सरा कहती है और स्वर्ग छोड़कर इसी धरती पर रहने की बात करती है, तब हम उसे धर्म एवं मिथक के लबादे में लपेटकर ख़ारिज कर देते हैं। इसी प्रकार शेक्सपीयर के 'हैमलेट' में नाटक के भीतर नाटक वाले दृश्य में उसे देखने वाले दर्शकों यानी नाटक के पात्रों पर उसका जो प्रभाव पड़ता है, उस पर जमकर चर्चा होती है लेकिन उससे भी सात-आठ सौ वर्ष पहले भवभूति जब अपने नाटक 'उत्तररामचरित' में भी नाटक के भीतर नाटक वाला दृश्य प्रस्तुत करते हैं और उसका नाटक के दर्शक पात्र पर और भी गहरा असर होता है, तो शायद किसी को उस प्रसंग की याद भी नहीं आती ? इससे भी पूर्व भास के नाटक 'प्रतिमा नाटक' का तो उल्लेखमात्र ही पर्याप्त है। यहाँ इस प्रसंग पर अलग से कोई विशेष चर्चा करने की आवश्यकता नहीं रह जाती कि लोक रंगपरम्परा के अभिनेता की रचनाप्रक्रिया क्या रहती होगी, फिर भी कुछ संकेत ग्रहण किए जा सकते हैं। सबसे पहले तो यही कि लिखित आलेख के अभाव में पीढ़ी-दर-पीढ़ी किसी विधिवत् प्रशिक्षण के तहत नहीं वरन् एक मौखिक परम्परा के रूप में नाटक की कहानी का बाहरी ढाँचा एक-दूसरे तक पहुँचता गया होगा और इसमें अभिनेता की अपनी तात्कालिक सूझबूझ और कल्पना ने भी उसमें बहुत कुछ जोड़ दिया होगा। इसीलिए मध्यकाल में जहाँ रंगमंच में अभिनेता उसका केन्द्रीय तत्त्व हो गया, वहीं एक और भी महत्त्वपूर्ण तत्त्व का विकास हुआ, जिसे आज हम सूत्रधार के नाम से जानते हैं। यह सूत्रधार शास्त्रीय नाट्य परम्परा में भी रहता था, लेकिन वहाँ उसका मात्र इतना ही काम है कि नाटक के आरम्भ में उसका परिचय देकर प्रस्थान कर लेना। लोक रंगमंच में उसकी मंच पर आद्यंत उपस्थिति एक ऐसे प्रस्तुति के नियामक की सूचना देती है, जिसे पाश्चात्य नाट्य परम्परा में निर्देशक के नाम से जाना गया, जो हमारी अपनी लोक रंगपरम्परा में न जाने कब से विद्यमान है। वह कथा को आगे बढ़ाता है, यदि किसी दृश्य को करते-करते अभिनेता बहुत दूर निकल जाएँ तो उन्हें लौटाकर मूल कहानी पर केंद्रित करता है, कभी-कभार स्वयं भी किसी भूमिका में उतर आता है और तात्कालिक एवं समसामयिक सामाजिक, राजनीतिक स्थितियों पर टिप्पणियाँ तो करता ही है। क्या ब्रेष्ट के अभिनय दर्शन में अलगाव का सिद्धान्त यही नहीं है ? चूँकि हर नए सिद्धान्त, हर नई अवधारणा और हर नए दर्शन को पश्चिम से ही आयातित होना है, तो फिर यहाँ सब कुछ पहले से उपस्थित हो भी, क्या अन्तर पड़ता है ? इसमें कोई संदेह नहीं कि शास्त्रीय के बाद लोक-रंग ने भारतीय अभिनय की यात्रा में अपना विशेष योगदान दिया और हमें उसी परिप्रेक्ष्य में उसके महत्त्व को आँकना चाहिए।

भारतीय रंगमंच में अभिनय का तीसरा पड़ाव तब आता है, जब उन्नीसवीं सदी के उत्तरार्द्ध में अंग्रेज़ी शासन के प्रभाव-स्वरूप आगामी लगभग सौ वर्षों तक पारसी रंगमंच, कंपनी थिएटर अथवा शुद्ध व्यावसायिक रंगकर्म का जन्म, पोषण और प्रचलन रहता है। इसमें कोई संदेह नहीं कि इस रंगमंच के कर्ता-धर्ता लोगों का एकमात्र उद्देश्य पैसा कमाना था, लेकिन जहाँ तक अभिनेता की कला के विकास का प्रश्न है, निश्चित् ही पारसी रंगमंच ने उसमें अपना विशेष योगदान दिया। सबसे पहले तो रंगमंच को शास्त्रीय रंगमंच की तरह मात्र नागर अथवा बुद्धिजीवी वर्ग के लिए नहीं और न ही लोक रंगमंच की तरह केवल ग्रामीण यानी आम आदमी के खाँचे में फिट करके देखने के बजाय उसे एक साथ सभी तरह के दर्शकों के लिए ग्राह्य बनाने की दिशा में पहल की। इससे भी आगे शास्त्रीय और लोक रंगमंच में उपस्थित जन-समुदाय से भी बड़े दर्शक-समूह के लिए अपनी अभिनय कला का विस्तार किया। यहाँ तक कि अतिरंजना की सीमाओं को छूने के बावजूद आवाज़ एवं रंगभाषण की सीमा को कहाँ तक बढ़ाया जा सकता है और भावना और संवेदना के स्तर पर उसका कितना गहरा असर पैदा किया जा सकता है—उन दिनों के दर्शक आज भी उसका ज़िक्र करते थकते नहीं हैं। पहली बार भारतीय रंगमंच में स्वयं अभिनेता से ही अभिनय के साथ-साथ गाने की भी अपेक्षा की जाने लगी, क्योंकि मंच पर शुरू से लेकर आख़िर तक बैठे गायक और वादक यहाँ नदारद थे। कोरस की बजाय व्यक्तिगत गायन और बाद में युगल गीत के जन्म का श्रेय भी इस परम्परा को है। यह सत्य है कि पैसे कमाने के शुद्ध व्यापारिक दृष्टिकोण ने नाटकों के उस साहित्यिक पक्ष को गौण बना दिया, जो तत्कालीन नाटककारों यथा भारतेंदु, प्रसाद, माधव शुक्ल की रचनाओं में दीख पड़ते हैं। लेकिन सभी पारसी नाटकों के विषय में यह बात नहीं की जा सकती। आग़ाहश्र काश्मीरी के यहाँ 'यहूदी की लड़की' और 'रुस्तम सोहराब' जैसे उच्चकोटि के गहरे त्रासद नाटक मौजूद हैं, जो ग्रीक त्रासदियों का-सा अनुभव प्रदान करते हैं तो 'सीता वनवास' जैसा करुण और मार्मिक हिन्दी नाटक भी उपस्थित है जो भवभूति के 'उत्तररामचरित' की याद दिलाता है। इसी प्रकार राधेश्याम कथावाचक का 'वीर अभिमन्यु' और 'भक्त प्रहलाद' तथा नारायण प्रसाद बेताव का 'महाभारत' आदि—धर्मवीर भारती के 'अंधायुग' से पहले युद्ध की विभीषिका और परिणाम पर प्रश्न उठाने वाली नितांत मौलिक साहित्यिक रचनाएँ हैं। लेकिन यहाँ प्रश्न आलेख से भी ज़्यादा उस अभिनयशैली की खोज का था, जो भारतीय परम्पराओं, यथा शास्त्रीय एवं लोक और पाश्चात्य के अद्भुत मिश्रण से तैयार होकर भी अपनी एक अलग ही पहचान बनाने में सफल हुई। इस अभिनयशैली में न तो शास्त्रीय रंगमंच जैसी जटिल एवं अमूर्त गतियाँ एवं मुद्राएँ थीं और न ही लोक रंगमंच की मौखिक आलेख पर आधारित स्वछंदता वरन् एक ऐसी नई शैली जो लिखित आलेख के ढाँचे में बँधी होने के बावजूद अपनी प्रस्तुति में एक सहज शैलीबद्धता लिए हुई थी। एक ओर मंच पर पैदा किए जा सकने वाले तमाम तकनीकी प्रभावों के कारण यथार्थ का भ्रम उत्पन्न करने का आग्रह था, तो दूसरी ओर रँगे हुए परदों के इस्तेमाल के सामने

अभिनेताओं द्वारा भावों और संवेगों की अतिरंजित अभिव्यक्ति उसी क्षण यथार्थ के उस भ्रम को तोड़ भी डालती थी। यथार्थ के इस भ्रम के टूटने की अंतिम परिणति तब होती थी, जब किसी दृश्य के असर से भाव-विह्वल होकर दर्शक कह उठते थे–'वंस मोर...वंस मोर' और मंच पर उपस्थित अभिनेता उस दृश्य की पुनरावृत्ति करने लगते थे। भारतीय परम्परा में एलीएनेशन अथवा अलगाव की उपस्थिति का इससे बड़ा उदाहरण और क्या हो सकता है ? यह सहज स्वाभाविक ही है कि आधुनिक अभिनेता की रचनाप्रक्रिया और प्रशिक्षण के संदर्भ में पारसी अभिनेता की भूमिका पर पुनर्विचार हो रहा है। इसमें कोई संदेह नहीं कि बेशक साहित्य के पंडित आलोचकों ने इस परम्परा के लगभग सभी नाटकों को अनदेखा-सा कर दिया लेकिन संवादों की भाषा, उच्चारण, रंगभाषण एवं अभिनय की अन्तहीन क्षमताओं, सम्भावनाओं एवं विकल्पों की दृष्टि से इन सौ वर्षों में प्रचलित अभिनय परम्परा को सही रूप में रेखांकित किया जाना चाहिए।

इस शताब्दी के पिछले पचास वर्ष यदि भारत की आज़ादी के पचास वर्षों की दृष्टि से महत्त्वपूर्ण हैं तो भारतीय अभिनेता की अनवरत यात्रा के रूप में भी कम महत्त्व नहीं रखते। आज के अभिनेता के सामने यदि एक तरफ़ पिछले तीन हज़ार वर्षों के रंगमंचीय इतिहास में उपलब्ध शास्त्रीय, लोक, यथार्थवादी, अभिव्यंजनावादी, अमूर्त और असंगत, मनोशारीरिक और महाकाव्यात्मक अर्थात् अभिनय की अनंत दिशाओं का भंडार उपस्थित है, वहीं यह भी उतना ही क्रूर एवं नंगा सच है कि आज न तो किसी एक विकल्प से काम चलने वाला है और न ही इस बात के लिए बहस की गुंजाइश और अवकाश है कि उपर्युक्त सभी विकल्पों के प्रयोग से एक नई अभिनयशैली का निर्माण कर लिया जाए। मेरे विचार में आज के अभिनेता के सामने अपने पूर्ववर्ती अभिनेताओं की अपेक्षा ज़्यादा बड़ी चुनौतियाँ हैं। इससे पहले का अभिनेता एक काल-विशेष में प्रचलित, स्वीकृत और व्याख्यायित अभिनयशैली और परम्परा से बख़ूबी अपना काम चला लेता था। एक मायने में अभिनय उसे विरासत में प्राप्त हो जाता था, जहाँ नाटक के मौखिक आलेख के साथ-साथ ही उसे मंचित करने की विधि-प्रविधि और अभिनय की परम्परा भी पीढ़ी-दर-पीढ़ी सहज ही उपलब्ध हो जाती है, लेकिन आज के अभिनेता के न तो अपने परिवार में यह परम्परा नियमित स्तर पर उपलब्ध है और न ही अपने परिवार के बाहर ही यह विकल्प उस रूप में उपलब्ध है। एक प्रकार का शून्य है उसके समक्ष। देखा जाए तो यह स्थिति एक प्रकार से बहुत ही सकारात्मक स्थिति है, क्योंकि आज अभिनेता बिना किसी पूर्वाग्रह के किसी भी दिशा में अपनी पगडंडी की शुरुआत कर सकता है, वह उपर्युक्त सारे विकल्पों को बारी-बारी से आज़माकर अपने लिए एक विकल्प चुन सकता है और अन्ततः एक सम्भावना यह भी बनती है कि वह पहले तो सोच-विचार कर एक पूरी प्रक्रिया के भीतर से गुज़रते हुए अपने को न्यूट्रल करे और फिर जो कुछ वह सहज रूप से अपने भीतर ले सके, उसे स्वीकार करता चले।

हाँ, एक बात उसे सदैव ध्यान में रखनी होगी कि आख़िर वह जो कुछ भी कर रहा है या करना चाहता है, वह दर्शकों के लिए भी उतना ही सम्प्रेषणीय होना चाहिए—इस प्रकार अभिनय के जो नए प्रतिमान बनेंगे, वे सचमुच में भविष्य के रंगमंच की भी एक ठोस तस्वीर प्रस्तुत करेंगे।

इस नई तस्वीर में युग के साथ टेलिविजन, रेडियो, कम्प्यूटर आदि की अनन्त-अनन्त सम्भावनाएँ भी होंगी और इनके भीतर से विविध रूपरंगों की नई चुनौतियाँ भी। यही कारण है कि आज जब हम रंगमंच के किसी अभिनेता को दूरदर्शन के छोटे पर्दे और फ़िल्म के बड़े पर्दे की ओर प्रस्थान करते देखते हैं तो हमारी पहली प्रतिक्रिया होती है कि एक अभिनेता अपने माध्यम से विस्थापित हो गया। दूसरी ओर अभिनेता का मानना है कि उसे तो अभिनय करना है, फिर चाहे वह दूरदर्शन हो, फ़िल्म हो अथवा कोई तीसरा माध्यम हो। देखा जाए तो अभिनेता की बात एकदम सही है। हमलोगों ने अभिनय को मात्र एक माध्यम तक ही सीमित करके क्यों रख दिया है ? जब दूरदर्शन और फ़िल्म जैसे माध्यम अस्तित्व में ही नहीं आए थे तब की बात और थी लेकिन आज यदि तकनीकी, औद्योगिक और संचार क्रान्ति के कारण नए-नए माध्यमों का जन्म और विकास हो चुका है तो यह अपने आप में अन्तर्विरोध लगता है कि हम मात्र रंगमंचीय अभिनय को ही अभिनय मानें और दूसरे माध्यमों में जा रहे अभिनेताओं को अस्पृश्य मानकर उन्हें त्याज्य मानने लगें।

इस तरह की सोच के पीछे का एक कारण तो समझ में आता है और वह यह है कि जहाँ रंगमंच पूरी तरह से अभिनेता का माध्यम है, वहाँ फ़िल्म एकमात्र निर्देशक का माध्यम है और अभिनेता की स्थिति वहाँ दोयम दर्जे की ही रहती है। लेकिन इस तर्क में कोई बहुत ज़्यादा दम दिखाई नहीं पड़ता। सच्चाई तो यह है कि अभिनेता का माध्यम होते हुए भी रंगमंच में आज निर्देशक ही सर्वोपरि है, दूसरी ओर फ़िल्म बेशक निर्देशक का मध्यम है लेकिन उसकी पूरी बागडोर हीरो यानी मुख्य अभिनेता के हाथ में रहती है। एक माध्यम से दूसरे माध्यम में स्थानान्तरण का दूसरा और तात्कालिक कारण यह होता है कि अपने जीवन यापन के लिए जितनी कम-से-कम सुख-सुविधाओं की अभिनेताओं को ज़रूरत होती है, वह उन्हें व्यावसायिकता के अभाव में रंगमंच में चाहकर भी हासिल नहीं कर पाता, जो उसे दूसरे माध्यमों में सहज ही उपलब्ध हो जाती है। रंगमंच की तुलना में प्रचार-प्रसार की दृष्टि से तो वे बड़े माध्यम हैं ही, अतः एक विशेष क्षण में पूरे संसार के दर्शकों द्वारा एक साथ देखे जाने का मोह, ग्लैमर और दबाव भी उसे इन माध्यमों की ओर जाने के लिए प्रेरित करता है। कहने को सम्प्रेषण की दृष्टि से रंगमंच भी एक प्रसार माध्यम की श्रेणी में ही आता है, अपने आप में एक जीवन्त माध्यम होने के कारण सबसे ज़्यादा सशक्त भी है। क्योंकि यह अभिनेता और दर्शक—दो जीते-जागते आदमियों के बीच सीधा संवाद स्थापित करता है लेकिन फिर भी इस सच्चाई से कैसे मुँह मोड़ा जाए कि एक विशेष समय में वह घटित तो मात्र एक दर्शक वर्ग के लिए ही हो रहा होता है।

लेकिन यह स्थानान्तरण बाहर से देखने पर जितना सहज और सरल दिखाई पड़ता है, उतना वास्तव में होता नहीं है। प्रायः लोग यह समझ बैठते हैं कि अभिनय तो अभिनय है, फिर चाहे वह रंगमंच में हो अथवा फ़िल्म या दूरदर्शन में—इससे क्या अन्तर पड़ता है ? यह उतनी ही कठिन प्रक्रिया है जितनी एक उपन्यासकार के लिए कविता लिखना, एक क्रिकेट के खिलाड़ी के लिए फुटबाल खेलना और एक विद्वान के लिए अच्छा प्राध्यापक भी होना। सम्भव है कि कभी-कभार विभिन्न कलाओं, माध्यमों और विधाओं में संचरण एक व्यक्ति भी करता रहे लेकिन फिर भी कोई एक माध्यम ज़रूर ऐसा होगा, जिसमें अभिव्यक्ति पाने को वह सबसे ज़्यादा अहमियत देता हो।

अभिनय के परिप्रेक्ष्य में अलग-अलग माध्यमों में संचरण—विचरण इतना कठिन क्यों होता है, इसका उत्तर खोजने के लिए हमें पहले अभिनय के इतिहास में जाना पड़ेगा। जैसा कि हम सभी जानते हैं कि मनुष्य की अपने से अलग पहली अभिव्यकित किसी दूसरे मनुष्य के साथ संवाद स्थापित करने के रूप में हुई, सम्प्रेषण की भाषा चाहे मात्र ध्वनि रही हो, शारीरिक मुद्राएँ रही हों अथवा दोनों का एक मिला-जुला रूप रहा हो। अतः यह स्वयंसिद्ध है कि अभिनय में अपने से अलग कुछ ऐसा करने या कहने का विधान शामिल है जिसे दूसरे के साथ शेयर किया जा सके। आरम्भ में यह संवाद एक मनुष्य का दूसरे से, फिर एक का बहुत से लोगों के साथ और अन्त में बहुत से लोगों का बहुत से लोगों के साथ होने लगा। इसी तरह विधिविधान के स्तर पर भी पहले ध्वनि, मुद्रा और अन्ततः एक विकसित भाषा का प्रयोग किया जाने लगा। लेकिन एक बात शुरू से ही कॉमन रही कि इस प्रक्रिया में जीवित तत्त्व की भागीदारी रही और वह एक से दूसरे से तीसरे तक पहुँचता चला गया। यहीं से मानव सभ्यता में अनुकरण की प्रवृत्ति ने जन्म लिया, यद्यपि इसकी पहली शुरूआत तभी हो चुकी थी, जब उसने जानवरों के जीवन का अध्ययन करना शुरू किया। बाद में यही क्रिया स्वयं उसके जीवन में भी घटित होनी शुरू हुई—पहले बच्चे के रूप में और फिर एक वयस्क रूप में और इस तरह से पीढ़ी-दर-पीढ़ी अभिनय कला का विकास होता गया। आज बेशक पीढ़ी-दर-पीढ़ी सीखते जाने की इस कला का आधुनिक रंगमंच में लोप हो गया हो लेकन कहीं-न-कहीं अनुकरण की यह आदिम प्रवृत्ति आज भी विद्यमान है—चाहे प्रशिक्षण के रूप में, चाहे अपने आसपास चारों तरफ़ फैले समाज और उसमें रहनेवाले विभिन्न प्राणियों के जीवन के अध्ययन के रूप में और चाहे अपनी कल्पना में निर्मित किए गए चरित्रों के रूप में।

इसीलिए अभिनय की अभिव्यक्ति के भी अलग-अलग रूप प्रारम्भ से ही देखे जा सकते हैं। कभी मात्र सुनाने के स्तर पर, कभी गायन के रूप में, कभी वाचन के माध्यम से और अन्ततः अभिनटन। इसी प्रक्रिया को थोड़ा और विस्तार दें तो क्या चित्रकला, मूर्तिकला और साहित्य में भी अभिनय की इस उपस्थिति को अनुभूत नहीं किया जा सकता ? जब-जब चित्रकार ने, मूर्तिकार ने और रचनाकार ने मानवीय चरित्रों को

विभिन्न स्थितियों और परिस्थितियों में अंकित किया है तो उसने अपनी विचित्र, उकेरित और मुद्रित रचना में कुछ घटित होने का भाव अनुभूत किया होगा, तभी तो इन रूपों में वह मानवीय क्रिया अभिव्यक्त हुई। कहने का अर्थ यह है कि उपर्युक्त तीनों माध्यम कितने ही स्थिर क्यों न हों, फिर भी हमें एक गति का अहसास क्यों देते हैं ? ज़ाहिर है कि अपनी मानवीय उपस्थिति के कारण। छोटी-से-छोटी क्रिया-प्रतिक्रिया के साथ वहाँ प्रस्तुत होने के कारण। क्या कई बार हम स्वयं यह अनुभव नहीं करते कि अभी तुरन्त ये आकृतियाँ बोल पड़ेगीं अथवा चलने-फिरने लगेंगी ? सुप्रसिद्ध मोनालिसा का चित्र इस अनुभव का सबसे अच्छा उदाहरण है। इसी स्थापना को थोड़ा और आगे बढ़ाया जाए तो स्वयं मनुष्य द्वारा संचालित कठपुतलियाँ निर्जीव होते हुए भी अन्ततः स्वयं बोलती जान पड़ती है।

पिछले डेढ़-दो सौ वर्षों में विकसित फोटोग्राफी की कला में अपना एक नया रूप लेकर उपस्थित होता है अभिनय का माध्मय। इससे पहले के विवेचित सभी माध्यमों में जीवन्त तत्त्वों की उपस्थिति थी ज़रूर लेकिन यह एक अनुपस्थिति उपस्थिति के रूप में वहाँ विद्यमान थी। सम्भव है कई बार मॉडल के रूप में वह वहाँ अपने जीवित रूप में भी उपस्थित रही हो। लेकिन फोटोग्राफी में तो वह सीधे-सीधे विद्यमान है। यहाँ तक कि अविस्मरणीय छात्राचित्र वहीं होते हैं जिनमें मनुष्यों की जीवन्त उपस्थिति को उनके अनजाने ही कैमरे में क़ैद कर लिया जाता है। इस प्रकार कभी जीवन्त, कभी स्थिर—इन सभी कलारूपों में कहीं-न-कहीं अभिनय के अंश ढूँढ़े जा सकते हैं। इन्हीं सब कलारूपों का एक और विकास फ़िल्म के रूप में उन्नीसवीं सदी के अन्तिम दशक में आविष्कृत हुआ और अपनी चलती-फिरती प्रकृति के कारण पहले से प्रचलित चित्रकला, मूर्तिकला और छायाचित्र आदि विधाओं से एकदम अलग था। यद्यपि वहाँ भी आदमी मौजूद था लेकिन स्थिर रूप में, यहाँ दोनों चीज़ें एक साथ क्रियाशील थीं अर्थात् आदमी मौजूद भी था और वह एक जीते-जागते आदमी की तरह से चलता-फिरता भी दिखाई दे रहा था। बेशक शुरू में हम उसकी आवाज़ नहीं सुन पा रहे थे लेकिन अब वह अनुपस्थिति इतिहास की बात हो चुकी है। इसके बाद तो दूरदर्शन, वीडियो, इंटरनेट, कम्प्यूटर अभिनय के और भी जटिल माध्यम सामने आ चुके हैं। चाहे तो यहाँ हम टेलीफ़ोन और रेडियो जैसे दो माध्यमों का भी उल्लेख कर सकते हैं, जो श्रव्य के स्तर पर अभिनय का एक नया आयाम प्रस्तुत करते हैं अर्थात् ये माध्यम श्रव्य की उस प्रक्रिया से बिलकुल भिन्न हैं, जहाँ बोलनेवाला ठीक हमारे सामने होता था तथा सुननेवाले भी अपने जीवित रूप में उसके सामने होते थे। अब दोनों तत्त्व हैं तो जीवित लेकिन एक-दूसरे के सामने नहीं हैं, मात्र श्रवण से एक-दूसरे को अनुभूत कर सकते हैं—वह भी टेलीफ़ोन में तो दो तरफ़ा है लेकिन रेडियो में एक तरफ़ा है अर्थात् सुननेवाला तो अनुभूत कर सकता है लेकिन बोलनेवाला सुननेवाले की तत्काल प्रतिक्रिया को कभी महसूस नहीं कर सकता। बिलकुल यही स्थिति फ़िल्म और सिनेमा के अभिनेता की है—वह अपनी आवाज़ और शरीर के साथ ठीक हमारी आँखों के सामने प्रस्तुत है, हम उसके अभिनय

से प्रभावित और अनुभूत होते हैं लेकिन हमारे इस जीवन्त अनुभव से वह स्वयं अलग और अछूता रह जाता है।

इसी परिप्रेक्ष्य में देखा जाए तो यह एक मिथक ही है कि यथार्थवादी अभिनय का जन्म सिनेमा और दूरदर्शन जैसे माध्यमों के साथ जुड़ा हुआ है। यदि हम रंगमंच, दूसरी कलाओं और विधाओं के इतिहास को उठाकर देखें तो बात एकदम साफ़ हो जाएगी। साहित्य हो, चित्रकला हो, मूर्तिकला हो, स्थापत्य हो और अन्ततः रंगमंच हो—इनमें से प्रत्येक विधा जीवन के यथार्थ को ही अभिव्यक्त करती है। यह अलग बात है कि उस यथार्थ की अभिव्यक्ति के रास्ते अलग-अलग हो सकते हैं। यही इस दुविधा का कारण है कि रंगमंच अपने आपमें यथार्थवादी माध्यम नहीं और सिनेमा पूरी तरह से यथार्थवादी माध्मय है, जैसी बहस में हम हमेशा उलझे रहते हैं। सच्चाई तो यह है कि इन दोनों माध्यमों में भी जब यथार्थ की अभिव्यक्ति होती है वह हू-ब-हू अपने मूलरूप में कभी नहीं होती। इसे यूँ भी कहा जा सकता है कि कला जीवन का अनुकरण होते हुए भी, उसी रूप में कला में जीवन कभी भी प्रस्तुत नहीं किया जा सकता। इस प्रकार देखा जाए तो यथार्थवादी अभिनय भी अपने आप में एक शैली अथवा फार्म से सम्बन्धित तत्त्व है। जिस फॉर्म की चर्चा पहले ही इस आलेख में नाट्यधर्मी और लोकधर्मी के रूप में की जा चुकी है।

वास्तव में, हम प्रायः इस बात को नज़रअन्दाज़ कर जाते हैं कि रंगमंच एक प्रदर्शनकारी माध्यम है जो कि जीवन्त अभिनेताओं द्वारा जीवन्त दर्शक समूह के सामने घटित है। अर्थात् अभिनेता को अपनी आवाज़, अपने हाव-भाव और अपने संवाद की अर्थ छायाओं को दूर-दूर तक बैठे दर्शकों तक सम्प्रेषित करना होता है। इस प्रकार इस प्रक्रिया में रंगमंच कितना ही यथार्थवादी क्यों न हो जाए उसे अपने यथार्थ को बढ़ा-चढ़ाकर ही प्रस्तुत करना पड़ेगा और इस तरह से अन्ततः रंगमंच में यथार्थवादी और नाट्यधर्मी प्रस्तुति शैलियों में कोई ज़्यादा अन्तर नहीं रह जाता है। अब यदि इसी दृष्टि से हम सिनेमा और दूरदर्शन जैसे माध्यमों का आकलन करें तो वहाँ भी कमोबेश हम इसी निष्कर्ष पर पहुँचते हैं। सिनेमा के विशाल परदे पर अपने स्वाभाविक कद और व्यक्तित्व से बढ़-चढ़कर किसी चरित्र को प्रस्तुत कर देने की क्षमता को आप क्या कहेंगे ? इसके विपरीत दूरदर्शन में उसी व्यक्ति को, उसी चरित्र को अपने मूल कद से छोटा बना देने से क्या अन्ततः ये दोनों छोर यथार्थवाद से परे नहीं हो जाते ? इतना ही नहीं सिनेमा और दूरदर्शन अपनी अभिव्यक्ति में भले ही यथार्थवादी माध्यम कहे जाते हों लेकिन सच्चाई यह भी है कि अपनी रचनाप्रक्रिया में उनका यथार्थवाद से कोई नज़दीक का सम्बन्ध नहीं है। जिस यथार्थवाद का भ्रम रंगमंच अपने सीमित स्पेस में उत्पन्न करने के सिद्धान्त पर काम करता है, क्या वही भ्रम सिनेमा और दूरदर्शन अपने माध्यम से नहीं करते ? अतः यह बहस बहुत हद तक बेमानी हो जाती है कि सिनेमा का यथार्थवाद अलग है और रंगमंच का यथार्थवाद अलग। ज़ाहिर है कि इनके अलग माध्यम होने की वजह से जो अन्तर मौजूद रहेगा वह अपनी जगह है, लेकिन इस तथ्य

से इनकार नहीं किया जा सकता कि अन्ततः अभिव्यक्ति का कोई भी रूप जब जब किसी भी कला माध्यम में प्रस्तुत होता है, वह एक फॉर्म के रूप में ही महत्त्व रखता है। अर्थात् वहाँ स्वयं कभी भी वह नहीं हो सकता जिसे प्रस्तुत करने का हम रंगमंच, सिनेमा या दूरदर्शन में दवा करते हैं।

दरअसल, यह सारा विवाद मानवीय सभ्यता और इतिहास के विकास की सही-सही जानकारी न होने से पैदा होता है। सबसे पहले तो यही जिज्ञासा उभरती है कि आज जो अतीत हमारे लिए अर्मूत और शैलीबद्ध की सीमओं के अन्तर्गत परिभाषित किया जाता है क्या वह उस समय के लोगों के लिए उनके अपने यथार्थ को, अपने यथार्थवाद की अभिव्यक्ति नहीं थी ? यह बात अलग है कि तब भी तत्कालीन कलाओं में वह यथार्थवाद कभी अपने उसी रूप में अभिव्यक्त नहीं हुआ। इससे इतर उसने एक अलग व्यापक 'लार्जर दैन लाइफ' शैली में ही अपनी अभिव्यक्ति दर्ज की।

दूसरी जिज्ञासा यह है कि ऐतिहासिक परिप्रेक्ष्य में देखा जाए तो अठारहवीं और उन्नीसवीं शताब्दी में औद्योगिक और वैज्ञानिक क्रान्ति के फलस्वरूप जब सचमुच आज के चिरपरिचित यथार्थवाद, स्वाभाविकतावाद अथवा प्रकृतिवाद के सिद्धान्तों ने जन्म लिया तब अन्ततः वह यथार्थवाद प्रदर्शनकारी कलाओं में कैसे प्रस्तुत हुआ ? इस जिज्ञासा का अध्ययन दिलचस्प हो सकता है। जिस यथार्थवाद को हम इब्सन अथवा चेख़व का यथार्थवाद कहते हैं क्या वह सचमुच एक ही जैसा यथार्थवाद है ? तब हम फिर किस यथार्थवाद की बात कर रहे हैं। इसी तर्क का दूसरा छोर यह भी हो सकता है कि जब उस दौर में रंगमंच में सचमुच स्वाभाविकता लाने के लिए कसाई की दुकान के दृश्य में बकरे के ताज़ा मांस के लोथ लटका दिए गए तो दर्शकों और समीक्षकों ने उस प्रस्तुति को यथार्थवाद की अतिरंजित अभिव्यक्ति कहकर उसे पूरी तरह नकार दिया। देखा जाए तो वह प्रस्तुति अपनी तरफ़ से बिना कुछ टिप्पणी किए उपर्युक्त दृश्य में यथार्थ की हू-ब-हू अभिव्यक्ति करने की कोशिश कर रही थी और देखनेवालों को वह जस की तस अभिव्यक्ति अतिरंजना से भरपूर लगी।

इसी तर्क से पुनः अपनी मूल स्थापना पर लौटें कि अन्ततः कोई भी कला क्यों न हो—रंगमंच अथवा फ़िल्म—वह जीवन को हू-ब-हू वैसा प्रस्तुत कर ही नहीं सकती। यदि ऐसा होगा तो कला और जीवन की संगी रेखाएँ धुँधली हो जाएँगी। तब तो हत्या के दृश्य में सचमुच में मरना पड़ेगा। लेकिन क्या कभी ऐसा हुआ है अथवा हो सकता है ? यहाँ तक कि दर्शकों की प्रतिक्रियाएँ तो इतनी संयत होती हैं कि जब ऐसे उद्गार सुनाई पड़ते हैं 'वाह-वाह फलां अभिनेता ने मरने के दृश्य में जान डाल दी' तो पारसी रंगमंच के हमारी स्मृति में सुरक्षित प्रसंग फिर से ताज़ा हो जाते हैं। पारसी रंगमंच के किसी दृश्य में कोई चरित्र भाव-विह्वल भाषण के बाद मृत्यु को प्राप्त होता है और जनता चिल्ला उठती थी 'वंस मोर वंस मोर' और वह अभिनेता तुरन्त उठकर उसी दृश्य को दोहराते हुए जनता की वाहवाही लूटता था। ऐसे में रंगमंच और सिनेमा अथवा अन्य कलाओं में यथार्थवाद को लेकर छिड़ी यह सारी बहस निहायत ही असंगत जान पड़ती

है। संक्षेप में यही कहा जा सकता है कि जिस प्रकार हमारे भीतर एक ऐसा यथार्थवादी संसार मौजूद रहता है जो यथार्थ होते हुए भी यथार्थ नहीं होता—जैसे कि हम सपने में उस यथार्थ को देख रहे होते हैं, वहीं रिश्ता यथार्थवाद समानान्तर सिनेमा, रंगमंच और दूसरी कलाओं में है।

लेकिन क्या उपर्युक्त विवेचन से यह निष्कर्ष निकाला जा सकता है कि रंगमंच और फ़िल्म में अभिनय का स्वरूप एक जैसा ही होता है ? इस विषय में स्पष्ट रूप से दो अलग-अलग मत दिखाई पड़ते हैं। एक का मानना है कि माध्यम भले ही अलग-अलग है लेकिन उसने अभिनय के स्वरूप पर कोई ख़ास अन्तर नहीं पड़ता। इसे यूँ भी कहा जा सकता है कि अभिनेता को तो अभिनय करना है फिर चाहे वह फ़िल्म में हो अथवा रंगमंच में हो। इसके विपरीत दूसरे मतानुसार जब माध्यम अलग-अलग हैं तो अभिनय का स्वरूप भी अलग-अलग हो जाता है। देखा जाए कि दोनों मतों को किस तरह से व्याख्यायित किया जा सकता है। अभिनय की समानता को हम रंगमंच और फ़िल्म में कितने स्तरों पर एक साथ अनुभव कर सकते हैं। उदाहरण के लिए, दोनों माध्यमों में एक कहानी की उपस्थिति, कहानी का क्रमिक विकास और उस कहानी से जुड़े मानवीय चरित्रों की उपस्थिति उनके आपसी सम्बन्ध, तनाव, संघर्ष सभी कुछ संवादों, गीतों, गतियों और भावाभिव्यक्ति के माध्यम से अभिव्यक्त होता हुआ। अब यह बात अलग है कि सिनेमा में देखी जानेवाली फ़िल्म द्विआयामी है और रंगमंच में घटित हो रहा होता है जिसे हम छू कर अनुभूत नहीं कर सकते, जिस पर हमारी तत्काल प्रतिक्रिया का कोई असर नहीं पड़ता और जो अनत में सब कुछ मौजूद होने के बावजूद 'निर्जीव' होकर रह जाता है। लेकिन इन्हीं सब तत्त्वों को यदि हम रंगमंच के परिप्रेक्ष्य में विवेचित और विश्लेषित करने की कोशिश करें तो दोनों माध्यमों में अभिनय के स्वरूप से जुड़ी असमानताएँ ही अधिक उजागर होती दिखाई पड़ती है। सबसे पहले तो यही कि हमारे सामने एक जीता-जागता अभिनेता अपने बहुआयामी व्यक्तित्व के साथ मौजूद होता है। सिर्फ़ अभिनेता ही नहीं उसके साथ-साथ रंगभूमि भी अपने कम-से-कम तीन आयामों के साथ अपनी पहचान दर्ज करती है। अर्थात अभिनय स्थल की लम्बाई, चौड़ाई, ऊँचाई और यहाँ तक कि गहराई भी। इतना ही नहीं सामने प्रस्तुत हो रहे नाटक में अभिनेता को यदि आप चाहें तो सचमुच में छू सकते हैं, अनुभूत कर सकते हैं और सम्प्रेषण की प्रक्रिया इस अर्थ में तो दोहरी होती ही है कि हम दर्शक के रूप में अपनी प्रतिक्रिया की ऊर्जा अभिनेता तक सीधे पहुँचाते हैं और उसी अनुपात में वह भी अपनी ऊर्जा दर्शकों तक प्रत्यक्ष रूप में लौटाता है। वास्तव में अभिनेता और दर्शक का आपसी सम्बन्ध इस रूप में और किसी माध्यम में सम्भव ही नहीं है। दोनो माध्यमों में अभिनय का यह अन्तर तो बहुत साफ़-साफ़ और सपाट रूप में दिखाई पड़ जाता है लेकिन इसी से जुड़ा एक और गहरा अन्तर भी है जिसकी ओर प्रायः हमारा ध्यान नहीं जाता। और

वह यह कि रंगमंच में अभिनेता सदैव अपने पूरे शरीर के साथ उपस्थित होता है जबकि फ़िल्म में और यहाँ तक कि दूरदर्शन में भी यह सुविधा उपलब्ध है कि हम अभिनेता को जब जितना चाहें मात्र उतना ही दिखा सकते हैं। कहने का अर्थ यह है कि यदि पूरे परदे पर मात्र उसकी एक अंगुली को दिखाना है तो वह भी सम्भव है और यदि सिर्फ़ उसके चेहरे को पूरे परदे पर दिखाना हो तो वह भी। दरअसल, ऐसा कैमरे के कारण सम्भव हो पाता है। हम यूँ भी कह सकते हैं कि रंगमंच में किसी विशेष क्षण में जो घटित हो रहा होता है वह हमें अपनी सम्पूर्णता में दिखाई पड़ता है और फ़िल्म में हम जितना सूक्ष्म-से-सूक्ष्म दिखाना चाहें वह सभव है। पूछा जा सकता है कि रंगमंच में भी तो प्रकाश सज्जा के माध्यम से यह सुविधा अभिनेता को प्रदान की जा सकती है कि उसके शरीर का जितना हिस्सा दिखाना अपेक्षित हो दिखाया जा सकता है। इससे कोई इनकार नहीं कर सकता, लेकिन फिर भी यह अन्तर तो अपनी जगह बना ही रहेगा कि अभिनेता के शरीर के किसी भी हिस्से को किसी भी रूप में बढ़ा-चढ़ाकर अथवा घटाकर दिखाने की जो क्षमता कैमरे जैसे माध्यम के पास मौजूद है प्रकाश सज्जा उसका मुक़ाबला नहीं कर सकती। इसीलिए कहा भी गया है कि फ़िल्म में अभिनेता अपने कद से बड़ा दिखाई दे सकता है, दूरदर्शन में अपने कद से छोटा दिखाई पड़ता है लेकिन रंगमंच में वह अपने सही कद के साथ सामने आता है।

लेकिन सबसे बड़ा अन्तर बाहर से देखने और अनुभूति करने का नहीं है वरन इससे भी आगे दोनों माध्यमों में अपने पात्र, चरित्र अथवा भूमिका को रूपायित करने की रचनाप्रक्रिया से सम्बद्ध है। हम सभी जानते हैं कि फ़िल्म एक तकनीक कला के रूप में किसी भी दृश्य विशेष को एक निरन्तरता में कभी नहीं शूट करती। फ़िल्म के अलग-अलग दृश्य अलग-अलग समय फ़िल्मांकित किए जाते हैं। और यह भी कोई ज़रूरी नहीं कि वे सभी एक क्रम में शूट किए जाएँ। टुकड़े-टुकड़े मिलाकर फ़िल्म बनती है। फ़िल्म की रचनाप्रक्रिया में परदे पर दर्शकों के सामने आनेवाले एक संवाद को भी 'लांग शाट' और 'क्लोज अप' में बाँटकर शूट करना पड़ता है। दृश्य को कैमरे से शूट करने की प्रक्रिया में अभिनेता के चेहरे पर दिखाई पड़नेवाले हाव-भाव ही अलग-अलग एकत्र करने पड़ते हैं। रंगमंच में ऐसा नहीं होता। रंगमंच में अभिनेता को यह आज़ादी नहीं कि वह दृश्य विशेष की माँग के अनुरूप अतिरिक्त समय प्राप्त कर सके। रंगमंच में अभिनेता को अपने अभिनय के दम पर ही वह प्रभाव उत्पन्न करना होता है जिसे फ़िल्म के परदे पर कैमरा लेकर आता है।

फ़िल्म और रंगमंच में एक मौलिक अन्तर यह भी है कि फ़िल्म में संवाद यूनिट और अभिनय यूनिट अलग होती हैं, जबकि रंगमंच में ऐसा नहीं है। फ़िल्म रचनाप्रक्रिया में संवाद को दृश्य फ़िल्मांकन के दौरान अभिनेता द्वारा बोलते हुए भी 'ब्रेक' किया जा सकता है। फ़िल्म में संवाद को शूटिंग के दौरान यदा-कदा 'क्लोज डोर' में ही अभिनेता को बोलना पड़ता है। 'आऊटडोर' शूटिंग में तो अभिनेता के केवल होंठ ही संवाद के अक्स के रूप में हिलते दिखाई देते हैं। बाक़ी संवाद प्रक्रिया डबिंग के दौरान पूरी होती

है। यही नहीं एक अभिनेता की आवाज़ को किसी दूसरे अभिनेता की आवाज़ के रूप में भी फ़िल्म प्रस्तुत कर सकती है। रंगमंच में जो अभिनेता मंच प्रस्तुति के दौरान अभिनय कर रहा होता है उसे ही अपने संवाद बोलने पड़ते हैं। 'डबिंग' की सुविधा रंगमंच में अभिनेताओं को नहीं है। रंगमंच में संवाद और अभिनय यूनिट अलग-अलग नहीं वरन एक ही होती है। संवाद के तार अभिनय पक्ष से बड़ी गहराई से जुड़े होते हैं। इसी कारण रंगमंच में अभिनेता से फ़िल्म के मुक़ाबले सशक्त अभिनय और संवाद-क्षमता की दरकार होती है।

दरअसल, रंगमंच में अभिनय एक अभिनेता को करके दिखाना पड़ता है। फ़िल्म में अभिनेता की मदद के लिए कैमरा होता है लेकिन रंगमंच में सफल प्रस्तुति का सारा दायित्व अभिनेता के कन्धों पर ही होता है। फ़िल्म रचनाप्रक्रिया में अभिनेता एक टेक के रिटेक होने के दौरान ही अपने अभिनय पक्ष पर कुछ चिन्तन कर सकता है लेकिन एक मर्तबा पूरी फ़िल्म बन जाने के बाद उसमें अभिनेता का अभिनय भी दस्तावेज़ी सामग्री के रूप में ही ज़रूरत पड़ने पर प्रयोग किया जा सकता है। रंगमंच में अभिनय के उत्तरोत्तर विकास की सारी सम्भावनाएँ मौजूद हैं। ऐसा अक्सर देखने को मिलता है कि अभिनेता पहली मंच प्रस्तुति के दौरान थोड़ा नर्वस होता है और प्रस्तुति की शृंखला आगे बढ़ने के साथ-साथ उसका आत्मविश्वास बढ़ता चला जाताा है। इसी कारण प्रत्येक प्रस्तुति नवीनता लिए हुए होती है। फ़िल्म में एक अभिनेता के लिए इस बात की कोई गुंजाइश नहीं होती है।

अभिनय की इस प्रक्रिया पर स्वयं हमारे देश और पश्चिम में भी प्राचीन काल से ही चिन्तन-मनन होता रहा है और इस परिप्रेक्ष्य में अनेक व्याख्याएँ और परिभाषाएँ हमारे सामने उपस्थित हैं। यदि हमारे यहाँ प्रचलित अभिनय शब्द का अर्थ ही यही है कि नाटककार के शब्दों को सामने बैठे दर्शकों तक लेकर जानेवाली कला, तो पश्चिम में भी, एक्टिंग इज़ डूईंग, एक्टिंग इज़ बीईंग, एक्टिंग इज़ बीकमिंग, एक्टिंग इज़ बीलीविंग, एक्टिंग इज़ कन्विसिंग—ये सारी उक्तियाँ भी प्रकारान्तर से उसी झूठ और सच की ओर संकेत करती हैं, जिसका उल्लेख ऊपर किया जा चुका है। हाँ, एक बात साफ़ है कि सच हो या झूठ—एकमात्र विश्वसनीयता ही वह कसौटी है जो अच्छे अभिनय एवं ख़राब अभिनय की पहचान करा देती है। यह विश्वसनीयता भी दोहरे स्तर पर क्रियाशील रहती हैं—अभिनेता मंच पर जो कुछ भी प्रस्तुत कर रहा है, वह स्वयं उसके लिए तो विश्वसनीय होना ही है, साथ साथ दर्शकों को भी उतना ही विश्वसनीय लगना चाहिए। भले ही यह यात्रा दर्शक के लिए कितनी ही अपरिचित क्यों न हो, नाटककार, निर्देशक, अभिनेता एवं दूसरे पार्श्व रंगकर्मियों के लिए वह उतनी ही जानी-पहचानी होती है जितना कि हमारा नित्य प्रति का जीवन क्रम। लेकिन एक बात फिर भी उतनी ही जादुई और रहस्यात्मक रहती है कि जब तक किसी नाटक का सचमुच में मंचन नहीं हो जाता तब तक इस बात की बिलकुल भी कल्पना नहीं की जा सकती कि दर्शक उसे किस रूप में स्वीकार करेंगे।

अन्त में, मैं फिर से दोहराना चाहूँगा कि अभिनयकला अलग-अलग रूपों में अपनी अभिव्यक्ति पाती है। कहीं वो स्थिर रूप में मौजूद है तो कहीं मात्र श्रव्य रूप में। कहीं नृत्यवत गति विधान रूप में और कहीं फ़िल्म और दूरदर्शन जैसे माध्यम में काफ़ी दूर तक रंगमंच जैसे माध्यम के साथ समानान्तर होते हुए भी अन्ततः अलग दिखाई पड़ने लगती है। इस प्रकार अभिनय सभी कलाओं और माध्यमों में समाहित होते हुए भी इन सबसे अलग अपनी एक पहचान बनाता है। और इस अर्थ में रंगमंच को भी एक स्वतन्त्र और शुद्ध कला के रूप में प्रतिष्ठित करता है, क्योंकि रंगमंच में जीवन्त अभिनेता और उसका उतना ही जीवन्त अभिनय—यही वह कारक तत्त्व है जो किसी और कला माध्यम की विशेषता के रूप में उल्लिखित नहीं किया जा सकता। अन्ततः रंगमंच के सन्दर्भ में अभिनय की भूमिका स्वयंसिद्ध है।

अभिनेता की रचनाप्रक्रिया

यह सच है कि रंगमंच का सबसे प्रमुख कारक तत्त्व है अभिनेता, लेकिन उसी की रचनाप्रक्रिया इतनी जादुई और रहस्यात्मक है कि उस पर बहुत कम विचार-विमर्श हुआ है। अभिनय क्या है—इसे लेकर भारतीय और पश्चिमी रंगचिन्तन में आदि काल से ही गहन मनन और विवेचना होता रहा है किन्तु अभिनय अथवा अभिनेता की वास्तविक रचना-यात्रा या प्रक्रिया क्या होती है या क्या हो सकती है, इस विषय में कोई बहुत ज़्यादा स्रोत-सामग्री उपलब्ध नहीं है। ऐसा क्यों हुआ—दूसरी विधाओं और कलाओं के परिप्रेक्ष्य में इसे समझने की चेष्टा की जा सकती है। अभिनय को छोड़कर शेष सभी दूसरी कलाओं में सृजन की रचनाप्रक्रिया दो स्तरों पर चलती है—पहले कोई कथा, कहानी या विचार रचनाकार के हृदय में जन्म लेता है, उसके बाद वह उसे अपने माध्यम में साकार अभिव्यक्ति देता है। लेखक अपनी क़लम से अपने कथ्य को काग़ज़ पर शब्दों के माध्यम से, चित्रकार कैनवास पर रंग ब्रश से, मूर्तिकार पत्थरों में छैनी या हथौड़े से और फ़िल्मकार कैमरे और फ़िल्म की सहायता से अपनी आन्तरिक अनुभूति को बाह्य रूप में अभिव्यक्त करते हैं। इससे यह स्पष्ट है कि उपर्युक्त सभी कलाओं में साधक, साधन और साध्य अलग-अलग हैं। लेकिन अभिनय, और उसी के साथ-साथ संगीत और नृत्य में साधक, साधन और साध्य एक ही होता है। इनमें भी संगीत की स्थिति अलग रखी जा सकती है क्योंकि कम-से-कम वाद्य संगीत में ये तीनों तत्त्व अलग-अलग ही होते हैं। नृत्य भी इस प्रक्रिया में अलग होने लगता है क्योंकि वहाँ आलेख का पाठ कोई दूसरा करता है, वाद्य-संगीत की ज़िम्मेदारी अलग लोगों पर होती है और नृत्यकार केवल मुद्राओं व गतियों का प्रयोग करता है। इस दृष्टि से अभिनेता की कला सबसे जटिल, संश्लिष्ट और उतनी ही रहस्यपूर्ण भी है। इसमें कोई सन्देह नहीं कि यहाँ कथा, कहानी या विचार मूलतः अभिनेता के मन-मस्तिष्क में जन्म नहीं लेता, वह उसे नाटक के आलेख के रूप में रचनाकार से प्राप्त होता है लेकिन बस यहीं तक नाटककार का कोई सहयोग रहता है। इसके बाद की सारी रचनाप्रक्रिया से अभिनेता को मात्र अपने माध्यम से गुज़रना होता है। यूँ कहने को उसके साथ अभिनेताओं का एक बड़ा समूह और उन सबके ऊपर एक निर्देशक भी रहता है लेकिन जहाँ तक किसी भूमिका को मंच पर प्रस्तुत करने का प्रश्न है, उसकी तैयारी में निर्देशक अथवा दूसरे रंगकर्मी बाहर से कितने ही सुझाव और संकेत दें किन्तु वास्तव में यह तैयारी अभिनेता की बिलकुल अपनी सम्पत्ति होती है। इसके विषय में न तो स्वयं अभिनेताओं ने ज़्यादा सोच-विचार किया है और न ही इसकी पहल आलोचकों, चिन्तकों और निर्देशकों की तरफ़ से हुई

है। यदि स्वयं अभिनेता से भी इस प्रक्रिया को लेकर कुछ जानने-समझने की कोशिशें हुईं तो वह भी इस विषय में कोई बहुत गहरी बातचीत नहीं कर पाया। एक मायने में उसका अनुभव भी गूँगे के मुँह में गुड़ वाले मुहावरे की ही पुष्टि करता है अर्थात् वह उसे अनुभूत तो करता है लेकिन उसके विषय में कभी विस्तार से दूसरों के साथ 'शेयर' नहीं कर पाता। इस अर्थ में वह सचमुच दूसरे माध्यमों के सृजनात्मक तत्त्वों से एकरूपता रखता है क्योंकि प्रायः देखा गया है कि रचनाकार स्वयं अपनी रचना को लेकर बहुत कम संवाद कर पाता है। शायद एक रचनाकार और आलोचक के बीच यही मूल अन्तर है। बहरहाल, एक निर्देशक के तौर पर रंगमंच से सम्बद्ध होने के कारण अभिनेता की रचनाप्रक्रिया सदैव ही मेरी जिज्ञासा का विषय रहा है। मैंने अपने अभिनेताओं के साथ और स्वयं अपने स्तर पर जितना कुछ जानने और समझने की कोशिश की है, उसे अपने पाठकों, दर्शकों और सहकर्मियों के साथ 'शेयर' करने का प्रयत्न करूँगा।

एक जिज्ञासा आरम्भ में ही उठती है—दूसरे सृजनधर्मी रचनाकारों की तुलना में अभिनेता को कहाँ तक सृजनशील कलाकार माना जा सकता है ? रंगमंच को छोड़कर दूसरे जितने भी कला माध्यम हैं, जिनकी चर्चा ऊपर की गई है, उनमें किसी रचना से पहले विचार की प्रेरणा स्वतः स्फूर्त होती है यानी उसका जन्म रचनाकार के अन्तर में सहज, अनायास और अचानक ही होता है, जबकि अभिनेता के साथ ऐसी बात नहीं है। उसका आलेख पहले से तैयार होता है, उसमें किस भूमिका को निभाना है, यह निर्देशक द्वारा निश्चित् किया जाता है, उस भूमिका को कैसे आरम्भ से अन्त तक निभाया जाना है, यह भी लगभग सम्पूर्ण रूप से निर्देशक द्वारा ही तय किया जाता है—इन सबके बाद अभिनेता की अपनी रचनाप्रक्रिया को किस रूप में स्वीकार किया जाए ? वह स्वतःस्फूर्त मानी जाए अथवा सोच-समझकर तैयार की गई रचना। पहली स्थिति सम्भव ही नहीं है और दूसरी स्थिति में अभिनेता रचनाकार की अपेक्षा व्याख्याकार के निकट ज़्यादा पड़ता है। लेकिन कहा यही जाता है कि अभिनेता का रंगकर्म भी उतना ही सृजनधर्मी होता है, जितना कि दूसरे रचनाकारों का—यह कैसे, कब सम्भव होता है, अभिनेता की रचनाप्रक्रिया के सन्दर्भ में इन सम्भावनाओं को भी जाँचना-परखना होगा।

साहित्य हो अथवा ललित कलाएँ—हर रचना से कम से कम दो आलेख अवश्य होते हैं। एक रचयिता का अपना आलेख और दूसरा पाठक अथवा दर्शक का आलेख। प्रदर्शनकारी कलाओं जैसे कि संगीत, नृत्य और नाटक में यह प्रक्रिया तीन आलेखों तक पहुँच जाती है, अर्थात् रचनाकार के शब्दों और श्रोता-दर्शक के बीच गायक, नर्तक और निर्देशक का आलेख आ जाता है। लेकिन नाटक और रंगमंच जैसी विधा में एक और आलेख भी विद्यमान रहता है, जिकसी तरफ़ प्रायः कम ध्यान दिया गया है और वह है अभिनेता का आलेख। आमतौस पर यह मानकर चला जाता है कि निर्देशक का आलेख ही अभिनेता का आलेख भी होता है, क्योंकि अभिनेता निर्देशक की व्याख्या के अनुसार मंच पर रचनाकार की प्रस्तुति को साकार करने का माध्यम है, अतः उसका

अपना कोई अलग या स्वतन्त्र आलेख हो ही नहीं सकता। मेरे विचार में यदि हम नाटक के लिखित आलेख से प्रस्तुति आलेख तक की पूरी रचनाप्रक्रिया का सूक्ष्मता और गहराई से अध्ययन और विश्लेषण करें तो इससे ज़्यादा भ्रामक स्थिति और कोई नहीं हो सकती कि हम निर्देशक के आलेख को ही सर्वोपरि मान लें और अभिनेता के आलेख के अस्तित्व से भी इनकार कर दें। इसमें कोई सन्देह नहीं कि हम मंच पर जो कुछ भी देखते हैं, वह अन्ततः लिखित आलेख की निर्देशकीय व्याख्या का चाक्षुष प्रस्तुतीकरण ही हुआ करता है, लेकिन इसके बावजूद उस प्रस्तुति में अभिनेता के अपने निजी एवं विशेष आलेख की ज़बर्दस्त उपस्थिति को अनदेखा नहीं किया जा सकता।

अच्छा यही होगा कि हम स्वयं यह देखने की कोशिश करें कि दर्शकों तक पहुँचने की नाटक की रचना-यात्रा की भी समान्तर यात्रा किस प्रक्रिया से गुज़रती है। इस विषय में शुरू में ही यह खुलासा कर देना, ज़रूरी लगता है कि अभिनेता के आलेख से मेरा आशय नाटक के उस लिखित आलेख से कतई नहीं है, जहाँ से अभिनेता की भूमिका या चरित्र-निर्माण का श्रीगणेश हुआ करता है। नाटक का वह लिखित आलेख तो वहाँ उपस्थित है ही और उसकी उपस्थिति केवल अभिनेता के लिए ही नहीं, वरन् नाटक की प्रस्तुति-प्रक्रिया से जुड़े हर व्यक्ति के लिए उतनी ही अनिवार्य हुआ करती है, चाहे वह नाटक का निर्देशक हो, अभिकल्पक हो, संगीतकार हो और अन्ततः दर्शक भी हो। यह अलग बात है कि प्रत्येक विभाग की अपनी रचनाप्रक्रिया में यह आलेख सबके लिए अपना निजी आलेख बनता चला जाता है। न ही यहाँ मेरा आशय नाटक के उस आलेख से है, जो अभिनेता निर्देशक के निर्देशों के अनुसार तैयार करता है, अर्थात् नाटक के आरम्भ से लेकर अन्त तक अभिनेता का नाटक के परिवेश में सम्भावित गीत विधान, और न ही मेरा संकेत नाटक के हाशिए पर अभिनेता के अपने हाथ से लिखे गए छोटे-छोटे नोट्स से है। इसमें कोई सन्देह नहीं कि ये सारी बातें अभिनेता की रचनाप्रक्रिया की तैयारी के दौरान की महत्त्वपूर्ण सूचनाएँ हैं, अतः इस रूप में उसके अपने आलेख का अनिवार्य अंग है, लेकिन इनसे भी आगे और बिलकुल अलग ही अभिनेता का एक और आलेख भी हुआ करता है, जिसकी ओर प्रायः हमारा ध्यान नहीं जाता। कई बार तो ऐसा भी हुआ कि स्वयं अभिनेता भी इस अनुपस्थित आलेख की उपस्थित से अनजान रह जाता है।

आइए, यह देखने, जाँचने और परखने की कोशिश करें कि यह आलेख नाटक की प्रस्तुति-प्रक्रिया में कहाँ-कहाँ और कितने रूपों में दिखाई पड़ता है। सबसे पहले नाटक के मुद्रित शब्दों के पीछे अनकही और अलिखित अर्थ-छायाओं के रूप में इस आलेख की उपस्थिति को अनुभूत किया जा सकता है। प्रायः यह मान लिया जाता है कि किसी नाटक में नाटककार द्वारा दिए गए शब्द सबसे ज़्यादा महत्त्वपूर्ण हुआ करते हैं, लेकिन अच्छा नाटक वही है, जो अपने उपस्थित शब्दों के पीछे से झाँकते अनुपस्थित अर्थों की उपस्थिति का ज़्यादा से ज़्यादा आभास करवाएँ। अंग्रेज़ी में इस आलेख को नाटक का सबटेक्स्ट कहा गया है। स्वयं हमारी काव्यशास्त्रीय परम्परा में अभिधा,

लक्षणा और व्यंजना जैसी अवधारणाओं के माध्यम से भाषा के इसी सबटेक्स्ट की ओर संकेत किया गया है। अभिनेता अपनी भूमिका की तैयारी के दौरान इस दिशा में सदैव सजग और सतर्क रहता है कि उसके द्वारा बोले जा रहे संवाद अपनी ऊपरी, बाह्य एवं सतही परतों को भेदकर दर्शक तक उनके पीछे की अर्थध्वनियों को सम्प्रेषित कर सकें। इसमें कोई सन्देह नहीं कि इस सबटेक्स्ट को लेकर कोई एक निश्चित् धारणा नहीं बनाई जा सकती कि किसी संवाद-विशेष की पृष्ठभूमि में मात्र एक ही अर्थ हो सकता है। सम्भावना तो इस बात की ज़्यादा रहती है कि नाटककार को लेकर कोई एक निश्चित् धारणा नहीं बनाई जा सकती कि किसी संवाद विशेष की पृष्ठभूमि में मात्र एक ही अर्थ हो सकता है, निर्देशक का अपना अर्थ हो सकता है, और दर्शक का अपना अर्थ हो सकता है। नाटककार और निर्देशक के बीच कई बार इसको लेकर अनचाहे विवाद, तर्क वितर्क और झगड़े भी हुए हैं। लेकिन इस तथ्य से इनकार नहीं किया जा सकता कि जिस नाटक में अभिनेता के लिए अनुपस्थिति आलेख के अर्थ विस्तार के लिए जितने ज़्यादा विकल्प और सम्भावनाएँ मौजूद होंगी, वह उतना ही सशक्त नाटक होगा। कालिदास के 'अभिज्ञानशाकुंतल' का एक रूढ़ और निश्चित् अर्थ कौन-सा हो सकता है ? दुष्यन्त को शकुंतला की भूलि हुई स्मृति का ज्ञान हो जाना अथवा स्वयं शकुंतला को भी दुष्यन्त से अपने प्रेम के सच्चे स्वरूप का ज्ञान हो जाना ? इससे भी अलग क्या एक और दृष्टि से भी एक नए अर्थ तक नहीं पहुँचा जा सकता और यह कि नाटक के दूसरे चरित्रों को शकुंतला की दुर्भाग्यपूर्ण स्थिति का ज्ञान होना। हम चाहें तो इनकी अर्थ-छायाओं की नई-नई व्याख्याएँ प्रस्तुत कर सकते हैं। यही बात दूसरे नाटकों के बारे में भी कही जा सकती है।

थोड़ी देर के लिए यह मान भी लिया जाए कि आलेख का निहितार्थ एक ही होना चाहिए या हो सकता है, तब भी अभिनेता को बदलते ही यह स्वयंमेव एक नए अर्थ में परिवर्तित हो जाएगा। शब्द वही रहते हैं, उन्हें किस तरह से बोला जाना है, यह भी निर्देशक द्वारा लगभग निश्चित् होता है, फिर भी उन शब्दों को जब एक अभिनेता विशेष बोलता है, तो उनका एक अर्थ सामने आता है और जब दूसरा अभिनेता उसी नाटक में उन्हीं शब्दों को ठीक उन्हीं अर्थ-ध्वनियों के साथ प्रस्तुत करता है, तो उन शब्दों का एक नया ही अर्थ प्रकट होता है। इतना ही क्यों ? अभिनेता बदले, एक ही अभिनेता अलग अलग दिन भी जब उन शब्दों का मंच पर प्रयोग करता है, तो उनका अर्थ भिन्न-भिन्न हो सकता है। यह अर्थ वैभिन्न किसी सोच विचारकर तय की गई योजना के तहत सम्पन्न नहीं होता, वरन् मानव-चरित्र और व्यक्तित्व की उस गतिशील रासायनिक प्रक्रिया के कारण सम्भव होता है, जिससे हम स्वयं नित्य प्रति बदलते रहते हैं। यदि ऐसा न होता तो किसी नाटक की एक बार की हुई प्रस्तुति को ही हम बार-बार दोहराते रहते, लेकिन हम सभी जानते हैं, कि यह अर्थ नाटक में प्रत्यक्ष रूप से कहीं लिखे नहीं रहते, बल्कि अभिनेता को उन तक स्वयं ही पहुँचना पड़ता है और फिर उन्हें दर्शकों तक पहुँचना पड़ता। इसके बाद भी यह नितान्त सम्भव है कि दर्शक अभिनेता

के अर्थों से भी अलग अपने निजी अर्थ साथ लेकर जाएँ। दरअसल यह प्रक्रिया इतनी जटिल और संश्लिष्ट है कि इसका कोई निश्चित् प्रतिमान नहीं बनाया जा सकता।

अभिनेता का एक आलेख स्वयं अभिनेता के सन्दर्भ में एक और स्तर पर भी अपनी निजता और विशिष्टता का भान कराता है। इसमें कोई सन्देह नहीं कि हर निर्देशक अभिनेताओं के बीच भूमिकाएँ निश्चित् करते हुए अभिनेता विशेष के अपने व्यक्तित्व विशेष, उसकी आयु, उसकी चाल-ढाल और उसके हाव-भाव का भी ध्यान रखता है। लेकिन यदि चरित्र के अनुरूप व्यक्तित्ववाला अभिनेता मौजूद न हो तो निर्देशक क्या करे ? मान लीजिए, किसी पात्र विशेष के लिए निर्देशक को लगभग छह फीट ऊँचाई वाले अभिनेता की दरकार हो, लेकिन उसकी मंडली में जितने भी अभिनेता उपस्थित है, उनमें कोई भी पाँच फीट से अधिक ऊँचाई वाला नहीं है। यही वह विशेष स्थिति और प्रक्रिया है, जहाँ अभिनेता के अपने आलेख का जन्म होता है और वह इस रूप में कि अपनी अभिनय-कला के जादू से दर्शकों को इस अतिरिक्त सजगता की ओर बढ़ने ही न दे कि वे उस चरित्र की ऊँचाई को लेकर सोच विचार करें। कई बार ऐसा भी होता है कि अभिनेता नाटक में घटित होनेवाले कार्य व्यापार से सम्बद्ध हर गति को निश्चित् करके मंच पर आए, लेकिन दर्शकों द्वारा मिलानेवाली सकारात्मक और नकारात्मक प्रतिक्रियाएँ उसे उसी क्षण कुछ अलग से करने के लिए प्रेरित कर दे। यह आशुरचना वास्तव में दर्शक से अभिनेता को मिलने अथवा न मिलनेवाली ऊर्जा पर निर्भर करती है। जितनी ही ज़्यादा मात्रा में दर्शकों द्वारा अभिनेता तक पहुँचनेवाली ऊर्जा का संचरण होगा, उतनी ही ज़्यादा मात्रा में अभिनेता की कल्पनाशक्ति को भी विस्तार मिलेगा। यह अकारण नहीं है कि लोकनाटकों में अभिनेता के पास अपना आलेख मंच पर ही तुरन्त तैयार कर लेने के लिए पर्याप्त 'स्पेस' मौजूद रहता है। सबसे बड़ी सुविधा तो यही है कि लोकनायक का आलेख मौखिक हुआ करता है, अर्थात् उसमें वे सारी सम्भावनाएँ पहले से मौजूद हैं, जिनके आधार पर आशुरचना की जा सके। वहाँ तो अच्छे अभिनेता की पहचान ही यह है कि वह कितना कल्पनाशील और आशुरचनाकार हो सकता है, लेकिन इसका यह अर्थ कदापि न लिया जाए कि आशुरचना मुख्यतः लोकनाट्य-परम्पराओं की सम्पत्ति है, वहाँ तो यह गुण उनके अपने मूल स्वभाव और स्वरूप में ही शामिल रहता है। ज़्यादा बड़ी चुनौती तो तब सामने आती है, जब यह आशुरचना किसी लिखित और निश्चित् आलेख को मंचित करते समय घटित होती है। उदाहरण के लिए अभिनेता द्वारा अपने निश्चित् संवाद ही भूल जाना अपने सामने उपस्थित दूसरे अभिनेता द्वारा सही प्रतिक्रिया न मिल पाना, नेपथ्य से किसी नए पात्र का प्रवेश सही क्षण पर न होना अथवा संगीत या किसी ध्वनि प्रभाव का सही समय पर घटित न होना—ये सारी या इनसे मिलती-जुलती तमाम घटनाएँ मंच पर उपस्थित अभिनेता को ही स्थिति को सँभालना पड़ता है। रंगमंच की अपनी विशेष प्रकृति यह भी है कि उस वक़्त निर्देशक भी कुछ नहीं कर सकता।

अभी तक प्रस्तावित विषय को लेकर जितना भी विवेचन और विश्लेषण किया गया

है, वह नाटक के लिखित व मौखिक शब्द पर निर्भर है। इसी में से उभरता नाटक का एक अन्य पक्ष भी है और वह है उसकी प्रस्तुतिशैली। इसे चाहे स्वयं नाटक का आलेख निर्धारित कर दे अथवा निर्देशक अपनी कल्पना-परिकल्पना के अनुसार निश्चित् करे, इसमें कोई सन्देह नहीं कि नाटक को जिस रूप में प्रस्तुत होना होता है, उसमें भी अभिनेता के आलेख के योगदान से इनकार नहीं किया जा सकता। नाटक किसी भी शैली में क्यों न खेला जाए, उसका बाहरी फ्रेम बेशक निर्देशक तैयार करता है, लेकिन उसके भीतर के सब रूप-रंग अभिनेता को ही भरने होते हैं। कहा भी गया है कि अन्ततः दर्शक नाटक में क्या देखने आता है ? कहानी, चरित्र, विचार या परिवेश ? मेरे विचार में सबसे पहले वह अभिनेता की कला को देखने आता है, उसके बाद कुछ और। सचमुच में अभिनय की यह कला ही वह रहस्य और जादू है जो अभिनेता के आलेख को रंगमंच के सारे आलेखों से एकदम अलग कर देती है। अभिनेता की कला को ही दर्शक सबसे पहले देखने आते हैं, इसी का नतीजा है कि कुछ विशेष रंगपरम्पराओं में विशिष्ट भूमिकाएँ ख़ास-ख़ास अभिनेताओं के लिए ही सुरक्षित हुआ करती हैं, उन्हें हर कोई अभिनिता करने का अधिकारी नहीं हो सकता। रामलीला में राम की भूमिका किसी को भी दी जा सकती है, लेकिन रावण की भूमिका किसी को भी, नहीं दी जा सकती। यही बात यक्षगान के बारे में भी कही जा सकती है। दर्शक को यक्षगान प्रसंगों की कहानियाँ पहले से मालूम हैं। इसलिए वह अपना बोरिया बिस्तर भी साथ लेकर आता है, ताकि जिस प्रसंग में उसकी रुचि नहीं है, उसके घटित होते समय वह नहीं की एक अच्छी-सी झपकी ले सके। उसे प्रतीक्षा है रात के दो तीन बजे के आसपास राक्षस के प्रवेश की। रावण जैसा अद्भुत और साथ-साथ उतना ही भयंकर पात्र इससे पहले क्यों आएगा ? इतना ही क्यों, उसका प्रवेश भी कोई असाधारण प्रवेश नहीं, नेपथ्य में कम से कम एक फर्लांग दूर से आती दहाड़ खुद ब खुद सोए हुए दर्शक को एक ही झटके में जगा देती है और वह अपने प्रिय पात्र के अभिनय को देखने के लिए चौकन्ना हो जाता है। अब ऐसे पात्र का अभिनय करना हर किसी के बूते का नहीं। इसकी कड़ी में हम बाल गन्धर्व और जयशंकर सुन्दरी जैसे अभिनेताओं का उल्लेख भी कर सकते हैं, जिन्होंने स्त्री चरित्रों के माध्यम से अपनी अभिनय कला का लोहा मनवाया। उपर्युक्त सारे उदाहरण अन्ततः नाटक के आलेख को अभिनेता के आलेख में स्थापित करते हैं और उसकी अपनी एक अलग पहचान बनाते हैं।

प्रस्तुतिशैली के साथ ही प्रस्तुति किस तरह के व्यावहारिक प्रेक्षागृह व्यवस्था में आयोजित की गई है, इसका प्रभाव भी अभिनेता के आलेख पर पड़ता है। प्रेक्षागृह का स्थापत्य नाट्य रचना को तो सीधे-सीधे प्रभावित करता ही है, अभिनेता भी उससे अछूता नहीं रह सकता। कोई नाटक घेराकार में मंचित हो रहा है, प्रोसीनियम में होना है, दर्शकों से दो तरफ़ या तीन तरफ़ से घिरा है—ये सारे विकल्प भी आलेख के नए नए अर्थ पैदा करने लगते हैं। नाटक और रंगमंच के विषय में एक रूढ़ धारणा यह भी बनी हुई है कि नाटक का आलेख जब तक एक है, तब तक उसे कैसी भी व्यवस्था

में क्यों न प्रस्तुत किया जाए, उससे कोई अन्तर नहीं पड़ता। लेकिन ऐसा कभी नहीं हो सकता। दर्शक किस कोण से नाटक को देख रहे हैं, यह व्यवस्था के अनुसार ही अभिनेता को अपनी अभिनयशैली में परिवर्तन करना पड़ता है; स्वर के उतार चढ़ाव को घटाना बढ़ाना पड़ता है और उसी मात्रा में गति एवं अंगसंचालन को नियन्त्रित करना पड़ता है। ये सारी बातें निश्चित् रूप से उसके आलेख को प्रभावित करती हैं। अब यह तो किसी नाटक के आलेख में पहले से लिखा हुआ नहीं रहता कि नाटक अन्ततः किस प्रकार के प्रेक्षागृह में प्रस्तुत किया जाएगा। इसे निर्देशक अथवा अभिनेता ही तय करता है और उसी के अनुसार वह अपनी अभिनयशैली को विकसित और निश्चित् करता है। इसके बाद भी यह सम्भव है कि यदि एक बार नाटक किसी बन्द प्रेक्षागृह में प्रस्तुत किया गया है तो दूसरी बार किसी खुले मंच पर आयोजित हो। यह व्यवस्थागत तरलता एवं लीचलापन आलेख के स्तर पर भी उसी अनुपात में क्रियाशील रहता है।

यूँ तो हरएक नाटक में कई प्रकार के मंच-निर्देश स्वयं नाटककार की ओर से कोष्ठकों में दिए रहते हैं। ये निर्देश दृश्यबन्ध से सम्बन्धित हो सकते हैं, पात्र के प्रवेश-स्थान, प्रकाश-अन्धकार और अभिनेता की भावदशा से जुड़े रंग संकेत के रूप में होते हैं। यह निर्देशक पर निर्भर करता है कि वह उन्हें वैसे ही स्वीकार करे अथवा मंच निर्देशों के रूप में अपना स्वयं का एक विधान तैयार करे। यही प्रक्रिया कमोबेश अभिनेता के साथ भी काम करती है। यदि वह नाटककार के निर्देशों का अनुसरण नहीं कर रहा है तो उसे स्वयं अपना एक नया आलेख तैयार करना पड़ता है। हाँ, इतना स्पष्ट है कि सबसे पहले नाटककार भी अपने सामने नाटक का एक सम्पूर्ण दृश्य तैयार करता है जिसकी छवि वह इन मंच निर्देशों के माध्यम से देख रहा होता है ! शायद नाटक और कहानी जैसी विधाओं में मूल अन्तर यही है—कहानी में रचनाकार वर्णन के माध्यम से चित्र एवं बिम्ब की ओर बढ़ता है, जबकि नाटक में वह पहले चित्र एवं बिम्ब की रचना करता है और बाद में उनके भीतर कहानी के शब्द निराकार से साकार की ओर बढ़ते हैं। नाटक के शब्द स्वयं में ही साकार होते हैं, लेकिन अपने अन्तिम छोर पर निराकार होते जाते हैं। इसीलिए यह स्वाभाविक ही है कि कहानी या उपन्यास में शब्दों की बहुलता की उपेक्षा है, लेकिन नाटक में कम से कम शब्द चाहिए, क्योंकि वहाँ शब्दों की भरपाई बहुत दूर तक स्वयं अभिनेता एवं नाटक के दूसरे दृश्यपक्ष यथा मंचसज्जा, वस्त्रसज्जा, आलोकसज्जा और दूसरे मंच-उपकरण कर देते हैं। ख़ैर, दोनों माध्यमों में जो भी अन्तर हो, अभिनेता के अपने आलेख-निर्माण की प्रक्रिया ज्यों की त्यों बरकरार रहती है। कहानी में मंच निर्देशों के रूप में कोई कोष्ठक नहीं होता, अतः अभिनेता अपनी ओर से अदृश्य कोष्ठकों की रचना करता है। नाटक में जो कोष्ठक पहले से उपस्थित हैं, अभिनेता उन्हें बिलकुल छोड़ सकता है अथवा उन्हें लाँघकर आगे निकल जाता है। ऐसा बहुत कम होता है कि वह उन निर्देशों का हूबहू पालन करे। शायद ऐसा हो भी नहीं सकता। नाटक के आलेख की मूल प्रकृति ही यह है कि वह

हर बार नया होकर सामने आए। इसमें यदि मंच निर्देश बदल जाते हैं तो कोई आश्चर्य नहीं होना चाहिए। ऊपर बार बार अर्थ परिवर्तन की चर्चा की गई है, पर कहीं न कहीं निर्देशक अथवा अभिनेता द्वारा अपने मंच निर्देश रचने एवं गढ़ने की प्रक्रिया से भी उद्भूत होता है।

संक्षेप में, नाटक के आलेख के भीतर से ही अभिनेता के अपने आलेख के जन्म, विकास और पूरी तरह से पल्लवित होने की प्रक्रिया इतने सूक्ष्म रूप में घटित होती है कि कई बार तो स्वयं अभिनेता को भी इसका आभास नहीं हो पाता। वास्तव में इसकी सच्ची अनुभूति अभिनेता से भी ज़्यादा दर्शक को होती है, क्योंकि मंच पर अपनी किसी छोटी से छोटी शारीरिक हरकत, चेहरे की सूक्ष्म भाव भंगिमा अथवा रंग भाषण के अदृश्य बालाघात से अभिनेता दर्शक के लिए नाटक की कितनी भीतरी परतें खोलकर रख देता है, इसका आनन्द वह दर्शक ही जानता है, जो अभिनेता की कला के जादुई संसार के एक एक क्षण को देखने और अनुभूति करने के लिए प्रेक्षागृह में आता है। एक प्रकार से अभिनेता का यह आलेख नाटक अथवा चरित्र के बाहरी रूप का नहीं, वरन् अभिनेता के आन्तरिक संसार का हिस्सा है। उसे देखने के लिए दर्शक के पास भी वह भेदक दृष्टि होनी चाहिए, जिससे वह अभिनेता के भीतर तक पैठ सके। नाट्यशास्त्र में भरत ने सात्विक अभिनय के अन्तर्गत जिस सूक्ष्म और सच्चाई से भरपूर अभिनय की उपेक्षा की है, अभिनेता के आलेख का सही मायने में उसी अभिनय से सरोकार है। क्या कभी मंच पर ऐसे क्षण अपने आप जीवन्त नहीं हो जाते, जब अभिनेता और दर्शक सब कुछ भूलकर परस्पर तादात्म्य की अवस्था को प्राप्त कर लेते हैं ? यही वह साधारणीकरण की अवस्था भी है, जिसकी भरत के रससिद्धान्त के सन्दर्भ में बार-बार चर्चा की गई है। कहने को रंगमंच एक क्षणभंगुर माध्यम है, वह साकार से निराकार अर्थात् शून्य की ओर बढ़ता जाता है। लेकिन दूसरी तरफ़ यह भी उतना ही महत्त्वपूर्ण है कि शून्य और निराकार होते हुए भी वह हर बार दर्शक के लिए एक नया आलेख रच देता है। इस कोरे आलेख पर अभिनेता बिना कुछ लिखे, बिना कुछ कहे कैसे अपने आलेख की रचना कर डालता है, इसे 'आषाढ़ का एक दिन' में मोहन राकेश ने कालिदास के एक संवाद में बहुत सांकेतिक ढंग से कहलवाया है—''तुमने ये पृष्ठ अपने हाथों से बनाए थे कि इन पर मैं एक महाकाव्य की रचना करूँ ! स्थान स्थान पर इन पर पानी की बूँदें पड़ी हैं जो निस्सन्देह वर्षा की बूँन्दें नहीं हैं। लगता है, तुमने अपनी आँखों से इन कोरे पृष्ठों पर बहुत कुछ लिखा है। और आँखों से ही नहीं, स्थान स्थान पर ये पृष्ठ स्वेद कणों से मैले हुए हैं, स्थान स्थान पर फूलों की सूखी पत्तियों ने अपने रंग इन पर छोड़ दिए हैं। कई स्थानों पर तुम्हारे नखों ने इन्हें छीला है, तुम्हारे दाँतों ने इन्हें काटा है। और इसके अतिरिक्त ये ग्रीष्म की धूप के हलके गरहे रंग, हेमन्त की पत्रधूलि और इस घर की सीलन—ये पृष्ठ अब कोरे कहाँ हैं मल्लिका ? इन पर एक महाकाव्य की रचना हो चुकी है—अनन्त सर्गों के एक महाकाव्य की। इन पृष्ठों पर अब नया कुछ क्या लिखा जा सकता है ?''

अभिनेता का अपना आलेख भी इतना ही अदृश्य होता है।

निर्देशक द्वारा अभिनेता को भूमिका दी जाने के बाद यह पाठ प्रक्रिया उस समय तक जारी रहती है, जब तक कि निर्देशक नाटक के गतिविधान से सम्बन्धित कार्य की शुरुआत नहीं करता। इस पाठ के दौरान ही अभिनेता भूमिका में पैठने लगता है। भूमिका में पैठना भी कई रास्तों से होकर गुज़रता है—एक रास्ता तो यह है कि अभिनेता उस चरित्र की आयु, वेशभूषा, आर्थिक स्थिति, सामाजिक स्थिति, दूसरे चरित्रों के साथ उसके सम्बन्ध, नाटक में आरम्भ से लेकर अन्त तक उसका चारित्रिक विकास, उसकी आवाज़, उसकी चाल-ढाल, उसकी क्रियाएँ-प्रतिक्रियाएँ, उसके हाव-भाव—इनका और इनसे मिलते-जुलते सभी सूत्रों को निश्चित् करके अपने व्यक्तित्व को उन्हीं के अनुसार ढालने की शुरुआत करे अर्थात् जो चरित्र वह निभाने जा रहा है, हूबहू वैसा ही बनने और दिखने का प्रयत्न करे। दूसरे शब्दों में अभिनेता एक चरित्र को अपने ऊपर, बाहर से आरोपित करके अपने भीतर की तरफ़ यात्रा करता है। आधुनिक रंगमंच के सबसे बड़े सिद्धान्तकार, अभिनेता और निर्देशक स्टानिस्लाव्स्की ने इसी अभिनय प्रक्रिया का प्रतिपादन किया था। इसी से मिलती-जुलती बात भरत के 'नाट्यशास्त्र' में भी उपलब्ध है, जहाँ वह इस प्रक्रिया का विवेचन करते हैं कि किस पात्र के लिए कौन-सा अभिनेता उपयुक्त रहेगा, उसकी क्या वेशभूषा होगी, क्या केश-विन्यास, अलंकरण और रूपसज्जा होगी। एक प्रकार से यह सारी प्रक्रिया मंच पर यथार्थ को अपने उसी रूप में प्रस्तुत करने से सम्बद्ध है। यही विचार चौथी शताब्दी ई.पू. में यूनान के सुप्रसिद्ध दार्शनिक अरस्तू ने भी प्रस्तुत किया था, जब उन्होंने कला की व्याख्या और परिभाषा की थी—'कला जीवन का अनुकरण है।' इसी से मिलता-जुलता मत हमारे यहाँ भरत ने अपने 'नाट्यशास्त्र' में भी व्यक्त किया है, जब वह कहते हैं कि नाटक लोकवृत्त का अनुकीर्तन है। इस प्रकार दोनों ही आचार्य इसे स्वीकार करते हैं कि नाटक जीवन की अभिव्यक्ति है। यह अलग बात है कि पश्चिमी परम्परा, यथार्थ की अभिव्यक्ति पर बल देती है, जबकि भारतीय परम्परा में यथार्थ की अपेक्षा उसके भावानुकीर्तन को रेखांकित किया गया है।

अभिनेता की रचनाप्रक्रिया का दूसरा विकल्प यह है कि वह भूमिका की तैयारी की शुरुआत अपने भीतर से करे अर्थात् उसे बाहर से किसी काल्पनिक या चिर-परिचित चरित्र को अपने ऊपर आरोपित करने की आवश्यकता नहीं है। इसके विपरीत उसे स्वयं अपने चरित्र एवं व्यक्तित्व में ही ऐसे मिलन बिन्दुओं की तलाश करना चाहिए जो भूमिका के पात्र से मेल खाते हों। इस प्रकार उसे भूमिका के निर्वाह में बहुत ही सहज एवं स्वाभाविक प्रतीति होगी, क्योंकि यदि भूमिका के लगभग सभी गुण-अवगुण स्वयं अभिनेता में मौजूद हैं तो उसे कहीं बाहर जाने की ज़रूरत नहीं है। यह प्रक्रिया एक प्रकार से यथार्थ की हूबहू अभिव्यक्ति न होकर, कोई विशेष अभिनेता यथार्थ को किसी रूप में देखता और प्रस्तुत करता है, उस पर निर्भर करती है। यह भी कहा जा सकता है कि यह प्रक्रिया चरित्र निर्माण प्रक्रिया के उस बने-बनाए ढाँचे को तोड़ देती है जिसमें

किसी पात्र की ऊँचाई कितनी है, अभिनेता को भूमिका बाँटते समय इस तथ्यात्मक विवरण का भी ध्यान रखा जाता है। देखा जाए तो इस दूसरे विकल्प में इस तरह की तथ्यात्मक ज़रूरतों का कोई महत्त्व नहीं रह जाता। इसीलिए यह विकल्प हमारी भारतीय परम्परा के ज़्यादा निकट पड़ता है। कालान्तर में जर्मनी के नाटककार-निर्देशक ब्रेष्ट ने भी अपने सिद्धान्तों एवं अवधारणाओं के लिए इसी प्रक्रिया की पुष्टि की क्योंकि यहाँ चरित्र की बाह्य रेखाओं को उतना महत्त्व न देकर उसके स्वभाव, व्यवहार, प्रतिक्रियाओं पर ज़ोर दिया गया है।

एक तीसरा विकल्प पूरी तरह से भारतीय रंगपरम्परा का उत्तराधिकारी है। इसके अतिरिक्त वह विश्व की उन दूसरी परम्पराओं में भी मिलता है, जहाँ चरित्र-निर्माण पर कोई आग्रह नहीं है, वरन् सम्पूर्ण रूप में प्रस्तुति-परक पद्धति का अनुकरण किया जाता है। यह प्रस्तुति-परक पद्धति क्या है—इसमें अभिनेता अपने भीतर और बाहर से एकदम ख़ाली पात्र की तरह से होता है। उसमें जो भी सामग्री डाल दी जाए, वह उसी का पात्र कहलाने लगता है। सीधे-सादे शब्दों में इसे यूँ समझा जा सकता है—पाश्चात्य परम्परा में दूध पीने के लिए अलग गिलास है, शराब पीने के लिए अलग गिलास है, लेकिन भारतीय परम्परा में एक ही गिलास दोनों कार्यों के लिए प्रयोग में आ सकता है। यदि और स्पष्ट करना चाहें तो कह सकते हैं कि पश्चिमी नाटक में गिलास विशेष को देखते ही दर्शक समझ जाता है कि चरित्र उसमें दूध पीने जा रहा है या शराब, जबकि भारतीय परम्परा में गिलास का अपना कोई विशेष चरित्र नहीं है, वह उसमें डाली जानेवाली सामग्री पर निर्भर होगा। ज़ाहिर है कि इस प्रक्रिया में जहाँ अभिनेता से यह अपेक्षा की गई है कि वह भीतर से ख़ाली, निसंग और तटस्थ रहेगा, वहीं दर्शकों के साथ जुड़ी वह स्वीकृति भी सम्मिलित है, जिसके आधार पर वे अभिनेता द्वारा प्रस्तुत पात्र को तुरन्त पहचान लेते हैं क्योंकि उन्हें पात्र की यथार्थगत पहचान से उतना सरोकार नहीं, जितना कि वे यह देखने को उत्सुक होते हैं कि अभिनेता विशेष उस पात्र को कितनी निजता, कितनी विशिष्टता और कितने नव्यतम रूप में प्रस्तुत करेगा। संक्षेप में, हमारी रंगपरम्परा में पात्र की वेशभूषा, मुख-सज्जा, रंग, अलंकार आदि सब कुछ पहले से निश्चित् और रूढ़िबद्ध है। अतः उसे अलग से देखने में दर्शक की कोई रुचि नहीं, वह तो अभिनेता की कला के आन्तरिक पक्ष को देखने का इच्छुक है। इस देखने-सुनने के अनुभव को संगीत और नृत्य जैसी कलाओं के सन्दर्भ में अच्छी तरह से समझा जा सकता है। उदाहरण के लिए संगीत में सभी रागों के सुर और मात्राएँ पहले से निश्चित् हैं, फिर भी अलग-अलग गायकों को सुनने का अनुभव एक-दूसरे से अलग होता है। यही बात नृत्य के विषय में भी स्वयं सिद्ध है।

यहीं पर एक और प्रसंग का उल्लेख करना भी अप्रांसगिक नहीं होगा। कहा जाता है कि चूँकि प्रस्तुति के स्तर पर यथार्थवादी नाटक और शैलीबद्ध नाटक अलग-अलग रूप में रूपायित होते हैं, अतः उनके भीतर से गुज़रते हुए अभिनेता की रचनाप्रक्रिया भी भिन्न-भिन्न होती है। लेकिन क्या सचमुच में ऐसा होता है ? जहाँ तक प्रस्तुतिशैली

जैसे बाह्य रूपाकार का प्रश्न है, निश्चय ही दोनों तरह के नाटक अभिनेता से अतिरिक्त सूझबूझ, कौशल एवं अभ्यास की माँग करते हैं लेकिन इससे यह निष्कर्ष कदापि नहीं निकाला जा सकता कि अभिनेता की रचनाप्रक्रिया भी अलग-अलग होगी। इसे हम एक-दूसरी विधा साहित्य के उदाहरण से समझ सकते हैं। लेखक को कहानी लिखनी है अथवा उपन्यास, नाटक लिखना है अथवा कविता—इनकी प्रविधियाँ भले ही अलग-अलग हो सकती हैं और होती ही हैं, लेकिन क्या वह अन्तःस्फूर्त प्रेरणा भी अलग होती है जिसके कारण रचनाकार किसी भी प्रकार के रचनात्मक लेखन के लिए प्रवृत्त होता है ? ज़ाहिर है कि इस बात को लेकर कोई विवाद नहीं हो सकता कि किसी भी कलारूप की रचना के पीछे एक ही प्रकार की प्रेरणा कार्यरत होती है। यह अलग बात है कि अपनी अभिव्यक्ति में सभी कला-माध्यम एक-दूसरे से अलग व्यक्तित्व ग्रहण कर लेते हैं।

हाँ, एक बात पूरी तरह से निश्चित् है कि अभिनेता चाहे यथार्थवादी नाटक में अभिनय करे, चाहे शैलीबद्ध नाटक में—अपनी भूमिका की तैयारी के लिए वह चरित्र को बाहर से अपने ऊपर आरोपित करे, उसकी खोजबीन स्वयं अपने भीतर से ही करे अथवा स्वयं को नितान्त निस्संग रखकर किसी भी भूमिका या चरित्र का वहन करे—कहने का तात्पर्य यह कि वह जो भी जिस रूप में मंच पर प्रस्तुत कर रहा है, वह पहले तो स्वयं उसे विश्वसनीय लगे और इसके साथ-साथ दर्शकों के लिए भी उतना ही विश्वसीय होना चाहिए। दरअसल, यही वह मूलमंत्र है, जिसे अधिकांश अभिनेता समझ नहीं पाते और वे चरित्र की मात्र बाहरी रेखाओं और रंगों में सिमटकर रह जाते हैं। इसीलिए उनका अभिनय निहायत सतही, एकांगी और बनावटी लगता है और दर्शक भी उससे प्रवाहित नहीं हो पाता। यदि अंग्रेज़ी से दो शब्दों को उधार लिए जाए तो कहा जा सकता है कि वह ऐक्टर से ज़्यादा परफार्मर होने लगता है। ऐक्टर मात्र अपने लिए और नाटक के लिए अभिनय करता है, जबकि परफार्मर केवल दर्शकों के लिए। इसीलिए जहाँ अभिनेता की कला सूक्ष्म एवं आन्तरिकता लिए होती है, वहाँ परफार्मर का सारा ध्यान कारीगरी, कलाबाज़ी और तकनीकी कौशल पर ही रहता है। इसमें कोई सन्देह नहीं कि अभिनेता को भी तकनीकी कौशल की ज़रूरत पड़ती है, लेकिन उसके सन्दर्भ में वही सब कुछ नहीं है। इसीलिए जहाँ परफार्मर का व्यक्तित्व और चरित्र हमेशा एक ही रहता है, चाहे वह किसी भी प्रस्तुति में काम करे, वहाँ अभिनेता का चरित्र और व्यक्तित्व बदलता रहता है नाटक-दर-नाटक। एक महान् अभिनेता की तो पहचान ही यही है कि वह मंच पर चरित्र के रूप में जाना जाए, न कि उस रूप में, जैसाकि वह अपने वास्तविक जीवन में है। सम्भवतः इसीलिए हमारी रंगपरम्परा में एक मुहावरा है कि अभिनेता के न तो केश होने चाहिए और न दाँत। इसका अर्थ यही है कि इन दोनों के अभाव में वह जब चाहे जैसा रूप धारण कर सकता है। यह मुहावरा अभिनय के एक और पक्ष की तरफ़ भी संकेत करता है वह यह कि रंगमंच जीवन के यथार्थ की अभिव्यक्ति होते हुए भी अभिनेता कभी भी अपने जीवन के यथार्थ को मंच पर प्रस्तुत

नहीं करता। इस अर्थ में शायद सारी कलाएँ एक समान हैं कि वे यथार्थ का अनुकरण या अनुकीर्तन होकर भी जीवन का वास्तविक यथार्थ नहीं हैं। यदि ऐसा होता तो पाठक, श्रोता या दर्शक की उनमें कोई रुचि न होती क्योंकि वह विभिन्न कलाओं की ओर आकृष्ट ही इसलिए होता है कि वे उसे थोड़ी देर के लिए ही सही, अपने जीवन के वास्तविक यथार्थ से अलग एक संसार में ले जाती हैं।

रंगमंच और विशेषतः अभिनेता के सन्दर्भ में तो यह तथ्य और भी महत्त्वपूर्ण हो उठता है। दूसरी कलाओं में सुविधा यह है कि रचनाकार यथार्थ की अभिव्यक्ति करते हुए भी उसके बाहर रहता है अर्थात् लेखन में मात्र शब्द हैं, चित्रकला में चित्र, स्थापत्य और मूर्तिकला में भवन या मूर्ति, फोटोग्राफी में छायाचित्र और फ़िल्म में फ़िल्म—इनमें कहीं भी रचनाकार सशरीर उपस्थित नहीं है लेकिन अभिनय रचना में अभिनेता और वह, स्वयं—दोनों एक साथ उपस्थित रहते हैं। इसीलिए यह ख़तरा सदैव बना रहता है कि कहीं अभिनेता स्वयं को भूलकर पूरी तरह से चरित्र में ही खो या डूब न जाए। प्रायः प्रस्तुतियों के बाद अभिनेता को कहते सुना है—मैं अपने अभिनय में ऐसा डूब गया था कि मुझे कुछ पता ही नहीं चला कि क्या हो रहा है। यह निहायत ही भ्रामक स्थिति है। यदि अभिनेता अपने चरित्र में पूरी तरह से डूब जाएगा तो फिर वह अभिनय ही कहाँ रहा ? चरित्र में डूब जाने की प्रक्रिया के विरुद्ध ही तो बीसवीं शती में अभिनय के 'अलगाव सिद्धान्त' का जन्म हुआ। हमारी अपनी रंगपरम्परा में रस-निष्पत्ति के परिप्रेक्ष्य में इस बात को और भी सटीक रूप में परिभाषित किया गया है। वहाँ रस का भोक्ता अभिनेता न होकर दर्शक है और यही आदर्श और वास्तविक स्थिति है। अभिनय को कला माना जाए अथवा तकनीक—यह बात अपनी जगह उतनी ही महत्त्वपूर्ण रहेगी कि अभिनेता में इतनी क्षमता अवश्य होनी चाहिए कि अभिनय करते समय भी वह इतना सजग रहे कि स्वयं अपने आप का पर्यवेक्षण करता चले। इसीलिए कहा जाता है कि अभिनेता के पास एक तीसरी आँख भी होती है, जिसके माध्यम से वह मंच पर अभिनय की प्रक्रिया से गुज़रते हुए भी स्वयं का निरीक्षण-परीक्षण करता रहता है।

उपर्युक्त सारे विवादों, संवादों और अन्तर्विराधों के बावजूद अभिनेता की रचनाप्रक्रिया का सबसे दिलचस्प पहलू यह है कि इकाई के रूप में एक व्यक्ति होते हुए भी वह एक साथ अनगिनत पात्रों, चरित्रों और भूमिकाओं को जीता है। इस अर्थ में उसकी प्रक्रिया 'एको अहम् बहुस्याम्' जैसी कृष्ण की भूमिका से मिलती-जुलती है। लेकिन यह सब कुछ सम्भव कैसे होता है ? वह कौन-सी रसायनिक प्रक्रिया है, जिसमें से गुज़रकर अभिनेता एक चरित्र का निर्माण करता है। देखा जाए तो प्रत्यक्ष रूप में अभिनेता के पास केवल दो यन्त्र हैं—उसकी आवाज़ और उसका शरीर। तीसरा यन्त्र एक अपरोक्ष इकाई के रूप में उसका मस्तिष्क है। लेकिन ये यन्त्र अपने आप में सम्पूर्ण नहीं हैं। इनको प्रयोग में लाने के लिए सामग्री की आवश्यकता पड़ती है। जैसाकि पहले कहा जा चुका है, सामग्री अभिनेता को नाटककार के आलेख से मिलती है। आलेख

से शुरू करके मंच तक आने की पूरी प्रक्रिया में अभिनेता को दो-तीन दिशाओं से और सहायता मिलती है। सबसे पहले क्रम पर उसका जीवन का अपना पर्यवेक्षण आता है। अभिनेता अपने चारों तरफ़ जितने भी लोगों और उनसे जुड़ी घटनाओं के सम्पर्क में आता है, वे सभी अनुभव उसके मन-मस्तिष्क और स्मृति में दर्ज होते रहते हैं। जब भी किसी भूमिका के लिए वह तैयारी आरम्भ करता है, ये सारी स्मृतियाँ उसकी प्रक्रिया की एक आधारशिला का काम करती हैं। यह ज़रूरी नहीं कि जीवन के पर्यवेक्षण के अनुभव बिलकुल वैसे ही हों जैसे कि किसी भूमिका के लिए अपेक्षा है। इसे एक बहुत ही सहज उदाहरण से समझा जा सकता है—मान लीजिए, किसी अभिनेता के ज़ेहन में किसी की मृत्यु पर होने वाले दुःख की कोई स्मृति नहीं है और नाटक के किसी दृश्य में उसे ऐसी ही स्थिति का सामना करना पड़ता है। ऐसे में वह अभिनेता क्या करे ? तब उसे अपनी स्मृतियों में बन्द उस समानान्तर अनुभव से सहायता लेनी पड़ती है, जिसमें किसी प्रियजन के बहुत दूर चले जाने पर होने वाले दुःख की अनुभूति सम्मिलित है।

यदि अभिनेता के सन्दर्भ में जीवन के पर्यवेक्षण की महत्ता निःसन्दिग्ध है, वहीं उसकी अपनी कल्पना शक्ति का भी अच्छा-ख़ासा योगदान हो सकता है। सम्भव है कि किसी अभिनेता के पास जीवन के वैविध्यपूर्ण अनुभवों और अनुभूतियों का भंडार नहीं है तो ऐसी स्थिति में उसकी तीव्र, तात्कालिक और स्वतः स्फूर्त कल्पना शक्ति काम में आती है।

लेकिन इससे यह अनुमान न लगा लिया जाए कि किसी अभिनेता के पास यदि जीवन का पर्यवेक्षण और उसकी अपनी कल्पनाशक्ति मौजूद है तो वह एक सफल और सम्पूर्ण अभिनेता कहलाने लगेगा। वास्तव में इन दोनों विशेषताओं से भी ज़्यादा ज़रूरी चीज़ है कि वह मंच पर इन्हें प्रयोग में कैसे लाता है। इसीलिए अभिनय में कला के साथ-साथ तकनीक का भी उतना ही महत्त्व है। वास्तव में यह एक ऐसी कला है, जो अपने-आप ही नहीं आ जाती, उसे लगातार सीखना, माँजना और निख़ारना पड़ता है। इसमें कोई सन्देह नहीं कि किसी भी कला की अभिव्यक्ति की इच्छा हर मनुष्य में स्वाभाविक और अनायास उत्पन्न हो सकती है लेकिन वह इच्छा अपने आप में कला नहीं है। उसे कला की पूर्णता तक पहुँचने के लिए निरन्तर रियाज़ और अभ्यास की ज़रूरत पड़ती है—संगीत, नृत्य, लेखन में रचनाकार द्वारा किए जानेवाले नियमित अभ्यास के सन्दर्भ में इस ज़रूरत को रेखांकित किया जा सकता है।

अभिनेता के लिए तो इस अभ्यास का और भी अतिरिक्त महत्त्व है। एक तो उसे अपनी आवाज़ और शरीर को सदैव नियन्त्रण में रखता है, इसके साथ-साथ अपने मन मस्तिष्क को भी निरन्तर सक्रिय, गतिशील, उपजाऊ और स्वस्थ रखना है। इतना ही नहीं, अभिनय का मूल दर्शन भी उससे इस अभ्यास की अपेक्षा करता है। यूँ तो शास्त्रों में अभिनय की बड़ी-बड़ी व्याख्याएँ की गई हैं लेकिन दो टूक भाषा में बात की जाए तो कह सकते हैं कि अभिनय की सारी बुनियाद ही झूठ पर टिकी है। अभिनेता जो

कुछ भी मंच पर प्रस्तुत करता है, वह न तो सीधे उसकी कहानी है और न ही दर्शकों की कहानी है। अतः यह स्पष्ट है कि अभिनेता एक झूठ से आरम्भ करता है लेकिन कला और प्रक्रिया का जादू इसी रहस्य में छुपा हुआ है कि अन्ततः वह झूठ ही स्वयं उसके लिए भी और दर्शकों के लिए भी एक सत्य में परिवर्तित हो जाता है। यह एक रोचक अध्ययन का विषय हो सकता है कि जहाँ साहित्य जैसी विधा में रचनाकार अपने अथवा दूसरों के अनुभव के सत्य के झूठ व कल्पना के आवरण में लिपिबद्ध करता है, वहाँ अभिनेता ठीक इस रचनाप्रक्रिया के विपरीत उस झूठ से शुरू करके उसे सत्य की तरफ़ ले जाता है। इस झूठ से सच तक की यात्रा को अधिकाधिक सहज, प्रामाणिक एवं विश्वसनीय बनाने के लिए उसे लगातार रियाज़ और अभ्यास करना पड़ता है। यह अभ्यास एक ऐसी साधना है जिसमें उसे अपने बाह्य व अन्तर को एक साथ साधना पड़ता है। इसीलिए पहले भी कहा गया है कि अभिनय ही ऐसी एकमात्र विधा है जिसमें साधक, साधन और साध्य—सब कुछ अभिनेता स्वयं है।

झूठ और सच की यह पारस्परिक यात्रा एक और स्तर पर भी अभिनेता के कार्यक्षेत्र में हस्ताक्षेप करती रहती है। यह सही है कि मंच पर होने वाली अभिनेता की हरेक क्रिया-प्रतिक्रिया पहले से निश्चित् और निर्धारित होती है लेकिन इसके बावजूद उसे दर्शकों को यही अनुभव करवाना है कि वह ये सारे हाव-भाव, व्यवहार आदि मंच पर उसी क्षण क्रियान्वित कर रहा है। यही कारण है कि अभिनेता की कला कभी एकायामी नहीं हो सकती।

यहाँ इस ओर भी संकेत किया जा सकता है कि झूठ से सच तक की प्रक्रिया में यदि अभिनेता की महत्त्वपूर्ण भूमिका है तो रंगमंच के दूसरे तत्त्वों का सहयोग भी बराबर रहता है। मंचसज्जाकार उसके लिए एक परिवेश का निर्माण करता है, वेशभूषाकार उसके लिए प्रामाणिक अथवा प्रतीकात्मक वेशभूषा की परिकल्पना करता है, आलोक-सज्जाकार प्रकाश के माध्यम से एक मूड, एक स्थिति, एक प्रभाव पैदा करता है—इस प्रकार ये सारे पक्ष अभिनेता को केन्द्र में रखकर ही निश्चित् एवं अभिकल्पित होते हैं। एक प्रकार से अभिनेता को उपर्युक्त सारे तत्त्वों से अतिरिक्त मदद मिलती है अर्थात् उसका अपना श्रम कुछ हद तक कम हो जाता है। लेकिन किसी दूसरे नाटक में जहाँ मंच पर मात्र अभिनेता की एकान्त उपस्थिति है और रंगमंच का दूसरा कोई भी पक्ष परोक्ष-अपरोक्ष रूप में मौजूद नहीं है, ऐसे में अभिनेता की प्रक्रिया और भी सूक्ष्म और जटिल हो जाती है। उसे दर्शकों को उपर्युक्त तत्त्वों का अहसास भी कराना है, अपनी भूमिका को भी निभाना है और दर्शकों को प्रस्तुति के स्तर पर एक गहरा, गम्भीर और सम्पूर्ण नाट्यानुभव भी देना है। यहाँ इस बात को दोहराने की ज़रूरत नहीं कि अभिनेता की प्रक्रिया और यात्रा की सबसे बड़ी ज़िम्मेदारी ही यही है कि उसे सब कुछ किसी क्षण—विशेष में उपस्थित दर्शकों के सम्मुख ही करना होता है। अभिनय की प्रक्रिया से गुज़रते हुए दर्शकों की अनिवार्य उपस्थिति एक ऐसी शर्त है, जो इस कला को एक विशेष स्वरूप प्रदान कर देती है क्योंकि शेष दूसरे सभी माध्यमों की तरह यहाँ

यह सुविधा उपलब्ध नहीं कि रचनाकार जब चाहे अपने कृति को सुधार सकता है, बदल सकता है अथवा बिलकुल नए सिरे से रचना कर सकता है। ये सब कुछ अभिनेता के पूर्वाभ्यास के दौरान तो सम्भव है लेकिन जब वह मंच पर अभिनय की वास्तविक प्रक्रिया से गुज़रता है, उस वक़्त कोई बाहरी हस्ताक्षेप नहीं किया जा सकता। यदि मंच पर किसी भी कारण से कोई व्यवधान उपस्थित हो जाता है तो उसका निदान भी स्वयं अभिनेता को ही करना पड़ता है। इसलिए अभिनय कला भी है और तकनीक भी, सच भी है और झूठ भी, यथार्थ भी है उसका भ्रम भी।

आज तक के रंग इतिहास में अभिनय को लेकर जितने भी सिद्धान्तों और अवधारणों ने जन्म लिया है, उनके परिप्रेक्ष्य में अभिनेता की प्रक्रिया के दो पक्ष अवश्य उभरकर सामने आते हैं—एक पक्ष के अनुसार अभिनेता जिस भूमिका को करने जा रहा है, उसके साथ इतना तादात्म्य स्थापित कर ले कि वह दर्शकों के लिए बिलकुल पात्रनुमा ही हो जाए। दूसरे पक्ष की मान्यता है कि अभिनेता अपनी भूमिका के साथ बिलकुल भी तादात्म्य स्थापित न करे और भूमिका के बाहर रहकर एक 'आब्ज़र्वर' अथवा आलोचक की भाँति नाटक के कार्य-व्यापार पर टीका-टिप्पणी करे। पहले पक्ष के प्रणेता स्तानिस्लाव्स्की हैं और दूसरे पक्ष के जन्मदाता हैं ब्रेष्ट। ऐसा नहीं है कि इनसे पूर्व अभिनय की प्रक्रिया से जुड़े ये पक्ष प्रचलन में ही नहीं थे। सच्चाई तो यह है कि रंगमंच जैसी कला के अन्य से ही ये दोनों प्रक्रियाएँ भी एक-दूसरे के समानान्तर विद्यमान रही हैं जिन्हें हम पहले भी विवेचित कर आए हैं। उपर्युक्त दोनों सिद्धान्तकारों का महत्त्व इसलिए है कि उन्होंने पहली बार इनका एक सिद्धान्त और सौन्दर्यशास्त्र लिखने की पहल की। सतही तौर पर यह भ्रम भी पैदा हो सकता है कि दोनों सिद्धान्त एक-दूसरे के विरोधी हैं लेकिन वास्तव में ऐसा है नहीं। इसके विपरीत दोनों एक-दूसरे के पूरक हैं—पहले भूमिका से तादात्म्य होगा, तभी तो उस तादात्म्य से अलगाव का प्रश्न उठाया जा सकता है। ऐसा मान लेना कि ब्रेष्ट की अभिनय रचनाप्रक्रिया में तादात्म्य होता ही नहीं, इससे बढ़कर भ्रान्ति कोई दूसरी नहीं है। दरअसल उनके नाटकों में भी अभिनेता अपने पात्र के साथ तादात्म्य स्थापित करता है लेकिन जैसे ही ऐसा लगने लगता है कि वह अपने चरित्र में पूरी तरह से डूबनेवाला है, वह ऐसी नाटकीय युक्तियों का प्रयोग करते हैं, जिनसे इस प्रक्रिया में अवरोध उत्पन्न हो जाता है। कभी गीत, कभी कोरस, कभी रंगपटी और कभी स्वयं अभिनेता के माध्यम से वह दर्शक को दृश्य विशेष के प्रभाव से बाहर खींच लाते हैं और उसे एक आलोचक और विचारक के धरातल पर ला खड़ा करते हैं।

संक्षेप में, अभिनेता की रचनाप्रक्रिया आदिकाल से आज तक अलग-अलग परम्पराओं, सिद्धान्तों एवं अवधारणाओं के भीतर से अपनी एक अनवरत यात्रा के रूप में सदैव उत्सुकता जगाती रही है। उसके बाह्य और तकनीकी पक्षों में भले ही एकरूपता न हो लेकिन एक बात निश्चित् है कि नाटक में पहले अभिनेता शब्दों से एक स्थिति तैयार करता है और फिर प्रस्तुति के भीतर से गुज़रते हुए उस स्थिति को झेलता भी

है। स्थिति तैयार करने और उसे झेलने की दुहरी प्रक्रिया के कारण उसका अनुभव मात्र उस तक न सीमित रहकर पूरे दर्शक समुदाय का हो जाता है। हमारी नाट्य परम्परा में साधारणीकरण की अवधारणा इसी प्रक्रिया से मिलती-जुलती है अर्थात् अभिनय के माध्यम से अभिनेता अपने चरित्र एवं व्यक्तित्व को इतना व्यापक विस्तार दे देता है कि प्रेक्षागृह में बैठे प्रत्येक दर्शक को उसमें कुछ-न-कुछ अपना अंश दिखाई पड़ता है। यही वह प्रक्रिया है जिसके कारण रंगमंच एक सामूहिक कला के रूप में जाना जाता है और स्वयं अभिनेता भी सही मायनों में 'एकोअहम् बहुस्याम' अर्थात् 'एक हूँ और अनेक हो जाऊँगा'—इस उक्ति को चरितार्थ करता है।

निर्देशक

रंगमंच में निर्देशक की अपनी उपस्थिति और पहचान रही हो या न रही हो, यह निश्चित् है कि निर्देशन के बिना रंगमंच की अन्तिम परिणति सम्भव ही नहीं है। दूसरे शब्दों में यह भी कहा जा सकता है कि रंगकर्म की पूरी अपनी प्रक्रिया ही ऐसी है कि उसमें निर्देशन के बिना काम चल ही नहीं सकता। इसका कारण यह है कि रंगमंच एक दोहरी प्रक्रिया के तहत सम्पन्न होता है अर्थात्, पहले नाटक एक आलेख के रूप में लिखा जाता है और फिर उसका मंच पर प्रदर्शन किया जाता है। इस प्रक्रिया से यह साफ़ ज़ाहिर है कि नाटक के आलेख और उसकी प्रस्तुति के बीच एक लम्बी तैयारी और अन्तराल रहता है जिसे रंगमंच के सभी सहयोगी तत्त्व तथा निर्देशक, अभिनेता मंडल और नेपथ्य के दूसरे अभिकल्पक मिलकर पूरा करते हैं।

इस पूरी प्रक्रिया में ज़रूरी नहीं कि कोई व्यक्ति निर्देशक के तौर पर अलग से उपस्थित हो। प्रस्तुति से जुड़ी पूरी प्रक्रिया उपर्युक्त सभी लोगों के संयुक्त प्रयास से सम्पन्न होती है। कहने का अर्थ यही है कि निर्देशक नाम का व्यक्ति इतिहास में अलग से मौजूद रहा हो या नहीं, नाटक की अपनी तैयारी इस तथ्य की साक्षी है कि बिना किसी की अतिरिक्त देख देख के उसकी प्रस्तुति सम्भव ही नहीं हो सकती। यह अलग से देख रेख की ज़िम्मेदारी कभी नाटककार निभाया करता था, कभी मुख्य अभिनेता, कभी कोई अभिकल्पक और अन्ततः एक ऐसा व्यक्ति जिसे निर्देशक के नाम से जाना जाने लगा। बहरहाल, स्थिति और सच्चाई जो भी रही हो इस बात से इनकार नहीं किया जा सकता कि किसी न किसी प्रकार की निर्देशन प्रक्रिया नाटक जैसी कला के जन्म और विकास के साथ ही जुड़ी हुई है।

इस अध्ययन का सबसे ज़्यादा रोचक पहलू यह है कि निर्देशन प्रक्रिया की मूल प्रकृति क्या है ? यदि प्रश्न को थोड़ा और स्पष्टता और विस्तार से रखा जाए तो पूछा जा सकता है कि आख़िर एक निर्देशक नाटक के लिखे हुए आलेख के साथ ऐसा क्या सुलक करता है कि वह प्रस्तुति आलेख के रूप में परिवर्तित हो जाता है। यहीं पर थोड़ा रुककर इस बात पर भी विचार कर लिया जाए, कि निर्देशक को ही किस रूप में परिभाषित किया जाए। क्या वह प्रस्तुति का व्यवस्थापक है ? क्या वह आलेख का व्याख्याकार है ? क्या वह आलेख की व्याख्या के बहाने से एक नए आलेख की रचना करता है ? यदि वह प्रस्तुति का मात्र व्यवस्थापक ही है तो यह काम तो निर्देशक के बजाए एक मंच या प्रस्तुति व्यवस्थापक ज़्यादा अच्छी तरह से निभा सकता है। यदि उसे नाटक के आलेख का व्याख्याकार माना जाए तो फिर उसमें और आलोचक में क्या

भेद है और अन्त में यदि वह नाटक की व्याख्या के बहाने से अपना एक नया प्रस्तुति–आलेख रचता है तो वह दिखाई कहाँ पड़ता है ? नाटक के शब्द वही रहते हैं, नाटक की कहानी वही रहती है और नाटक के चरित्र भी वही रहते हैं। यदि वह अपनी ओर से इनमें कोई हेरफेर करता है, तब तो निश्चय ही उसकी एक नई रचना को रेखांकित किया जा सकता है। लेकिन अगर ऐसा नहीं है तब उसे किस नई रचना के सृजन का श्रेय दिया जाए।

मैं समझता हूँ कि उपर्युक्त सभी प्रश्नों और जिज्ञासाओं के उत्तर नाटक के आलेख से लेकर उसकी प्रस्तुति तक की पूरी प्रक्रिया में से खोजे जा सकते हैं। सबसे पहले एक लिखे हुए और प्रस्तुत हो रहे नाटक में क्या अन्तर है ? उत्तर बहुत साफ़ है। जिस आलेख को नाटककार ने मात्र शब्दों के माध्यम से रचा है वह प्रस्तुति में जीवन्त अभिनेताओं के माध्यम से उजागर होता है। इतना ही नहीं वे जीवन्त पात्र एक सचमुच के जीते जागते परिवेश के साथ होते हैं, चरित्रों के आपसी सम्बन्धों और तनाव के साथ। अर्थात्, जो कहानी नाटक में शब्दों के रूप में वर्णित होती है और पाठक द्वारा मात्र शब्दों के रूप में ही अनुभूत की जा सकती है, उसे नाटक की प्रस्तुति के दौरान वही पाठक घटित होते हुए देखता है। कहा तो यह भी जाता है कि अपने नाटक का पहला दर्शक नाटककार स्वयं हुआ करता है। लेकिन यह मात्र अर्धसत्य है क्योंकि नाटककार ने कितने भी प्रामाणिक रूप में अपने मन–मस्तिष्क में किसी नाटक की दृश्य प्रस्तुति को क्यों न रच लिया हो, इस बात की क्या गारंटी है कि जब नाटक का मंचन होगा तो उसे कौन निर्देशक और कौन से अभिनेता प्रस्तुत करेंगे, यह पहले से कैसे निश्चित् किया जा सकता है। अतः यह स्वाभाविक ही है कि नाटककार के चाक्षुष बिम्ब और चित्र अलग-अलग हों। इतना ही नहीं यदि नाटककार को यह मालूम भी हो कि उसके नाटक को कौन निर्देशक और कौन से अभिनेता मंचित कर रहे हैं तब भी नाटक के लिखित आदेश के निहितार्थ और प्रस्तुति के निहितार्थ में ज़मीन आसमान का फ़र्क हो सकता है।

दरअसल, निर्देशन प्रक्रिया का सबसे महत्त्वपूर्ण पक्ष यही होता है, जिसकी ओर दर्शक का ध्यान नहीं जाता। वह प्रायः प्रस्तुति के बाह्य उपकरणों जैसे कि मंचसज्जा, वेशभूषा प्रकाश, संगीत और दूसरी इसी तरह की बाह्य चीज़ों में उलझकर रह जाता है, इसीलिए एक निर्देशक की रचनात्मक यात्रा से वह अपरिचित रह जाता है। यूँ भी यह रचनात्मक यात्रा पहले स्वयं निर्देशक के भीतर और फिर उसके बाद प्रस्तुति के भीतर और फिर उसके बाद प्रस्तुति के भीतर इतने अमूर्त और सूक्ष्म रूप में घटित होती है कि यदि दर्शक उसे अलग से नहीं देख पाता तो उसका कोई दोष नहीं। प्रस्तुति के दूसरे पक्ष जो सीधे-सीधे उसे दिखाई दे जाते हैं वह उन्हें ही निर्देशन की रचनाप्रक्रिया के अंग मानकर अतिश्री कर लेता है।

स्थूल रूप से निर्देशन प्रक्रिया को कई चरणों में बाँटा जा सकता है। सबसे पहले आलेख का चुनाव। वह आलेख किसी नाटक का हो, कहानी का हो, उपन्यास का हो,

कविता का हो अथवा स्वयं निर्देशक द्वारा लिखा गया हो, उसे एक ज़रूरी सवाल का सामना करना पड़ता है और वह यह कि वह उसी आलेख विशेष को क्यों मंचित करना चाहता है। उस आलेख विशेष की उसके अपने लिए क्या सार्थकता है और उसके बहाने से दर्शकों के लिए क्या सार्थकता है। जैसा कि बार-बार कहा और दोहराया जा चुका है कि नाटक सदैव अपने समकालीन वर्तमान में घटित होता है अतः दर्शकों के लिए सार्थकता का प्रश्न भी उसी क्षण प्रेक्षागृह में उपस्थित दर्शकों से जुड़ा है। इसी प्रश्न का एक दूसरा पक्ष यह है कि किसी आलेख विशेष के भीतर से निर्देशक कौन सी अर्थध्वनियों को ध्वनित करना चाहता है। एक ही नाटक की अलग अलग निर्देशक के लिए अलग अलग अर्थ ध्वनियाँ हो सकती हैं। इस दृष्टि से शायद हर कला और विधा अपने आप में मुक्त और स्वतन्त्र है कि वह अपने पाठक, श्रोता या दर्शक को स्वयं अपना अर्थ निश्चित् करने की प्रेरणा दे।

प्रक्रिया का दूसरा चरण नाटक की उस तैयारी से सम्बद्ध है जिसमें अभिनेता मंडली और मंचन से जुड़े दूसरे अभिकल्पक आपस में मिल जुलकर नाट्य प्रस्तुति का एक सम्भावित ढाँचा तैयार करते हैं। यह अलग बात है कि उस सम्भावित ढाँचे तक पहुँचने की प्रक्रिया एक-दूसरे से अलग हो सकती है। इस विषय में कम से कम दो विकल्प तो हमेशा मौजूद रहते हैं। एक वह जिसमें निर्देशक स्वयं पहल से सब कुछ निश्चित् कर ले और दूसरा वह जिसमें वह अभिनेताओं को स्वयं खोजने, रचने के अवसर प्रदान करे और उनके काम में से प्रस्तुति के लिए अन्तिम चुनाव करता चले। एक सीधा सा तीसरा विकल्प उपर्युक्त दोनों रास्तों के बीच का अथवा उनका मिश्रण ही हो सकता है। हम निर्देशन प्रक्रिया के लिए कोई भी रास्ता क्यों न अपनाएँ, नाटक के मौन, मृतप्राय उद्‌धृत शब्दों को गति देना, जीवन देना और अन्ततः शब्द से परे अर्थ की तरफ़ संकेत करना ही निर्देशन प्रक्रिया का सबसे अहम् पहलू है। इसी अर्थ में निर्देशक व्यवस्थापक और व्याख्याकार की सीमाओं को लाँघकर सचमुच के सर्जक कलाकार की भूमिका में उतरता है। इस भूमिका में उसके साधन भी दूसरी कलाओं एवं विधाओं से भिन्न हैं। यहाँ दूसरी कलाएँ या विधाएँ मात्र निर्जीव सामग्री और शब्दों पर आधारित होती है। वहाँ निर्देशक का माध्यम एक जीवन्त तत्त्व है और वह है अभिनेता। इसलिए निर्देशन प्रक्रिया की सबसे मार्मिक कड़ी है निर्देशक और अभिनेता के पारस्परिक सम्बन्ध। यह जितने ही समझ, सूझबूझ और परिपक्वता से भरपूर होंगे उतना ही प्रस्तुति में निखार आएगा। प्रायः निर्देशक इस तथ्य को अनदेखा कर जाते हैं कि वह अपनी परिकल्पना को जिन औजारों के माध्यम से दृश्य रूप में मंच पर प्रस्तुत करते हैं वह औजार भी जीते-जागते हाड़मांस के पुतले हैं और कितना भी क्यों न चाहें उन्हें कठपुतली बनाकर नहीं रख सकते। निर्देशक किसी भी नाटक का कथ्य किसी भी हद तक निश्चित् क्यों न कर ले, स्वयं अभिनेता की अपनी सोच, संवेदना और व्यक्तित्व का कुछ न कुछ अंश तो रहेगा ही। इसीलिए निर्देशन प्रक्रिया का यह दूसरा चरण उसका सबसे जटिल पड़ाव है।

नाटक का एक विशेष क्षण में दर्शकों के सामने प्रस्तुत किया जाना निर्देशन प्रक्रिया का तीसरा और अन्तिम चरण है। इस प्रक्रिया का सबसे बड़ा अन्तर्विरोध यही है कि जो निर्देशक पहले दोनों चरणों में मुख्य भूमिका निभाता है, प्रस्तुति के समय उसकी उपस्थिति का कोई अर्थ और महत्त्व नहीं रह जाता। बेशक प्रस्तुति के प्रत्येक अंग में और प्रत्येक अंश में वह अदृश्य रूप से विद्यमान है लेकिन जब नाटक मंच पर हो रहा होता है तो उसकी पूरी ज़िम्मेदारी अभिनेता मंडल और दूसरे पार्श्व कर्मियों पर टिकी रहती है। निर्देशक चाहे भी तो उस समय कोई हस्तक्षेप नहीं कर सकता। इतना ही नहीं जैसे अभिनेता मंडली प्रदर्शन प्रक्रिया के दौरान एक ढाँचे में बँधी होकर भी मुक्त एवं स्वतन्त्र है उसी तरह दर्शक मंडली भी नाटक की प्रस्तुति में से अपने साथ क्या अर्थ लेकर जाता है, इसे निश्चित् करने के लिए पूरी तरह से स्वतन्त्र है। इस अर्थ में नाट्य प्रस्तुति में निर्देशक और दर्शक का रिश्ता लगभग एक लेखक और पाठक जैसा होता है। जैसे रचना के समाप्त और प्रकाशित रूप में पाठक के सामने आने के बाद लेखक उससे मुक्त हो जाता है। यद्यपि रंगमंच जैसे गतिशील माध्यम में यह सुविधा फिर भी उपलब्ध है कि हर प्रदर्शन के बाद निर्देशक चाहे तो उसके रद्दोबदल कर सकता है। लेकिन यह सुविधा मंच पर घटित होने के क्षण में उसे उपलब्ध नहीं हो सकती। वास्तव में नाट्य कला का यही सबसे बड़ा मर्म और रहस्य भी है कि जो निर्देशक आरम्भ से लेकर अन्त तक हर चीज़ का नियामक होता है वह भी प्रस्तुति के क्षण में एक भोले-भाले शिशु की तरह से अपनी रचना को देख रहा होगा। यह भी नितान्त सम्भव है कि अपनी तैयार की गई रचना को देखते हुए उसे उसमें फिर से नए-नए अर्थ दिखाई देने लगे।

प्रायः हर प्रस्तुति के बाद कुछ ऐसे दर्शकों से सामना होता है, जिनके मन में हमेशा यह जिज्ञासा बनी रहती है कि नाटक की प्रस्तुति अपने दृश्य रूप में मंच पर कैसे सम्भव होती है। यों कहने को यह एक बहुत ही साधारण-सा प्रश्न है, लेकिन यदि इस प्रश्न पर सोच-विचार किया जाए तो सचमुच में नाटक के आलेख से प्रस्तुति तक की यात्रा उतनी सीधी और सपाट नहीं होती, जैसी कि वह दर्शकों को दिखाई पड़ती है। यह अकारण नहीं है कि हमारे यहाँ और पश्चिम में भी इस सम्बन्ध में दो शब्दों का प्रचलन होता रहा है। नाटक का पाठ्यलेख और नाटक का प्रस्तुति आलेख। पाठ्यलेख से नाटक के उस आलेख से अभिप्राय है, जो लिखित रूप में हमें नाटककार से प्राप्त होता है और प्रस्तुति आलेख नाटक के उस आलेख से ताल्लुक रखता है, जो नाटक की प्रस्तुति प्रक्रिया के दौरान और अन्ततः नाटक की प्रस्तुति के बाद अपना अन्तिम स्वरूप ग्रहण करता है। अंग्रेज़ी में इन दोनों आलेखों को ड्रामेटिक टैक्स्ट और परफार्मेंस टेक्स्ट के नाम से जाना जाता है। यह भी सम्भव है कि कई प्रस्तुतियों का पहले से कोई आलेख न हो और प्रस्तुति के बाद ही उसका एक निश्चित् आलेख तैयार किया जाए। इसी के साथ जुड़ा एक अन्य मत यह भी है कि नाटक के लिखित आलेख और प्रस्तुति आलेख में भेद करना और उन्हें दो अलग-अलग आलेखों के रूप में देखना निहायत

ही एकांगी दृष्टिकोण का परिचायक है, क्योंकि जब हम यह मानते हैं कि नाटक अपने-आप में एक प्रदर्शनकारी विधा है तो फिर उसके लिखित आलेख की अलग से कोई सार्थकता नहीं रह जाती और अन्ततः यही आलेख प्रदर्शन के माध्यम से प्रस्तुति आलेख में परिवर्तित हो जाता है। बहरहाल, हम चाहे दोनों आलेखों को एक मानें अथवा अलग-अलग, इस बात से इनकार नहीं किया जा सकता कि नाटक के लिखित आलेख को जिस रूप में हम मंच पर घटित होते हुए देखते हैं, उसके पीछे बहुत से लोगों की सोच, समझ और सहयोग का हाथ रहता है, जिससे हमारा दर्शक प्रायः अनभिज्ञ रह जाता है। यही कारण है कि कई बार वह किसी प्रस्तुति को उसकी समग्रता में अनुभूत नहीं कर पाता। अतः यह निहायत ही ज़रूरी हो जाता है कि हम नाट्यलेख से प्रस्तुति तक की यात्रा को हूबहू दर्शक के लिए शब्दबद्ध करने का प्रयास करें।

इस यात्रा का पहला चरण है आलेख का चुनाव। आमतौर पर यह चुनाव निर्देशक का होता है, क्योंकि कहा जाता है कि अपनी प्रस्तुति का पहला पाठक, दर्शक और यहाँ तक कि समीक्षक भी निर्देशक ही होता है। कई बार ऐसा भी होता है कि निर्देशक स्वयं अकेले किसी आलेख का चुनाव न करे। वह अभिनेताओं की मंडल के साथ एक साथ कई नाटकों का पाठ करे और फिर आपस में विचार-विमर्श करके किसी एक आलेख का प्रस्तुति के लिए चयन किया जाए। हम नाटक के चुनाव के लिए कोई भी प्रक्रिया क्यों न अपनाएँ, हमें सबसे पहले एक ज़रूरी सवाल का सामना करना पड़ता है—आख़िर हम किसी भी नाटक अथवा रचना का मंचन के लिए क्यों चयन करते हैं ? कहने का तात्पर्य यह है कि आख़िर उस नाटक में क्या है, जो हमें उसके मंचन के लिए प्रेरित करता है ? ज़ाहिर है कि हर नाटक में एक कहानी होती है और वह कहानी हमारी ज़िन्दगी से जुड़े किसी भी पक्ष को जितने गहरे जाकर उद्घाटित करती है, वह नाटक उतना ही आकर्षित करता है। बेशक यह कथ्य अकेले व्यक्ति से जुड़ा हो, व्यक्ति और परिवार से जुड़ा हो, व्यक्ति और समाज के आपसी सम्बन्धों से ताल्लुक रखता हो अथवा व्यक्ति, समाज और राजनीतिक व्यवस्था के भीतर से बुना गया हो, सवाल यह है कि यह हमारे लिए क़ितना सार्थक है ? इस बात को भी रेखांकित किया जाना बेहद ज़रूरी है कि नाटक की कहानी चाहे किसी भी काल, युग, मिथक, पुराण, लोककथा अथवा इतिहास से सम्बद्ध हो सकती है, लेकिन उसे सार्थक हमेशा वर्तमान में ही होना होता है। इसीलिए ज़्यादा अच्छे नाटक वही माने जाते हैं, जो अपने समय की सीमाओं को लाँघकर कालजयी और सार्वजनीन हो जाते हैं। इसमें कोई सन्देह नहीं कि तात्कालिक विषयों और समस्याओं पर भी अच्छे नाटक लिखे जा सकते हैं, लेकिन देखा यही गया है कि एक समय के बाद वे नाटक उतने सार्थक नहीं रह जाते। दरअसल हर समय और हर युग के लिए सार्थक एवं अर्थपूर्ण होने की क्षमता सिर्फ़ नाटक से ही नहीं, वरन् कला एवं साहित्य की हर विधा से अपेक्षित है। यदि ऐसा न होता तो आज भी हम बार-बार संस्कृत, ग्रीक और शेक्सपीयर के नाटकों की ओर क्यों लौटते हैं ? मात्र एक रात में रचित भारतेन्दु का नाटक 'अँधेर नगरी' लिखे जाने के एक सौ बीस बरस बाद

भी क्यों इतना ताज़ा लगता है ? इसका एकमात्र उत्तर यही है कि हम हर बार इन नाटकों में से अपने लिए, अपने दर्शकों के लिए और अपने समय के लिए भी कुछ न कुछ नया खोज लेते हैं।

पूर्व हो या पश्चिम, जहाँ तक रंगमंच का सम्बन्ध है, नाटककार और निर्देशक का आपसी रिश्ता हमेशा से किसी-न-किसी रूप में चर्चा का केन्द्र रहा है। इस रिश्ते अथवा समीकरण की पहली कड़ी तो यही है कि अन्ततः रचना को लेकर किसका प्रभुत्व स्वीकार किया जाए—नाटककार का अथवा निर्देशक का ? नाटककार का मानना है कि नाटक की मूल परिकल्पना, क्योंकि उसकी अपनी खोज है, इसलिए रचना पर मुख्य स्वामित्व उसी का है। इसके विपरीत निर्देशक की मान्यता यह है कि अब नाटक जिस रूप में दर्शकों के सामने प्रस्तुत किया जा रहा है, उसका पूरा उत्तरदायित्व उसका है। इसी प्रसंग का दूसरा विवादास्पद पक्ष यह है कि नाटक के लिखित आलेख में मंचन की दृष्टि से परिवर्तन करने का अधिकार किसका है ? और तीसरा और अन्तिम मुद्दा प्रायः यह भी उठता रहता है कि इन दोनों में से वस्तुतः सृजनात्मक स्तर पर रचयिता किसे माना जाए ? नाटककार को, जिसने रचनात्मक कृति के रूप में एक नाटक का सृजन किया है अथवा निर्देशक को, जिसने पहले से लिखित एक आलेख को दृश्यरूप में मंच पर प्रस्तुत किया है ?

देखा जाए तो उपर्युक्त सारे विवाद मुख्य रूप से प्रदर्शनकारी कलाओं से जुड़े हैं, जिनमें कुछ हद तक रंगमंच के साथ-साथ संगीत, नृत्य और फ़िल्म को भी रखा जा सकता है। सुप्रसिद्ध रंगनिर्देशक शम्भु मित्र ने 'किसे कहते हैं अभिनय कला' शीर्षक एक लघु-प्रबन्ध में गीत-रचना के बहाने से इसी दिलचस्प रिश्ते की ओर संकेत किया है जब वह कहते हैं कि गीत के शब्द एक व्यक्ति लिखता है, उसकी धुन दूसरा व्यक्ति तैयार करता है और उसे स्वर कोई तीसरा व्यक्ति देता है—इस प्रकार गीतकार, संगीतकार और गायक से जुड़कर गीत को अन्ततः किसकी सम्पत्ति माना जाए ? यदि ये तीनों ज़िम्मेदारियाँ एक ही व्यक्ति निभा रहा है, तब तो बहस की कोई गुंजाइश ही नहीं रह जाती, लेकिन प्रायः ऐसा बहुत कम होता है। फ़िल्म जैसे माध्यम में इस विवाद को काफ़ी हद तक सुलझा लिया गया है, क्योंकि वहाँ फ़िल्म की कथा-पटकथा प्रायः निर्देशक स्वयं ही लिखता है अथवा अपनी परिकल्पनानुसार किसी से लिखवाता है। फिर भी कभी-कभी वहाँ भी ऐसे विवाद उठ खड़े होते हैं, जब कोई फ़िल्म निर्देशक किसी साहित्यिक कृति को लेकर फ़िल्म बनाने का निर्णय करता है। वहाँ यदि विवाद की स्थिति बनती है तो भी समझ में आता है, क्योंकि साहित्य और फ़िल्म दोनों एक-दूसरे से बिलकुल अलग माध्यम हैं। दूसरी ओर साहित्य, चित्रकला, मूर्तिकला, फोटोग्राफ़ी आदि विधाओं में ऐसे विवाद का प्रश्न ही उत्पन्न नहीं होता क्योंकि ये सारी कलाएँ या विधाएँ मूल स्वरूप में एकमात्र सर्जक की कलाएँ हैं। यहाँ रचना के स्तर पर किसी दूसरे व्यक्ति का हस्तक्षेप सम्भव ही नहीं है। संगीत और नृत्य भी अपनी मूल प्रकृति में चूँकि ऐकान्तिक कलाएँ हैं, अतः वहाँ भी प्रायः इस प्रकार की स्थितियाँ कभी जन्म नहीं लेतीं।

कम-से-कम वाद्य-संगीत रचना और नृत्य में तो नहीं ही।

क्या अपने-आप में यह सबसे ज़्यादा रोचक स्थिति नहीं है कि रचनाकार और निर्देशक के बीच सबसे ज़्यादा विवाद, बहस-मुबाहिसे, सहमति-असहमति उसी विधा में नहीं हुए हैं जिसमें दोनों कारक तत्त्व एक-दूसरे के पूरक हैं ?

वास्तम में, निर्देशक नाम के व्यक्तित्व का उदय फ़िल्म कला के जन्म के साथ हुआ है अर्थात् कुल मिलाकर एक सौ पाँच बरस पहले ही निर्देशक का आगमन हुआ और वह भी पहले एक कैमरामैन के रूप में, फिर एक सम्पादक के रूप में और अन्ततः एक निर्देशक के रूप में उसने अपनी स्वतन्त्र सत्ता ग्रहण की। उन्नीसवीं शताब्दी के उत्तरार्द्ध में रंगमंच में भी निर्देशक की आवश्यकता एवं अपरिहार्यता महसूस की गई और अधिकृत रूप से जर्मनी के ड्यूक ऑफ सैक्समाइनिंजन को आधुनिक रंगमंच का पहला निर्देशक माना जाता है, जिसने अपनी संस्था सैक्सेमाइनिंजन प्लेयर्स के साथ अभिनेताओं के बहुत बड़े समूह को लेकर 1874-1916 के बीच कई नाटकों का मंचन किया। इससे पूर्व रंगमंच में पूर्वाभ्यास की ज़िम्मेदारी नाटककार, मुख्य अभिनेता, नाट्य संस्था के प्रबन्धक और यहाँ तक कि प्राम्प्टर की हुआ करती थी। लेकिन निर्देशक के आगमन के बाद नाटककार बनाम निर्देशक का प्रश्न बड़े उग्र रूप में उठा। और, इन विवादों का इतना असर पड़ा है कि निर्देशक स्वयं ही नाटककार बन बैठे अथवा नाटककार अपने नाटकों का निर्देशन भी करने लगे। यह अलग बात है कि पश्चिम में ब्रेष्ट को छोड़कर कोई दूसरा ऐसा व्यक्तित्व नहीं हुआ, जो रचनाकार भी उतना बड़ा हो और उनकी प्रस्तुतियों के लिए भी उतना ही चर्चित हुआ हो। जॉर्ज बर्नार्ड शॉ भले ही एक नाटककार के रूप में जाने जाएँ, लेकिन अपने नाटकों को स्वयं प्रस्तुत करने के चक्कर में वह सब कुछ चौपट कर बैठते थे। हमारे यहाँ बादल सरकार, अरुण मुखर्जी, मोहित चटर्जी जैसे नाटककारों ने निर्देशक बनने की भी कोशिशें की लेकिन उनकी पहचान मुख्यतः एक नाटककार के रूप में अथवा निर्देशक—एक ही स्तर पर की जाती है। प्रसन्ना और मोहन महर्षि और निर्देशक नाट्य-रचना भी करते रहें हैं, लेकिन वे स्वतन्त्र रूप से नाटककार के रूप में कभी भी स्थापित नहीं हो पाए। यहाँ तक कि उनके लिखे और प्रकाशित नाटकों को दूसरे निर्देशकों ने भी कभी हाथ नहीं लगाया। कमोबेश यही स्थिति हबीब तनवीर की भी है, जो दूसरे नाटककारों की रचनाओं की बेहतरीन प्रस्तुतियों के लिए ज़्यादा जाने जाते हैं।

यदि हम रंगमंच के कम-से-कम पिछले ढाई-तीन हज़ार वर्षों के इतिहास को उठाकर देखें तो सच्चाई कुछ और ही दिखाई पड़ती है। भारत हो या पश्चिम—रंगमंच के आरम्भिक किन्तु पूरी तरह से विकसित दौर में मात्र नाटककार ही रंगमंच के सारे क्रिया-कलाप के केन्द्र में था। यूनान में नाटककार रचना का सर्जक भी होता था और प्रायः वही मुख्य अभिनेता की भूमिका भी निभाता था और प्रस्तुति का नियन्ता भी वही होता था (यदि उसे आज के निर्देशक का पर्याय मान लिया जाए तो)। हाँ, प्रस्तुति के व्यववस्था पक्ष के प्रबन्धन के लिए उसके साथ नगर के धनी-मानी लोगों का समूह जुड़ा

रहता था, जिन्हें 'कोरिगिस' कहा जाता था। लगभग यही स्थिति भारत में भी थी। रंगमंच में सम्पूर्ण रूप से नाटककार का वर्चस्व छाया हुआ था। यह तो जानकारी नहीं प्राप्त होती कि यह स्वयं भी नाटक में अभिनय दिया करता था लेकिन आज जिस रूप में उसके नाटकों के आलेख हमें प्राप्त होते हैं, वे निश्चित् रूप से प्रस्तुति के बाद के आलेख हैं और प्रस्तुति की तैयारी में उसका अच्छा-ख़ासा दख़ल रहता होगा। यूँ यहाँ भी सूत्रधार के रूप में किसी ऐसे व्यक्ति की उपस्थिति की सूचना मिलती है जो प्रस्तुति का निर्दशक हो अथवा प्रबन्धक और कोई आश्चर्य नहीं कि वह स्वयं नाटककार हो, ताकि नाटकी तैयारी में शुरू से आख़िर तक जुड़े रहकर यह प्रस्तुति के अन्तिम स्वरूप निर्धारण में अपनी अहम् भूमिका अदा कर सके। इस प्रकार लिखित आलेख से उसकी प्रस्तुति तक की सारी प्रक्रिया में नाटककार ही केन्द्र कें था, अतः नाटककार बनाम निर्देशक जैसे विवाद का कोई नामोनिशान भी नहीं मिलता। नाटककार और निर्देशक विवाद की तो बात ही जाने दीजिए, कहीं ऐसे भी किसी प्रसंग का उल्लेख नहीं मिलता कि नाटककार और अभिनेता के बीच ही कोई ऐसा विवाद हुआ हो। यदि भरत और अरस्तू जैसे सिद्धान्तकारों के नामों को अपवाद स्वरूप छोड़ दिया जाए तो रंगमंच के इस आरंभिक दौर में हमें नाटककार की महत्त्वपूर्ण स्थिति और उपस्थिति के अतिरिक्त और किसी के उतना महत्त्वपूर्ण होने की कोई सूचना नहीं मिलती।

यदि इसी परिप्रेक्ष्य में पूरी दुनिया के मध्यकालीन रंगमंच पर दृष्टिपात करें तो भी स्थिति में कोई ख़ास अन्तर उत्पन्न हुआ नहीं जान पड़ता—सिवाय इसके कि अब नाटककार की बजाय अभिनेता केन्द्र में आ गया। पश्चिम में ईसाई धर्म के प्रचार हेतु आरम्भ हुई रंगपरम्परा में न तो नाटककार महत्त्वपूर्ण था और न ही अभिनेता। बाद में पन्द्रहवीं-सोलहवीं शती में यूरोप में आए रेनेसाँ के दौर ने इटली में विकसित 'कामेदिया दे' लार्ते' जैसी आशु हास्यनाट्य परम्परा ने अवश्य अभिनेता को प्रतिष्ठित किया। नाटककार तो वहाँ भी नहीं था क्योंकि कोई लिखित आलेख हुआ ही नहीं करता था। बहुत बाद में इटली में ही इस शैली से प्रेरित गोज़ी और गोल्डिनी जैसे नाटककारों का जन्म हुआ। इन्हीं के आसपास पहले इंग्लैंड में शेक्सपीयर और बाद में फ्रांस में मौलियर, रासीन जैसे नाटककारों का दौर आया जिन्होंने पुनः नाटककार को रंगमंच के सर्वोच्च शिखर पर ला खड़ा किया लेकिन निर्देशक का तब तक भी कहीं कोई अस्तित्व नहीं था। शेक्सपीयर और मौलियर के स्वयं अभिनेता हीन की जानकारी अवश्य मिली है लेकिन वे स्वयं कभी मुख्य भूमिकाओं में उतरे हों, ऐसा पता नहीं चलता। हाँ, एक-दूसरे पक्ष से उन्होंने अभिनेता को केन्द्र में लाने में अपनी अहम् भूमिका अवश्य निभाई और वह यूँ कि दोनों नाटककार रंगमंडलियों से जुड़े हुए थे, अतः मंडली के किस अभिनेता को सामने रखकर कौन-सा नाटक और कौन से चरित्र की रचना करनी है, यह उनके सामने पहले से स्पष्ट रहता था। अतः अभिनेता और नाटककार के बीच किसी प्रकार के विवाद की सम्भावना ही नहीं रहती थी। इतना ही नहीं, मुख्य अभिनेता, मंडली प्रमुख अथवा स्वयं नाटककार भी निर्देशक की-सी स्थिति में हो सकता था, अतः

अलग से किसी व्यक्ति की आवश्यकता नहीं होती थी।

भारत में मध्यकालीन लोकधारा के रंगमंच में सूत्रधार का महत्त्वपूर्ण स्थान अवश्य रहता था और उसे निर्देशक का पर्याय भी माना जा सकता है। लेकिन नाटक का आलेख यहाँ भी मौखिक हुआ करता था और सूत्रधार से ज़्यादा तो अभिनेता का उसमें हस्तक्षेप रहता था। यहाँ तक कि कई बार तो अभिनेता मंच पर आशु रचना करते-करते मुख्य कथा से इतनी दूर भटक जाते थे कि सूत्रधार को किसी टिप्पणी, सूचना पर वापस लाना पड़ता था। इस प्रकार नाटककार के एक लिखित आलेख की अनुपस्थिति ने नाटककार बनाम अभिनेता अथवा निर्देशक जैसे किसी भी प्रकार के अनचाहे तर्क-वितर्क को बीच में आने ही नहीं दिया। यही नहीं, रंगमंच के आरम्भ से ही नाटकों के चिर-परिचित कथानक भी इसके लिए ज़िम्मेदार थे—नाटक लिखित हो अथवा मौखिक, मध्यकाल तक चले आए उनके कथानकों की स्थिति यह थी कि दर्शक पहले से ही पूरी कहानी से परिचित होते थे, अतः वे केवल अभिनेता की अभिनय कला को देखने, सराहने और उससे आनन्दित होने के लिए ही नाटक देखने आते थे।

उन्नीसवीं शताब्दी के उत्तरार्द्ध से पहले तक रंगमंच में जितना भी नाट्य लेखन हुआ, वह नाट्य धर्मी था और उसकी प्रस्तुति भी उसी शैलीबद्धता के साथ की जाती थी। अभिनेता सीधे-सीधे दर्शकों के साथ संवाद करते थे। नाटकों के कथानक जाने-पहचाने हुआ करते थे और वे ईश्वर, राजा, अलौकिक तत्त्वों से जुड़ी नाटकीयता से भरपूर होते थे। नाटकों की कहानी चूँकि दर्शकों के लिए कोई रहस्य नहीं हुआ करती थी, अतः वे वास्तव में कहानी से ज़्यादा अभिनेता की कला का आस्वाद लेने आया करते थे। इसीलिए नाटकों की प्रस्तुतिशैली भी 'चरित्रपरक' (रिप्रेजेन्टेशनल) न होकर 'प्रदर्शन अथवा प्रस्तुतिपरक' (प्रेजेन्टेशनल) हुआ करती थी। बाद में इसी प्रस्तुतिशैली से प्रेरित होकर ब्रेष्ट ने अपने महाकाव्यात्मक रंगमंच और अलगाव के सिद्धान्त की अवधारणा को विश्व रंगमंच में प्रतिष्ठित किया।

इतिहास के क्रम में क्रमशः राजनैतिक व्यवस्था, विज्ञान और फलस्वरूप मिले नए-नए आविष्कार और अठारहवीं शती की औद्योगिक क्रान्ति—इन सबने आदमी की सोच और जीवन दर्शन को बिलकुल बदलकर रख दिया। उसने अब तक प्रचलित संस्कारों, विश्वासों, कर्मकांडों और यहाँ तक कि अन्ध-विश्वासों पर प्रश्नचिह्न लगाना आरम्भ कर दिया। उसे पहली बार यह अहसास हुआ कि वस्तुतः उसकी ज़िन्दगी का नियामक ईश्वर अथवा ईश्वर का प्रतिनिधि राजा नहीं है वरन् वह स्वयं है। ये जितने भी वैज्ञानिक आविष्कार हुए हैं, वे किसी आधिवैदिक शक्ति ने नहीं बल्कि उसने स्वयं किए हैं। इसी के साथ नाटकों के कथानकों में भी भारी परिवर्तन हुआ और वे पहली बार आम आदमी की ज़िन्दगी से जुड़ी घटनाओं और कहानियों को लेकर सामने आए। यही वह दौर है जब साहित्य, चित्रकला और रंगमंच की दुनिया में यथार्थवाद का आविर्भाव हुआ। पश्चिम में रंगमंच के क्षेत्र में इब्सन, चेख़व और स्ट्रिंडबर्ग जैसे नाटककार इसी युग की देन हैं। इस यथार्थवादी नाट्य लेखन ने अभिनय और प्रस्तुति

की एक नई शैली को भी जन्म दिया क्योंकि अब उस नाट्यधर्मी शैली से काम चलनेवाला नहीं था, जिसमें गीत, संगीत, कोरस, गतियों, मुद्राओं आदि के माध्यम से कथ्य को अतिरंजित शैली में प्रस्तुत किया जाता था। इन नाटकों के कथानक आम आदमी की ज़िन्दगी की रोज़मर्रा की घटनाओं—दुर्घटनाओं से जुड़े थे, वे दर्शकों के लिए पहले से जाने-पहचाने नहीं थे, अतः सीधे-सीधे दर्शकों को सम्बोधित भी नहीं थे। दूसरे शब्दों में कहें तो नाटक के कथानक ब्राहरी दुनिया से परे, घर के भीतर और उससे भी आगे आदमी अन्तरंग से जुड़ने लगे थे। अतः अब अभिनय में भी एक सूक्ष्म, प्रतिदिन के हाव-भाव और व्यवहार पर आश्रित शैली का प्रादुर्भाव हुआ, जिसमें अभिनेता दर्शकों से सम्बोधित न होकर आपस में एक-दूसरे से सम्बोधित होते हैं। यही कारण है कि प्रेक्षागृह की बनावट में भी अन्तर आया और 'प्रोसिनियम' थिएटर अथवा रंगद्वारी मंच का जन्म हुआ। इसके आविर्भाव के पीछे अवधारणा यह थी कि अब मंच पर चारदीवारों वाले एक ऐसे घर का परिवेश चाहिए, जिसकी सामने की दीवार को दर्शकों को सुविधा के लिए तोड़ दिया गया है। अभिनेता के लिए अब दर्शकों की उपस्थिति का कोई अर्थ नहीं, क्योंकि नाटक की कहानी उनके आपसी सम्बन्धों से सम्बद्ध है और उन्हीं के बीच घटित होती है। इसीलिए दर्शक अँधेरे में बैठते हैं और वे नाटक को इस तरह देखते हैं मानो किसी के घर में बाहर से झाँककर देख रहे हों।

वस्तुतः यथार्थवादी नाटकों के कथानक, अभिनय और प्रस्तुतिशैली की नई अवधारणाओं ने ही एक ऐसे व्यक्ति की ज़रूरत का अहसास दिलाया, जो बाहर अलग से बैठकर नाटक की प्रस्तुति को एक दृश्यता प्रदान कर सके। इस अर्थ में निर्देशक अपने नाटक का पहला दर्शक होता है। इसी के साथ दर्शकों और अभिनेताओं के बीच सम्प्रेषण—प्रक्रिया ने भी एक नया मोड़ लिया। जैसाकि पहले ही संकेत किया जा चुका है कि नाटक की कहानी से परिचय होने के कारण दर्शक अभिनेता के कला-कौशल को देखने आते थे, अतः उस पर अलग से किसी टिप्पणी, स्पष्टीकरण अथवा व्याख्या की दरकार नहीं होती थी। लेकिन नई कहानी के आविर्भाव ने अपनी प्रस्तुति में उसकी व्याख्या के लिए भी उत्प्रेरित किया और यह काम उस नए तत्त्व निर्देशक के ज़िम्मे आया। नाटक के इसी व्याख्या पक्ष ने उसकी पूरी दृश्यता को भी प्रभावित करना आरम्भ किया—मंच पर क्या दृश्यबन्ध होगा, उसमें अभिनेताओं की क्या गतियाँ होगी, उनकी क्या वेशभूषा होगी, उसके लिए क्या प्रकाश-व्यवस्था होगी—इन सभी तत्त्वों की पहले से निश्चित्, रूढ़िबद्ध और 'टाइप' अवधारणाओं से मुक्त होकर नाटक की आवश्यकता के अनुसार नई परिकल्पना ने जन्म लिया। इस तथ्य को अनदेखा नहीं किया जा सकता कि नाटक और रंगमंच में इस नए भावबोध, नई संवेदना और नई दृष्टि के लिए यदि किसी को पूरा श्रेय दिया जा सकता है तो वह निर्देशक है।

अभी तक निर्देशक के आविर्भाव को लेकर जितनी भी चर्चा ऊपर की गई है, वह पश्चिम का सन्दर्भ लिए है। इससे यह भ्रान्ति होना स्वाभाविक है कि रंगमंच के दूसरे तत्त्वों के समान निर्देशक भी पश्चिम की देन है और भ्रान्ति क्यों, इस बात का बड़े

ज़ोर-शोर से प्रचार किया जाता है कि निर्देशक का उदय पहले पश्चिम में ही हुआ और उसी के अनुकरण में भारत और पूर्व के दूसरे देशों में उसका चलन शुरू हुआ। मैं इस धारणा से सहमत नहीं हूँ, बल्कि मेरा मानना तो यह है कि पश्चिम में भले ही निर्देशक सौ साल पहले आया हो, हमारे यहाँ के रंगमंच में उसकी उपस्थिति का अहसास प्राचीनकाल से ही होता रहा है। यह अलग बात है कि हम उसे निर्देशक की संज्ञा से अभिहित न करना चाहें। अपने मत की पुष्टि के लिए मैं दो-तीन तथ्यात्मक उदाहरण देना चाहूँगा। नाट्याशास्त्र जैसे ग्रंथ के रचयिता भरत एक आलोचक न होकर वास्तव में एक रंग-प्रयोक्ता जान पड़ते हैं, जिन्होंने अपने सिद्धान्तों का मात्र विवेचन ही नहीं किया वरन् व्यावहारिक स्तर पर परीक्षण भी किया—यह प्रक्रिया शुद्ध रूप में निर्देशक जैसे व्यक्तित्व की रचनाप्रक्रिया से जुड़ती है। भरत के ही लगभग समकालीन अरस्तू ने भी पश्चिमी रंगमंच का पहला सैद्धान्तिक ग्रन्थ लिखा था लेकिन उससे यह कहीं भी सिद्ध नहीं होता कि वह स्वयं प्रयोक्ता भी थे। सच तो यह है कि जब अरस्तू ने अपनी पुस्तक लिखी, तो यूनानी नाट्य परम्परा लगभग समाप्त प्राय हो चुकी थी। यूँ भी अरस्तू का विवेचन नाटक के शास्त्र से उतना सम्बद्ध नहीं है, जितना कि उसके काव्य शास्त्र से। इतना ही नहीं, 'प्रोसिनियम' अथवा रंगद्वारी प्रेक्षागृह से मिलते-जुलते बन्द प्रेक्षागृह का जन्म भी रंगमंच के आदिकाल में ही भारत में विकृष्ठ मध्यम नाट्य मंडप के रूप में हो चुका था, भले ही हमारे यहाँ यथार्थवादी नाट्य लेखन एवं प्रस्तुति की परम्परा उस रूप में कभी नहीं रही, जिस रूप में उसे पश्चिम में जाना जाता है।

यदि हम चाहें तो नाटकों में उपलब्ध सूत्रधार की अनिवार्य उपस्थिति से भी निर्देशक के अस्तित्व को जोड़ सकते हैं। संस्कृत नाटकों के आरम्भ में प्रस्तावना के माध्यम से नटी और विदूषक या परिपार्श्विक के साथ वह नाटक से सम्बद्ध सारी सूचनाएँ दर्शकों को देता है—यह सूचना एक प्रकार से नाटक की अपरोक्ष व्याख्या ही है। प्रस्तावना के पश्चात् यद्यपि सूत्रधार पुनः मंच पर कभी नहीं आता लेकिन फिर भी वह नाटक के आरम्भ से अन्त तक संगीत मंडली के साथ मंच के ऊपर वाले भाग में सदैव मौजूद रहता है और वहीं से पूरे नाटक के मंचन का निरीक्षण—पर्यवेक्षण करता रहता है। उसका नाम सूत्रधार भी उसके इस गहन उत्तरदायित्व की पुष्टि करता है, क्योंकि 'सूत्र को धारण करनेवाला'—यह अर्थ ही इस बात का द्योतक है कि यह व्यक्ति मात्र प्रस्तुति प्रबन्धक ही नहीं वरन् प्रस्तुति के सभी सूत्रों का नियामक और सर्जक भी होता था।

संस्कृत रंगपरम्परा के पश्चात् लोग रंगमंच में तो सूत्रधार की भूमिका और ज़्यादा महत्त्वपूर्ण हो उठती है। अब वह नाटक के आरम्भ में आकर चुपचाप संगीत मंडली के साथ बैठा रहनेवाला व्यक्ति नहीं है बल्कि नाटक की बागडोर शुरू से लेकर आख़िर तक थामे रहता है—वह कथा गायन करता है, घटनाओं पर टिप्पणी करता है, यदि मंच पर आशु संवाद रचना करते-करते अभिनेता मूल कथा से भटक जाएँ तो उन्हें लौटाकर कथा पर केन्द्रित करने का सजग कार्य भी करता है। ये सारे कार्य कलाप आज के

सर्जक-निर्देशक की रचनाप्रक्रिया से कहाँ अलग पड़ते हैं ?

इस प्रकार यह तथ्य अपने आप में स्वयं सिद्ध है कि आज निर्देशक को हम जिस रूप में जानते हैं, वह भले ही पश्चिम की उपज हो, लेकिन उस से मिलते-जुलते रंग-सर्जक की परम्परा हमारे रंग-इतिहास में बहुत पहले से चली आ रही है।

बहरहाल, पश्चिम हो या पूर्व—आज निर्देशक की भूमिका पर पुनर्विचार हो रहा है। इस पुनर्विचार के क्या कारण हैं और यह किन पहलुओं पर केन्द्रित है, इस पर चर्चा करने से पहले निर्देशक की रचनाप्रक्रिया पर संवाद कर लिया जाए तो सुविधा होगी। कहा जाता है कि निर्देश अपनी प्रस्तुति के माध्यम से नाटककार की रचना की एक पुनर्व्याख्या करता है। यह सही है कि मात्र अपने लिखित या मौलिक रूप में नाटक जैसी विधा अपनी सम्पूर्णता को प्राप्त नहीं करती, उसे मंचन के माध्यम से ही अपनी अन्तिम परिणति तक पहुँचना होता है। निर्देशक वस्तुतः नाटककार के आलेख से प्रस्तुति आलेख तक की यात्रा का मुख्य वाहक है। सबसे पहले वही उस आलेख को पढ़ता है, यदि उसे कथ्य के स्तर पर अच्छा लगता है तो वह उसे मंच पर प्रस्तुत करने की दृष्टि से अभिनेताओं की मंडली के साथ पढ़ता है। इस चरण तक तो सभी निर्देशकों की प्रक्रिया एक समान है लेकिन इसके बाद ज्यों ही मंच पर उस आलेख का पूर्वाभ्यास आरम्भ होता है तो कम-से-कम दो विकल्प तो अलग-अलग निर्देशकों की रचनाप्रक्रिया के रूप में दिखाई देते ही हैं—एक विकल्प निर्देशक द्वारा पहले से निश्चित् करके अभिनेताओं से उसी के अनुसार पूर्वाभ्यास करवाना और दूसरा विकल्प वह, जिसमें निर्देशक अभिनेताओं को आशु रचना के लिए मंच पर खुला छोड़ दे और उनके द्वारा तैयार सामग्री में से अपने अनुसार चुनाव करता चले। अलग से दोहराने की ज़रूरत नहीं कि निर्देशक की कार्य पद्धति जिस भी विकल्प को लेकर चले, मंच-प्रस्तुति से जुड़े दूसरे पक्ष तथा मंचसज्जा, मंच-उपकरण, वेशभूषा संगीत और प्रकाश-सज्जा की यात्रा भी समानान्तर रूप से गतिशील रहती है। कभी उपर्युक्त सभी पक्षों की अभिकल्पना का काम भी निर्देशक को स्वयं करना पड़ता है और कभी हर पक्ष के लिए अलग-अलग अभिकल्पक भी हो सकते हैं।

लेकिन निर्देशक की रचनाप्रक्रिया वह केन्द्रीय बिन्दु नहीं है, जिसे लेकर रंगमंच में निर्देशक की भूमिका को लेकर पुनर्विचार हो रहा है। कहा जाता है कि रंगमंच में निर्देशक अभिनेता एवं अन्य पार्श्व रंगकर्मियों के माध्यम से नाटककार के आलेख की एक पुनर्व्याख्या अथवा सही शब्दों का इस्तेमाल करें तो एक प्रस्तुति आलेख तैयार करता है। यही वह पहलू है जिस पर निर्देशन के सन्दर्भ में प्रश्नचिह्न लगाया जा रहा है। सबसे पहली जिज्ञासा यही होती है कि क्या सचमुच में रंगमंच में कोई निश्चित् व्याख्या सम्भव है ? फिर रंगमंच ही क्यों, साहित्य अथवा दूसरी किसी कला में भी कोई एकपक्षीय व्याख्या क्या कभी सम्भव है ? साहित्य और दूसरी कलाओं में तो फिर भी यह व्याख्या मात्र दो चरणों से गुज़रती है—रचनाकार का अपना कथ्य, विचार, सन्देश या मन्तव्य और उसे पढ़ने वाले, देखने वाले और सुनने वाले की अपनी ग्राह्यता लेकिन रंगमंच में

यह प्रक्रिया बहुआयामी है—नाटककार का कथ्य, निर्देशक का कथ्य, अभिनेताओं का कथ्य, पार्श्वकर्मियों का कथ्य और अन्ततः दर्शक का कथ्य। इन सारी स्थितियों से नाट्य रचना को अनिवार्य रूप से गुज़रना पड़ता है, तो ऐसे में हम निर्देशक की किस व्याख्या की बात कर रहे हैं ? थोड़ी देर के लिए यह मान भी लिया जाए कि नाटककार से लेकर पार्श्वकर्मी के माध्यम से नाट्य-प्रस्तुति मंच पर अपना जो आकार ग्रहण करती है, उसके पीछे एक ही सोच है, तब भी इस बात की क्या गारंटी है कि दर्शक उस सोच को हूबहू वैसे ही ग्रहण करेगा, जैसे हम उससे अपेक्षा करते हैं ? साहित्य, ललित कलाओं और फ़िल्म में तो एक सीमा तक ऐसा सम्भव होना माना भी जा सकता है (यद्यपि वहाँ भी इसे लेकर मतभेद की गुंजाइश है और होती है) क्योंकि ये सभी विधाएँ एक सीमा के बाद अपने निश्चित् अन्तिम स्वरूप पर स्थिर हो जाती हैं, लेकिन रंगमंच में यह कभी सम्भव ही नहीं है क्योंकि वह निरन्तर लचीला, गतिशील और कभी भी अन्तिम परिणति तक पहुँचने वाला माध्यम नहीं है। इतना ही नहीं, रंगमंच को देखने की वैज्ञानिक पद्धति भी काफ़ी हद तक इसके लिए उत्तरदायी है—प्रेक्षागृह में बैठे अलग-अलग दर्शकों के लिए मंच पर बनने वाले दृश्य और बिम्ब अलग-अलग दिखाई पड़ते हैं। वे फ़िल्म की तरह से निश्चित् नहीं किए जा सकते। अतः रंगमंच की अपनी मूल प्रकृति में ही यह निहित है कि प्रस्तुति के कथ्य को हर दर्शक अपनी समझ, संवेदना और देखने की दृष्टि के अनुसार ग्रहण करता है। ऐसे में निर्देशक द्वारा पहले से निश्चित् और निर्धारित व्याख्या के क्या अर्थ रह जाते हैं ? निर्देशक को तो छोड़िए, क्या स्वयं रचनाकार के आलेख का भी मात्र एक ही कथ्य हुआ करता है ? यदि ऐसा होता, तब तो हरेक नाट्य-प्रस्तुति का स्वरूप एक ही जैसा होता। चलिए, बाह्य स्वरूप भले ही देखने में एक जैसा हो सकता है लेकिन आन्तरिक स्तर पर कोई भी दो प्रस्तुतियाँ दर्शकों को एक ही तरह से अनुभव नहीं दे सकती। दो प्रस्तुतियों की बात भी छोड़ दी जाए, एक ही प्रस्तुति दो अलग-अलग दिनों में उसी दर्शक वर्ग द्वारा देखी जाए, तब भी दोनों दिनों का प्रस्तुति अनुभव एक-दूसरे से बिलकुल अलग होगा।

ऐसा क्यों होता है ? इसका एकमात्र कारण यही है कि रंगमंच दूसरी कलाओं की तुलना में सम्पूर्ण रूप से एक जीवन्त माध्यम है और मंच पर अभिनेता की जीवन्त उपस्थिति के बिना उसका आस्वाद लिया ही नहीं जा सकता। प्रश्न उठाया जा सकता है कि संगीत और नृत्य में भी तो यही अपरिहार्यता है। इसमें कोई दो राय नहीं है लेकिन आज यान्त्रिक साधनों ने यह सम्भव कर दिया है कि आप गायक और नर्तक की जीवन्त उपस्थिति के बिना भी इन दोनों विधाओं का उसी अनुपात में आनन्द उठा सकते हैं, लेकिन रंगमंच में ऐसा कभी नहीं हो सकता। कहने को हम नाटक को भी वीडियो अथवा फ़िल्म पर देख सकते हैं लेकिन उस रूप में अपने वास्तविक अर्थों में उसे एक मंच-प्रस्तुति नहीं कहा जा सकता। वह नाटक का वीडियोकरण और फ़िल्मीकरण ही कहलाएगी यानी वह नाटक का मूल स्वरूप न होकर दूसरी विधा में उसका रूपान्तरण होगा।

तब क्या आदर्श स्थिति यह नहीं होगी कि नाटक के आलेख का कोई भी पाठ निश्चित् न किया जाए, उसे बिलकुल खुला छोड़ दिया जाए और यह विकल्प दर्शकों के लिए छोड़ दिया जाए कि नाटक देखने के बाद वे अपना कौन-सा पाठ अपने साथ लेकर लौटते हैं। सुनने या पढ़ने में यह विचार नितान्त सतही लग सकता है लेकिन क्या सचमुच में ही ऐसा नहीं होता ? जब-जब अभिनेताओं ने किसी आलेख का पाठ बिलकुल निसंग, भावशून्य और किसी पूर्वग्रह के बिना किया है, दर्शकों के लिए उसकी अर्थवत्ता और भी बढ़ गई है। उदाहरण के लिए असंगत, संवादहीनता और जीवन की अर्थहीनता के बारे में जितने भी नाटक लिखे गए हैं, सबसे ज़्यादा जीने का अर्थ उन्हीं नाटकों के मंचन को देखकर समझ में आता है।

रंगमंच में निर्देशक की भूमिका पर एक और पहलू से भी विचार किया जाना चाहिए—यह सच है कि वह पूरी नाट्य मंडली का सर्वेसर्वा है, लेकिन जब नाटक सचमुच में घटित हो रहा होता है तो उसका उस प्रदर्शन पर कोई नियन्त्रण नहीं होता और उस क्षण उसकी सशरीर उपस्थिति का भी कोई महत्त्व नहीं होता। उस समय प्रस्तुति पूरी तरह से अभिनेताओं के नियन्त्रण में होती है और उन्हीं के विवेक पर कार्य करती है। नाटक और रंगमंच अभिनेता का माध्यम है—मंच पर उसकी उपस्थिति के अतिरिक्त और विशेष महत्त्व को भी इसी परिप्रेक्ष्य में देखा जाना चाहिए।

रंगमंच का स्वयं में एक शुद्ध माध्यम न होना भी एक ऐसा तथ्य है, जिसे प्रतिपादित विषय के सन्दर्भ में अनदेखा नहीं किया जा सकता। साहित्य, चित्रकला, स्थापत्य, संगीत—तात्पर्य यह है कि कोई भी ऐसी कला और विधा नहीं है जिसका रंगमंच ऋणी न हो। ये कलाएँ और विधाएँ फ़िल्म जैसे माध्यम से भी संक्रमण करती हैं, किन्तु वहाँ अन्ततः निर्देशक ही फ़िल्म कृति को एक अन्तिम रूप प्रदान करता है, जबकि रंगमंच में निर्देशक किसी सीमा तक जाकर भी अपना वर्चस्व कायम कर ले, उसकी कृति सदैव अपूर्ण ही रहती है। हमारे शास्त्रों में भी जहाँ दूसरी कलाओं को शुद्ध कलाओं का दर्जा दिया गया है, वहाँ रंगमंच को एक संकीर्ण अथवा मिश्रित कला का नाम दिया गया है। रंगमंच के सन्दर्भ में यह बार-बार कहा जाता है कि इस माध्यम का अपना तत्त्व कौन-सा है ? आलेख उसने साहित्य से लिया, दृश्य सज्जा, चित्रकला और स्थापत्य से ली, संगीत तो संगीत से आया ही, मुद्राएँ और गतियाँ नृत्य से ली गईं। ले-देकर अभिनय ही अकेला ऐसा तत्त्व बचा रहता है, जो रंगमंच को एक स्वतन्त्र कला का स्थान दिला सकता है और इसकी रचनाप्रक्रिया में निर्देशक का कोई दखल नहीं है।

इस सारी पृष्ठभूमि और विवेचन के पश्चात् यह सवाल उठाना जाना स्वाभाविक है कि फिर रंगकर्म में निर्देशक की कोई भूमिका हो सकती है ? यदि हाँ, तो उसे किस रूप में पुनर्परिभाषित किया जाए ? जैसाकि हम इस लेख की पूर्व पीठिका में ही विचार कर आए हैं, रंगमंच के लगभग पाँच हज़ार बरस के उपलब्ध इतिहास में निर्देश भले ही अपने आज के नाम से न जाना जाता रहा हो, लेकिन वह वहाँ पर उपस्थित था अवश्य। यदि ऐसा नहीं था तो रंगमंच के इतिहास में आज तक जितने भी नए सिद्धान्तों

एवं अवधारणाओं का जन्म हुआ, उनके जन्मदाता, नाटककार, आलोचक एवं निर्देशक न होकर अभिनेता स्वयं होते। इस दृष्टि से भरत, अरस्तू, जियामी, आर्तो, स्टानिस्लाव्स्की, मेयरहोल्ड, भारतेन्दु, टैगोर, प्रसाद, ब्रेष्ट, ग्रोतोव्स्की–न जाने कितने लोगों के नाम सहज ही याद आते हैं और यह सच है कि इनमें एक मात्र अभिनेता तो कोई भी नहीं है। इस तथ्य से यह निष्कर्ष सहज ही निकाला जा सकता है और अभिनेता भले ही रंगकर्म की सबसे ज़रूरी और सर्व-प्रमुख इकाई से है, उसे लगातार सक्रिय बनाए रखने के लिए एक ऐसा व्यक्तित्व चाहिए जो मंच के बाहर बैठकर उसे देख सके, निखार सके और नए-नए बिन्दुओं को खोजने की दिशा में उत्प्रेरित कर सके। इस रूप में निर्देशक की रंगमंच में अनिवार्यता से कभी इनकार नहीं किया जा सकता। इतना ही नहीं, निर्देशक पूरी रचनाप्रक्रिया के दौरान अभिनेता पर एक दबाव और अनुशासन भी बनाए रखता है क्योंकि प्रायः अभिनेता अभिनय करते हुए स्वयं को नहीं देख पाता और उसके अपने आप में खो या डूब जाने और अन्ततः उच्छृंखल बने रहने का ख़तरा हमेशा बना रहता है। इससे यह अनुमान न लगा लिया जाए कि निर्देशक एक सर्जक कलाकार की अपेक्षा मात्र एक समन्वयक अथवा प्रबन्धक है, जो प्रस्तुति के सभी पक्षों को नियन्त्रण में रखने की ज़िम्मेदारी निभाता है। यह ज़िम्मेदारी उसकी रचना–प्रक्रिया में शामिल है लेकिन यही सब कुछ नहीं है। यदि चित्रकार की सामग्री कैनवास, रंग-ब्रश हैं, संगीतकार को वाद्य-वृन्द एवं आवाज़ चाहिए, लेखक को काग़ज़ और क़लम की दरकार है तो निर्देशक को भी एक आलेख, अभिनेता और दूसरे मंच-कर्मियों की नितानत आवश्यकता है, जो उसकी सामग्री भी हैं, साधन भी हैं, उपकरण भी हैं और सबसे बड़ी यह है कि ये सारे तत्त्व साध्य भी हैं। यही रंगमंच की अपनी विशिष्टता है जो उसे संगीत और नृत्य के अलावा शेष दूसरे माध्यमों से बिलकुल अलग कर देती है और वह है स्रोत सामग्री के रूप में जीवन्त तत्त्वों का प्रयोग और इसी कारण निर्देशक की भूमिका दूसरी कलाओं एवं माध्यमों के सर्जक से ज़्यादा सघन, जटिल एवं महत्त्वपूर्ण हो जाती है क्योंकि जहाँ दूसरे सभी कलारूप एकान्त कलारूप हैं, वहाँ रंगमंच एक सामूहिक प्रक्रिया है।

अतः यह सहज ही स्वीकार किया जाना चाहिए कि हम निर्देशक को एक सर्जक मानें, एक समन्वयक मानें, एक व्याख्याकार मानें तथा एक उत्प्रेरक के रूप में स्वीकार करें–रंगमंच में उसकी भूमिका असन्दिग्ध है।

प्रेक्षागृह

भारतीय रंगमंच और सम्भवतः विश्व रंगमंच में भी इस दिशा में बहुत कम विचार-विमर्श हुआ है कि नाट्य रचना और प्रेक्षागृह के स्थापत्य में क्या सम्बन्ध होता है, हो सकता है अथवा होना भी चाहिए कि नहीं ? एक युग विशेष में यदि स्थापत्य के स्तर पर एक भी आकार-प्रकार के प्रेक्षागृह मिलते हैं तो नाट्य-रचना की शैली भी लगभग एक जैसी मिलती है। इसी के साथ हमेशा यह बहस भी चलती रहती है कि नाट्य रचना प्रेक्षागृहों की बनावट को प्रभावित करती है अथवा, प्रेक्षागृहों का निर्माण पहले होता है और उनके अनुसार नाटकों की संरचना का जन्म होता है। हमारे यहाँ जयशंकर प्रसाद जैसे नाटककार ने तो इसकी ज़बरदस्त ढंग से स्थापना की है कि नाटक के लिए रंगमंच होना चाहिए, न कि रंगमंच के लिए नाटक। इसमें कोई सन्देह नहीं कि उनकी इस स्थापना में काफ़ी दम है क्योंकि पहले रचना का ही जन्म होगा, तभी उसके अनुसार बाद में प्रदर्शन-स्थल का निर्माण होगा। यह ठीक ऐसा ही है कि पहले किसी परम्परा की शुरुआत होती है और कालान्तर में समय के एक दीर्घ अन्तराल के बाद वह परम्परा शास्त्र के रूप में प्रतिष्ठित हो पाती है। लेकिन यदि कोई नाट्य मंडली नाटक में निहित प्रस्तुतिशैली से अलग अपनी कोई स्वतन्त्र प्रस्तुतिशैली विकसित करना चाहती है तो उस स्थिति में इस पारस्परिक सम्बन्ध की जाँच पड़ताल कितनी तरह से की जा सकती है ? नाट्य मंडली अपनी विकसित शैली के अनुसार प्रदर्शन स्थल का चुनाव करे ? यदि वैसा प्रदर्शन स्थल उपलब्ध नहीं है तो पहले से निश्चित् स्थापत्य को ही परिवर्तित करने का प्रयत्न करे ? यदि ये दोनों विकल्प भी सम्भव नहीं हैं तो अपने लिए बिलकुल एक नया प्रदर्शन स्थल तैयार करे ?

उपर्युक्त विकल्पों में से किसी का भी चुनाव किया जाए, कम से कम तीन तत्त्व इस पूरी प्रक्रिया में अन्तर्निहित हैं—प्रस्तुतिशैली, प्रदर्शन स्थल का अभिकल्पन अथवा परिकल्पना और उसके अनुसार दर्शकों के नाटक देखने की निर्धारित दृष्टि। पहले दोनों तत्त्वों पर तो इस अध्ययन में विचार होगा ही, सबसे पहले यह देख लिया जाए कि नाट्य प्रस्तुति और दर्शकों के बीच देखने के स्तर पर कितनी तरह के समीकरण बनते हैं। इस दृष्टि से यदि आदिकाल से आज तक के रंग इतिहास को जाँचा परखा जाए तो अनेक तरह के विकल्प और सम्भावनाएँ बनती, बदलती और सँवरती रही हैं। उदाहरण के लिए दर्शक एक घेरे में अथवा चौकोर स्थिति में बैठे या खड़े हुए और उनके बीच घटित होता नाटक। दर्शक मंच को तीन तरफ़ से घेरे हुए, दो तरफ़ से घेरे हुए अथवा बिलकुल मंच के सामने बैठे हुए। दर्शक बीच में बैठे हुए और नाटक उनके चारों तरफ़

घटित होता हुआ। नाटक के अलग-अलग दृश्य एक विशाल क्षेत्र और परिवेश में फैले हुए और दर्शक उन्हें देखने के लिए एक क्षेत्र से दूसरे क्षेत्र तक जाते हुए। दर्शक एक ही स्थान पर स्थित हों—बैठे या खड़े हुए और नाटक के दृश्य किसी चलायमान पद्धति से उनके सामने से गुज़र जाएँ। सम्भावना इसकी भी हो सकती है कि पहले से उपर्युक्त विकल्पों में से भी कुछ निश्चित् न किया जाए और अन्ततः प्रस्तुतिशैली अपने लिए जो भी प्रदर्शन की विधि विकसित कर ले। क्या हम कई बार नाट्यालेख के साथ भी ऐसा ही व्यवहार नहीं करते, जब हम पहले से ही कोई प्रस्तुतिशैली निश्चित् न करके स्वयं अभिनेताओं के भीतर से ही पैदा होने देते हैं ? कहने का तात्पर्य यही है कि हम जिस भी मार्ग से यात्रा करें, आख़िर में उस यात्रा को दर्शकों तक आकर ही सम्पूर्ण होना है और ऐसे में प्रस्तुतिशैली, प्रदर्शन स्थल और दर्शकों के बीच अपने आप एक निश्चित् सम्बन्ध स्थापित हो जाएगा।

इस सारी पृष्ठभूमि के बाद अब हम अपने विषय पर सीधे-सीधे विचार विमर्श कर सकते हैं, अर्थात् हर तरह के प्रदर्शन स्थल को सामने रखते हुए, उसके अनुसार निर्धारित होती सम्भावित प्रस्तुतिशैली की खोजबीन की जाए। इस दृष्टि से सबसे पहले हम एक घेरे या वर्तुलाकार मंच को लेते हैं। जिसकी चर्चा हम पहले भी 'दर्शक' के सन्दर्भ में कर चुके हैं। इस मंच को सबसे पहले लेने का एकमात्र कारण यही है कि रंगमंच के आदिकाल में मंच का जो पहला आकार उभरकर आया, वह एक वर्तुल ही था और उसी ने आगे आनेवाले तरह तरह के आकारों के लिए एक आधार भूमि तैयार की। इसे एक संयोग मात्र ही कहा जा सकता है कि घेरे के जन्म का कारण उस आदिम मनुष्य की अपनी दिनचर्या के एक महत्त्वपूर्ण कार्यकलाप से जुड़ा हुआ था और वह था शिकार करके लाए गए जानवरों को बीच में रखकर भूनना और उसके बाद मिल—बाँटकर खाना। इसे यूँ भी कहा जा सकता है कि मनुष्य के भीतर छिपी बालसुलभ प्रवृत्ति की अभिव्यक्ति आकार के रूप में सबसे पहले शायद एक घोरे के रूप में ही जन्म लेती है।

बहरहाल, घेरा या वर्तुल अपने मूल आकार में प्रस्तुतिशैली को लेकर कुछ चीज़ें स्वयं ही निश्चित् कर देता है—घेरे का न तो कोई आदि है और न अन्त। इसीलिए यहाँ न कोई प्रवेश है और न कोई प्रस्थान। जो भी प्रवेश होना है, वह दर्शकों के बीच से ही होना है। इसीलिए कहा भी जाता है कि इस व्यवस्था में अभिनेता और दर्शकों में कोई भी भेद नहीं होता। दोनो तत्त्व समान धरातल पर होते हैं। दर्शक चारों तरफ़ बैठे हैं या खड़े भी हो सकते हैं, ऐसी स्थिति में अभिनेता को जो भी दिखाना होगा, वह हर दर्शक के लिए देखने और सुनने की दृष्टि से सम्भव होना चाहिए। यह तभी हो सकता है कि अभिनेता स्वयं चारो तरफ़ घूम घूमकर दर्शकों के साथ सम्प्रेषण स्थापित करे अथवा एक अभिनेता के स्थान पर दो, तीन या चार और कभी-कभी तो एक बड़ा समूह दर्शकों के साथ संवाद करे। रंगमंच में कोरस जैसे नाटकीय तत्त्व का जन्म इसी आवश्यकता के तहत हुआ होगा। अब जैसे ही एक अभिनेता का कई अभिनेताओं में

रूपान्तरण होता है तो बहुत सी चीज़े अपने आप जुड़ने लगती हैं। अभिनेताओं का समूह ही उस दायरे में अपनी गतियों, मुद्राओं और कार्यव्यापार से मंचसज्जा के अभिकल्पन का काम भी करेगा, क्योंकि जैसे ही हम किसी भी प्रकार की पक्की और ठोस साज सज्जा का प्रयोग करेंगे, वह किसी न किसी तरफ़ के दर्शकों के देखने की प्रक्रिया में अवरोध पैदा करेगी। इसीलिए यह अकारण या संयोग मात्र नहीं है कि जब-जब नाटक का मंचन एक दायरे में किया जाता है तो वहाँ मात्र एक ख़ाली स्पेस ही हुआ करता है। यदि किसी दृश्यबन्ध को होना भी है तो उसे भी लगातार अभिनेताओं की गतियों के साथ चलायमान होना पड़ेगा। दायरे में स्थिर और निश्चल दृश्यबन्ध की परिकल्पना तो की ही नहीं जा सकती। यदि की भी जाए तो एक ही तरह के कम से कम चार दृश्यबन्ध तो आने ही होंगे। हाँ, ऐसे मंच उपकरण और सामग्री अवश्य इस्तेमाल किए जा सकते हैं, जिन्हें अभिनेता स्वयं ला सके और ले जा सके।

पात्रों की गतियाँ गोलाकार हैं तो कहीं न कहीं वे एक लय, ताल और क्रम से जुड़ने लगती हैं और इस तरह अपने साथ अनायास ही गीत, संगीत और नृत्य को जन्म दे बैठती हैं। इसका अर्थ यह नहीं है कि किसी और तरह के प्रदर्शन स्थल में प्रस्तुत किए जा रहे नाटक में गीत, संगीत और नृत्य नहीं है कि किसी और तरह के प्रदर्शन स्थल में प्रस्तुत किए जा रहे नाटक में गीत, संगीत और नृत्य नहीं हो सकता। यहाँ हम मात्र इस तथ्य को रेखांकित करना चाहते हैं कि वर्तुलाकार बनावट अपने आप में ऐसी बनावट है, जो इन तत्त्वों के जन्म का कारण बन जाती है। इसका सबसे अच्छा उदाहरण है हमारी अपनी परम्परा में होनेवाले आनुष्ठानिक कार्यकलाप।

अभिनेताओं को अपनी गतियों, मुद्राओं, समूहनों, संवादों, गीत, संगीत और नृत्य से एक परिवेश रचना है, एक वातावरण का निर्माण करना है, और वह सब कुछ भी एक ख़ाली मंच पर, तो किसी भी तरहक के यथार्थ अथवा वास्तविकता के भ्रम की ज़रूरत ही नहीं रहती। यहीं से यह जन्म होता है शैलीबद्धता का, रीतिबद्धता का, और यदि शास्त्रीय भाषा में कहा जाए तो एक नाट्यधर्मिता का। कालान्तर में यह नाट्यधर्मिता भले ही हर तरह की नाट्य रचना और प्रस्तुति से जुड़ गई हो, उसमें कोई सन्देह नहीं कि मूलतः इसका जन्म वर्तुलाकार मंच पर हुआ था।

नाटक के चाक्षुष-विधान में प्रेक्षागृह की इसी महत्ता को स्वीकारते हुए ही भरत जैसे प्रभोक्ता ने भी 'नाट्यशास्त्र' के दूसरे अध्याय में ही सबसे पहले प्रेक्षागृह की बनावट और स्थापत्य का विवरण प्रस्तुत किया और नाट्यरचना, अभिनय और दूसरे रंग तत्त्वों को बहुत बाद में जाकर विवेचित किया। इसमें कोई सन्देह नहीं कि एक स्थायी बन्द प्रेक्षागृह के निर्माण के पीछे खुले मंच पर प्रस्तुत और बुरी तरह से अफसल उनकी अपनी एक-दो नाट्य-प्रस्तुतियों का भी हाथ था। यहाँ इस तथ्य से भी इनकार नहीं किया जा सकता कि पूर्व हो या पश्चिम–इतिहास में जब-जब स्थायी प्रेक्षागृह नदारद थे, तब-तब नाटकों के आलेख भी पूरी तरह से मौखिक हुआ करते थे। चाहे वह रंगमंच के जन्म से जुड़ा आरम्भिक आदिम दौर हो, यूनानी अभिनेता थेस्पिस द्वारा घूम-घूमकर सड़कों,

चौराहों पर नाटक प्रस्तुत करने का दौर हो, हमारे अपने देश में महाकाव्यों को गा-गाकर सुनाने की परम्परा का प्रचलन हो, मध्यकाल में लोक-नाटकों की लम्बी शृंखला हों, पश्चिम में चर्च से सम्बद्ध धार्मिक नाटक हों अथवा इटली की प्रस्तुति-शैली कामेदिया देलार्ते हो—सभी अपने मूल रूप में आशु एवं मौखिक रचनाएँ रही हैं और वे अपने अनुसार अस्थाई प्रदर्शन स्थलों को खोजबीन कर अपने प्रदर्शन करती रहती थीं। यहाँ अपवादस्वरूप पारसी नाटकों का उदाहरण दिया जा सकता है कि वे भी तो अस्थाई रूप से निर्मित प्रेक्षागृहों से खेले जाते थे, फिर उनके लिखित आलेख क्यों मिलते हैं ? इसका सीधा-सा उत्तर यही है कि बेशक पारसी नाटक अस्थायी रूप से बनाए गए प्रेक्षागृहों में खेले जाते थे लेकिन वे इतने अस्थायी भी नहीं होते थे। पारसी कम्पनियाँ जब किसी मेले, नगर या क़स्बे में ऐसे अस्थाई प्रदर्शन स्थल का निर्माण किया करती थीं तो वह मात्र एक रात के लिए नहीं, वरन् काफ़ी लम्बे अरसे के लिए हुआ करता था। ठीक यही तर्क संस्कृत नाटकों के लिखित आलेखों के विषय में भी दिया जा सकता है। भरत द्वारा विवेचित और प्रतिपादित विकृष्ट नाट्य मंडल का एक भी अवशेष आज तक प्राप्त नहीं हुआ है लेकिन फिर भी अश्वघोष से लेकर अवभूति तक सभी नाटककारों के लिखित आलेख आज भी उपलब्ध हैं। क्या हम यह मान लें कि ये आलेख मात्र साहित्यिक रचनाएँ हैं और इनका कभी मंचन नहीं हुआ ? यदि हुआ भी होगा तो खुले मंच पर ही हुआ होगा ? लेकिन इन निष्कर्षों पर पहुँचना उस सच्चाई को झुठलाना होगा, जो इन सभी नाटकों के मंचन की सुदीर्घ परम्परा से जुड़ी है। किसी स्थायी प्रेक्षागृह के अवशेष की अनुपस्थिति मात्र यही सूचना देती है कि जब-जब वार्षिक त्यौहारों, समारोहों और ऐसे ही दूसरे अवसरों पर उन नाटकों का मंचन किया जाता था तो काफ़ी लम्बे समय के लिए अस्थायी तौर पर ही सही, प्रेक्षागृहों का निर्माण कर लिया जाता था और बाद में उन्हें तोड़-फोड़ दिया जाता होगा।

बहरहाल, हम संस्कृत नाटकों के शिल्प-संरचना और उनके प्रदर्शन-स्थल विकृष्ट नाट्य-मंडप से ही अपने अध्ययन की शुरुआत कर सकते हैं कि अन्ततः ये दोनों तत्त्व एक-दूसरे को किस सीमा तक प्रभावित करते हैं। यों तो भरत ने विकृष्ट, चतुरस्र और त्र्यस्र—तीन आकारों के प्रेक्षागृहों का प्रावधान किया है और इनके भी ज्येष्ठ, मध्यम और कनिष्ठ—माप के अनुसार तीन-तीन भेद किए हैं, लेकिन अन्त में वह स्वयं विकृष्ट मध्यम नाट्य-मंडल को ही एक आदर्श प्रेक्षागृह के रूप में स्वीकार करते हैं। अतः अच्छा यही होगा कि हम उसी के स्थापत्य को ध्यान में रखते हुए नाट्य-रचना के साथ उसके सम्बन्ध का विवेचन करें। अपने आकार में विकृष्ट नाट्यमंडल आयताकार है जिसके एक तरफ़ मंच और उसके ठीक सामने दर्शक बैठते थे—ठीक तरफ़ के 'प्रोसीनियम' प्रेक्षागृह में दर्शकों के बैठने की व्यवस्था के अनुरूप। दर्शकों के सामने प्रदर्शन-स्थल के रूप में जो मंच उपलब्ध है, उस पर तीन धरातल हैं—पहला रंगपीठ, उसके ऊपर दूसरा रंगशीर्ष और रंगशीर्ष के बीचोबीच एक तीसरा धरातल कुतप या वेदिका, जिस पर नाट्य-प्रयोग के दौरान शुरू से लेकर आख़िर तक गायक-संगीतकारों की मंडली बैठी

रहती थी। रंगशीर्ष के पिछले किनारे पर नेपथ्य और मंच को जोड़ती हुई एक दीवार, जिसमें पात्रों के मंच पर प्रवेश-प्रस्थान के लिए दाएँ-बाएँ दो द्वार बने हुए हैं, जिन पर रंगपटी पड़ी रहती थी। आज के व्याकरण के अनुसार मंच के अगले हिस्से से इस पिछली दीवार तक मात्र चौबीस फ़ीट की चौड़ाई। रंगपीठ के दोनों छोरों पर चार-चार स्तम्भों से घिरे मत्तवारणी नामक दो अन्य क्षेत्र, जिनकी सही-सही परिकल्पना को लेकर आज तक विवाद है। मत्तवारणी के इस विवाद को हम छोड़ दें तो विकृष्ट नाट्य-मंडप का प्रस्तुत स्थापत्य नाट्य रचना के साथ अपनी एकरूपता को स्वयमेव ही स्थापित कर लेता है।

प्रदर्शनस्थल जितना सहज और सरल है, उसी के अनुसार नाटकों के शिल्प पर टिप्पणी की जा सकती है। मंच पर मात्र दो रंगद्वार हैं और कुल अभिनय क्षेत्र अड़तालीस फ़ीट लम्बा और चौबीस फ़ीट चौड़ा है—उसमें भी रंगशीर्ष पर कम-से-कम बारह फ़ीट संगीतकारों की मंडली के लिए और रंगपीठ के दोनों कोनों पर बारह-बारह फ़ीट मत्तवारणी के लिए सुरक्षित है। अतः किसी भी प्रकार की अतिरिक्त और भारी-भरकम मंचसज्जा के लिए स्थान एवं सम्भावना ही शेष नहीं रहती। अतः नाट्य-रचना में भी हर बार वाचिक अर्थात् संवाद के माध्यम से ही दृश्य और परिवेश को भी स्थापित कर दिया जाता है। मंच के अगले हिस्से में ऐसा कोई परदा नहीं है, जिसे अंक की समाप्ति पर गिराया या लाया जा सके, अतः नाटककारों ने एक नाटकीय युक्ति को ढूँढ़ निकाला और वह यह कि मंच पर उपस्थित सभी पात्र प्रस्थान कर लेते हैं और अगले अंक के लिए जिनको आना होगा, वे पुनः प्रवेश करेंगे। नाटक के अन्त के सूचना के लिए भरतवाक्य जैसा गीत है, जिसे इस शताब्दी के जर्मन नाटककार और निर्देशक ब्रेष्ट ने 'ग्रैंड फिनाले' के रूप में परिकल्पित किया। चूँकि मंच के इस छोटे से अभिनय-क्षेत्र पर व्यावहारिक और यथार्थवादी रूप से बहुत कुछ दिखाना सम्भव नहीं है, अतः नाटककार ने रचना के स्तर पर अर्थोपक्षेपकों की उद्भावना की। ये एक प्रकार के सूच्य दृश्य हैं जो दो अंकों के बीच घटित समय के अन्तराल के साथ-साथ उन घटनाओं की भी सूचना देते हैं, जिन्हें मंच पर दिखाया नहीं जा सकता अथवा जिनका दिखाया जाना संस्कृत नाटकों की नाट्यधर्मी प्रस्तुतिशैली को खंडित करेगा और दर्शकों के सौन्दर्यबोध एवं रसास्वादन में भी अवरोध उत्पन्न करेगा। जितनी मंचसज्जा अथवा रंग-स्थली अपने स्वरूप में सांकेतिक है, उतनी ही नाट्य रचना भी दर्शक या पाठक की कल्पना को उन्मुक्त विस्तार होती है। दूसरी ओर नाट्य-रचना में समय, स्थान और कार्य-व्यापार की अन्विति के अभाव ने रचना के स्तर पर सूच्य दृश्यों की परिकल्पना को जन्म दिया, वहीं मंच पर उपलब्ध एक ख़ाली, निसंग और शून्य 'स्पेस' ने भी अपना योगदान दिया क्योंकि नाटककार के लिए मंच पर उपस्थित पात्र की एक मुद्रा, एक गति, एक प्रवेश, एक प्रस्थान और अन्ततः एक संवाद से ही वह मंच किसी भी इच्छित स्थान, समय और कार्य-व्यापार में परिणित हो सकता था। इसी प्रकार यदि मंच की बनावट ने अभिनेता द्वारा दर्शक के सामने खड़े होकर उसे सम्बोधित करने की अभिनयशैली को

जन्म दिया तो वहीं नाटकों में उपलब्ध इस तरह के मंच-निर्देशों, जैसेकि 'शकुंतला एक शिलाखंड पर बैठी हुई दिखाई देती है' अथवा 'दुर्योधन घिसटते हुए मंच पर प्रवेश करता है' इत्यादि ने मंच पर किसी मुख्य यवनिका के अभाव में एक ऐसे चलायमान चित्रपट के प्रयोग की आवश्यकता को महसूस करवाया, जो बाद में रंगपटी के नाम से भारतीय रंग-स्थापत्य एवं प्रस्तुति-शैली का अविभाज्य अंग ही बन गई। यहीं हम चाहें तो मत्तवारिणि की दो विशेष अन्तरंग अभिनय क्षेत्रों के रूप में व्याख्यायित सम्भावना पर भी विचार कर सकते हैं क्योंकि संस्कृत नाटकों में निश्चित् रूप से ऐसे दृश्य मिलते हैं, जो एक ख़ास क़िस्म की अन्तरंगता अथवा ऐकांतिकता की माँग करते हैं जो चार-चार स्तम्भों से घिरे होने के कारण वहाँ सहज रूप से उपलब्ध थी। यह अकारण नहीं है कि रंगस्थली के इस लघु आकार को बहुआयामी स्तर पर प्रयोगशील बनाने के लिए ही भरत ने लोकधर्मी की अपेक्षा नाट्यधर्मी प्रस्तुतिशैली को प्रमुखता दी और नाटककारों ने अपने नाटकों के तकनीकी स्वरूप में भी इस बात का हमेशा ध्यान रखा। उदाहरण ज़रूरी ही हों तो स्वगत, जनान्तिक, अपवारित और आकाशभाषित जैसी सीधे दर्शकों से संवाद स्थापित करनेवाली नाटकीय युक्तियों और नाटकों में एक-साथ गद्य-पद्य के प्रयोग का भी उल्लेख किया जा सकता है।

संस्कृत रंगमंच के समानान्तर यदि हम पश्चिम की यूनानी रंगपरम्परा का अध्ययन करें तो नाटक और प्रदर्शन का रिश्ता और गहरा होकर समने आता है। यूनानी रंगपरम्परा में शुरू से कोरस की उपस्थिति ने ग्रीक प्रेक्षागृह के स्थापत्य को अनायास ही प्रभावित किया और वह इस रूप में कि आरम्भ में कोरस द्वारा अपने देवता डायनोसिस की वेदी के चारों ओर नाचने-गाने की परम्परा से जब विधिवत् प्रेक्षागृह निर्माण और नाट्य रचना का जन्म हुआ, तो जहाँ नाटकों में पात्रों से अलग कोरस की उपस्थिति एक आवश्यक नाटकीय तत्त्व के रूप में जुड़ी रही, वहीं प्रेक्षागृह के स्थापत्य में भी कोरस के लिए एक बड़ा घेरा सुरक्षित रहा। इतना ही नहीं, इस घेरे ने ही प्रेक्षागृह की बनावट को भी निश्चित् कर दिया—पहाड़ों की घाटी में बीचोबीच एक बड़ा घेरा, उसके एक तरफ़ काफ़ी ऊँचाई पर बना अभिनय क्षेत्र, जिसके दोनों सिरों पर ढालुवाँ धरातल और घेरे के तीन तरफ़ पहाड़ को काट-काटकर बनाई गई गोलाकार ऊपर को जाती सीढ़ियाँ, जिन पर दर्शक बैठते थे। चूँकि घेरे का व्यास बहुत बड़ा रहता था, अतः अभिनय क्षेत्र भी बहुत लम्बा और उसी अनुपात में दर्शक दीर्घा भी उतनी ही बृहदाकार, जिसमें कम-से-कम पन्द्रह से पच्चीस हज़ार दर्शक बैठ सकते थे। अभिनय क्षेत्र के दोनों कोनों पर बने ढलुवाँ धरातल के निचली तरफ़ दो बड़े-बड़े द्वार, जिनमें एक दर्शकों के लिए दूसरा पात्रों के प्रवेश-प्रस्थान के काम आता था। अभिनय क्षेत्र पर एक छत और पिछली दीवार में तीन द्वार—बीच वाला द्वार सबसे बड़ा और दाएँ-बाएँ वाले छोटे आकार के, जो पात्रों द्वारा नेपथ्य से मंच पर आने के लिए प्रयोग में लाए जाते थे।

स्पष्ट है कि प्रेक्षागृह का आकार-प्रकार एक बहुत बड़े जनसमुदाय को ध्यान में रखकर निश्चित् किया गया था, जहाँ सुबह से शाम तक कम-से-कम नाटकों का प्रदर्शन

होता था। अतः स्वाभाविक है कि नाटकों का कलेवर प्रदर्शन-अवधि के अनुसार बहुत बड़ा नहीं हो सकता था। इसीलिए यूनानी नाटक प्रायः एक अंक के ही होते हैं। उनमें उपलब्ध स्थान, समय और कार्य-व्यापार की अन्विति का सम्बन्ध भी प्रेक्षागृह में बैठे विशाल जनसमुदाय की उपस्थिति में तलाश किया जा सकता है और वह इस तरह कि इतने बड़े समूह के ध्यान को प्रदर्शन पर एकाग्र करने के लिए उपर्युक्त अन्विति वांछनीय ही नहीं, अनिवार्य भी थी। प्रेक्षागृह के दो द्वार और अभिनय धरातल पर बने तीन द्वार—पात्रों के प्रयोग के लिए कुल मिलाकर पाँच विकल्प मौजूद थे लेकिन यूनानी रंगमंच में कोरस के अलावा कभी भी तीन अभिनेताओं से ज़्यादा लोगों ने भाग नहीं लिया। आरम्भ में तो मात्र एक अभिनेता ही हुआ करता था और वही सभी भूमिकाएँ निभाया करता था, फिर कभी दो अभिनेता हुए और अन्त में संख्या तीन पर आकर रुक गई। हर नाटक को मात्र तीन अभिनेताओं द्वारा ही क्यों मंचित किया जाता था, विद्वानों ने इसका कोई उत्तर खोजने का प्रयत्न नहीं किया है लेकिन मेरे विचार में यदि हम इस परम्परा की गहराई में जाएँ तो हमें इस सीमा के कारण भी मिल जाएँगे। जैसाकि हम सभी जानते हैं कि यूनानी रंगपरम्परा एक नाट्य-प्रतियोगिता की तरह से हर साल सम्पन्न हुआ करती थी जिसके लिए तीन नाटककार अपने चार-चार नाटक एक दिन में प्रस्तुत किया करते थे। इस प्रकार कुल मिलाकर छत्तीस अभिनेताओं की अपेक्षा रहती थी। अब यदि नाटक में पात्रों की संख्या की दृष्टि से अभिनेताओं की अपेक्षा हो तो वह संख्या काफ़ी बड़ी हो जाएगी। इसके अतिरिक्त कम-से-कम बारह, पन्द्रह और कई बार तो पचास लोगों का कोरस अलग से चाहिए। अनुमान लगाया जा सकता है कि ऐसे में मात्र तीन अभिनेताओं द्वारा नाटक के सभी पात्रों को अभिनीत करना ज़्यादा रचनात्मक चुनौती हो सकती है।

इसमें कोई सन्देह नहीं कि मात्र तीन अभिनेताओं की उपलब्धता ने नाट्य-रचना को अवश्य प्रभावित किया। नाटक का एक अंग अलग-अलग दृश्यखंडों में बँटा हुआ है और किसी भी दृश्य में अधिक-से-अधिक दो पात्र होंगे और तीन से ज़्यादा तो कभी भी नहीं होंगे। कोई अभिनेता एक दृश्य समाप्त करके जब नेपथ्य में जाता है तो उसे किसी नए पात्र की भूमिका में पुनः प्रवेश करना होता था—उसके नेपथ्य में जाने और पुनः प्रवेश के बीच निश्चित् रूप से कोरस के आपसी संवादों को पिरोया जाता था ताकि बीच के अन्तराल को भरा जा सके। ये तीनों अभिनेता पुरुष हुआ करते थे, इसलिए मुखौटों की ज़रूरत होती थी। एक और कारण से भी मुखौटों की अपेक्षा उत्पन्न हुई और वह यह कि अभिनेता को अपनी आवाज़ बहुत दूर तक पहुँचानी पड़ती थी। कहा जाता है कि इन मुखौटों में ऐसे ध्वनि विस्तारक यंत्र लगे रहते थे, जिनकी सहायता से आवाज़ दर्शक-दीर्घा की आख़िरी पंक्ति तक बड़ी आसानी से पहुँच जाती थी। मुखौटे पूरे चेहरे को ढके हुए बहुत बड़े-बड़े होते थे, इसलिए मंच पर खड़ा अभिनेता भी अपने निज़ी व्यक्तित्व से बहुत बड़ा दिखाई देता था। उसी के अनुसार उसकी वेशभूषा और पैरों में पहने जानेवाले ऊँचे-ऊँचे जूते भी उसके आकार को विशालता प्रदान करने में

मदद करते थे। नाट्य रचना और उसकी प्रस्तुति के पीछे प्रेक्षागृह की अपनी बनावट महत्त्वपूर्ण निर्धारक तत्त्व थी।

अभिनय स्थल की पिछली परिवार में बने तीन द्वार वे पात्र इस्तेमाल करेंगे, जो कार्य व्यापार क्षेत्र के अन्तरंग से सम्बन्ध रखते हैं। दोनों कोनों पर बने दो द्वार उन पात्रों के प्रवेश-प्रस्थान के लिए, जो कहीं बाहर से आते हैं। उनमें भी एक द्वार उसी नगर के किसी बाहरी क्षेत्र से आने वाले के लिए और दूसरा द्वार किसी दूसरे नगर या क़स्बे से आने वाले के लिए सुरक्षित था। अभिनय क्षेत्र की सपाट और विशाल लम्बाई नाट्य रचना में सहज ही ऐसे संवादों की अनिवार्यता को जन्म दे देती थी, जैसे कि 'वह देखिए, दूर से क्रियान इसी ओर चले आ रहे हैं।' मंच संस्कृत रंगमंच की तरह ही यहाँ भी लगभग ख़ाली ही होता था, अतः संवादों के माध्यम से ही स्थान और परिवेश को स्थापित कर लिया जाता था। मंच पर बने तीन द्वारों में बीच का बड़ा द्वार नाटकों के मुख्य पात्र के प्रवेश-प्रस्थान और बाक़ी दोनों द्वार अन्य पात्रों के काम आएँगे। मंच पर चूँकि एक छत थी और नेपथ्य से किसी क्रेन जैसी यान्त्रिक विधि से किसी पात्र को वहाँ उतारना सम्भव था, अतः नाटकों में भी ऐसे दृश्य मिलते हैं, वहाँ रथयान में किसी पात्र को आकाशमार्ग में जाते हुए स्थापित किया जा सकता था अथवा कोई देवी, देवता या ऐसे ही आधिदैविक चरित्र उस छत पर उतारे जा सकते थे और वे वहीं से मंच पर खड़े पात्र से संवाद कर सकते थे। प्रेक्षागृह के विशाल आकार और अभिनेता द्वारा मुखौटों के प्रयोग ने इस सम्भावना को तो बिलकुल ही समाप्त कर दिया था कि दर्शक पात्रों के चेहरे के हाव-भाव देख सकें। ऐसे में मात्र एक ही विकल्प शेष रहता था और वह था अधिक-से-अधिक वाचिक का इस्तेमाल—नाटकों की रचना में मात्र पात्र की उपस्थिति इसी ओर इंगित करती है। काव्य को गाकर बोलने, ऊँचे स्वर में लयात्मक अन्दाज़ में, अतिरंजित भाव प्रवणता के समावेश से इतने बड़े जन-समुदाय को बड़ी आसानी से आकर्षित किया जा सकता था। कई बार मंच पर एक ही पात्र की उपस्थिति अथवा प्रवेश होता था, नाटककार ऐसे क्षणों के लिए पात्रों को लम्बे-लम्बे एकालाप दिए करते थे। इससे एक तो उन घटनाओं को सूचित करने में सहायता मिलती थी, जो नेपथ्य में घटित हो चुकी हैं, दूसरे दर्शकों के अपने शोर-शराबे में यदि कुछ अनसुना रह भी गया तो उसकी भरपाई भी हो जाएगी, तीसरे उस लम्बे सम्भाषण से एक ऐसा परिवेश और वातावरण निर्मित करने में मदद मिलती थी जो किसी आने वाले महत्त्वपूर्ण क्षण की सूचना देगा और अन्ततः किसी पात्र विशेष को अपनी सम्पूर्ण प्रतिभा के विस्फोट का पूरा-पूरा अवसर मिलेगा। इसीलिए यह अकारण नहीं है कि यूनानी नाटकों में मुख्य पात्रों के अलावा ख़ादिम और क़ासिद जैसे पात्र भी अपनी निजी पहचान बना लेते थे। नाटक में कोरस की संख्या इतनी ज़्यादा क्यों होती थी—इसका कारण भी प्रेक्षागृह की बनावट में ही खोजा जा सकता है। कोरस की गतियों और समूहन को दर्शक काफ़ी ऊपर से देखते थे, जैसेकि किसी कुँए में झाँक रहे हों, ऐसी स्थिति में उनकी संख्या यदि काफ़ी नहीं होगी तो दर्शकों के लिए किसी प्रभावशाली समूहन दृश्य का निर्माण

नहीं हो पाएगा। संस्कृत नाटकों की तरह ही यूनानी नाटकों की शुरुआत और अन्त भी गीत से हुआ करती थी, जिसे प्रोलॉग और एपीलॉग अर्थात् प्रस्तावना और उपसंहार कहा जाता था।

रंगमंच के आज तक के इतिहास में शेक्सपीयर जैसा नाटककार बिलकुल अलग से दिखाई पड़ता है जिसने अपने नाटकों की रचना करते समय उस प्रेक्षागृह के अभिकल्पन को उसकी सम्पूर्णता में अपने सामने रखा। यह इसलिए भी सम्भव था कि वह आरम्भ से ही उस नाट्यमंडली के साथ एक अभिनेता के तौर पर सम्बद्ध था जो दि थिएटर नाम के प्रेक्षागृह में 1576 से 1599 का बीच नाटकों के प्रदर्शन कर रही थी। बाद में दि थिएटर के जल जाने के बाद जब पुनः उसी स्थान पर द ग्लोब नाम के प्रेक्षागृह का निर्माण हुआ तो उसे बनाने वाली कम्पनी में भी शेक्सपीयर एक हिस्सेदार था। इस प्रकार रचनाकार और प्रेक्षागृह के बीच एक अन्तरंग सम्बन्ध स्वयमेव स्थापित हो गया था।

शेक्सपीयर के नाटकों और ग्लोब के आपसी रिश्ते पर बात करने से पहले हम ग्लोब के स्थापत्य पर एक नज़र डाल लें। वास्तव में ग्लोब अपने से पहले और बाद के जितने भी प्रेक्षागृह बनकर सामने आए, उनके बीच की एक अद्भुत कड़ी है। अपने आकार में बाहर से देखने पर वह एक अंठकोणीय वृत्त जैसा है, जिसके तीन कोण मंच और शेष पाँच दर्शकों के बैठने के काम आते थे। एक तरफ़ यूनानी रंगमंच की तरह वृत्त के बीचोबीच दर्शक खुले में ज़मीन पर बैठकर या खड़े होकर नाटक देखते थे, दूसरी तरफ़ आज के प्रेक्षागृहों की तरह छत के नीचे बैठकर भी नाटक का आनन्द उठा सकते थे। यदि दर्शक-दीर्घा में तीन धरातल थे तो उसी तरह से मंच पर भी तीन धरातल थे। हरेक धरातल पर दो दरवाज़े बाहर से आने के लिए, एक दरवाज़ा मंच के बीचोबीच अन्तरंग कक्ष में जाने के लिए, दूसरे धरातल के दो छोरों पर खिड़कीनुमा विशेष अभिनय क्षेत्र, सबसे पहले मुख्य धरातल पर दो ऊँचे-ऊँचे स्तम्भ मंच के सामने दाएँ और बाएँ, उनके ऊपर मंच की अपनी छत टिकी हुई और उस छत के भी ऊपर तीन झोंपड़ीनुमा कक्ष, जहाँ से तरह-तरह के ध्वनि प्रभाव उत्पन्न किए जा सकते थे, पात्रों को रस्से से नीचे पहले धरातल तक उतारा जा सकता था। इतना ही नहीं, पहले धरातल पर बने चोर द्वारों से ज़मीन के नीचे से भी पात्रों का प्रवेश कराया जा सकता था। देखने में ग्लोब का मंच भी किसी अतिरिक्त दृश्य सज्जा की अपेक्षा नहीं रखता था और उतना ही ख़ाली, निसंग और तटस्थ था, जितने कि संस्कृत और ग्रीक रंग-स्थल, लेकिन अपनी बनावट में अब तक का सबसे ज़्यादा जटिल मंच था। एक साथ बहुत से प्रवेश-प्रस्थान सम्भव थे, एक साथ बहुत से धरातलों पर कार्य-व्यापार सम्भव था, पात्र भाग-दौड़, उछल-कूद—किसी भी तरह की नाटकीय हरक़त बहुत आसानी से कर सकते थे। दूसरी ओर बहुत ही अन्तरंग, गम्भीर, यहाँ तक कि लम्बे-लम्बे स्वगत संवादों जैसे वैयक्तिक दृश्यों को भी उतनी ही एकाग्रता से प्रस्तुत कर सकते थे।

उपर्युक्त लचीले, व्यावाहारिक किन्तु उतने ही वैविध्यपूर्ण स्थापत्य के परिप्रेक्ष्य में

शेक्सपीयर के नाटकों की दृश्य रचना का अध्ययन करना अपने आप में बेहद रोचक विषय है। संस्कृत नाटकों के बाद पुनः बहुसंख्य अंकों और उनमें भी कितने-कितने दृश्योंवाला विधान अपने लिए मंच के अनुरूप ही एक नया शास्त्र रचना करता है। नाटक का एक दृश्य यदि बहुत कम चरित्रों के साथ घटित होता है तो उसके तुरन्त बाद कोई ऐसा दृश्य होगा जिसमें एक साथ बहुत से पात्रों का प्रवेश-प्रस्थान होता रहता है। इसी के साथ इस रूढ़ि अथवा युक्ति का भी उल्लेख किया जा सकता है कि यदि एक दृश्य का परिवेश बाह्य प्रान्त है, तो दूसरा निश्चित् रूप से किसी अन्तरंग कक्ष में सम्पन्न होगा। इस तथ्य को अलग से रेखांकित करने की ज़रूरत नहीं कि एक दृश्य की समाप्ति पर जो पात्र मंच से प्रस्थान करते हैं, वे अगले दृश्य में कभी प्रवेश नहीं करते हैं क्योंकि मंच के भूगोल को ध्यान में रखा जाए तो उन्हें किसी नए अभिनय क्षेत्र में पहुँचने में थोड़ा वक़्त लगता है। मंच की इस बहुआयामिता का ही प्रभाव है कि शेक्सपीयर के नाटकों का प्रत्येक दृश्य बिना किसी मंच-निर्देश अथवा परिचयात्मक टिप्पणी के, सीधे कार्य व्यापार से आरम्भ होता है। मंच पर दूसरे तल्ले पर खिड़कीनुमा अभिनय क्षेत्र उपलब्ध है तो नाटकों में भी प्रायः ऐसे दृश्य मिल जाएँगे, जहाँ निश्चित् रूप से उनके प्रयोग की सम्भावना दिखाई देती है। उदाहरण के लिए ओथेलो के पहले ही दृश्य में यागो और रोदरीगो द्वारा नीचे गली में से चिल्ला-चिल्लाकर डैस्डेमोना के पिता बराबांसियों को जगाना और बराबांसियो का ऊपर खिड़की से झाँकते हुए इन दोनों से संवाद करना अथवा रोमियो और जूलियट में रोमियो द्वारा कूद कर जूलियट की खिड़की तक पहुँचना। इसी प्रकार मुख्य धरातल पर बने चोर दरवाज़ों में से हैमलेट के पिता के प्रेत का मंच पर प्रवेश या श्मशान में क़ब्र खोदने वालों के साथ हैमलेट का दृश्य। मंच के दोनों कोनों पर स्थित दो स्तम्भ तो नाट्य-रचना में बुने गए लम्बे स्वगत सम्भाषणों की दृष्टि से बहुत ही कारगर साबित हुए। प्रायः पात्र इन स्तम्भों के सहारे पीठ टिकाकर, दर्शकों से बात करने के अन्दाज़ में उन एकालापों के माध्यम से अपने अन्तरंग के उद्‌गार उद्‌घाटित करते थे। जब भी कोई चरित्र मंत्र पर अकेला रह जाता था और उसे अपने मन के भीतर के किसी विचार को सामने रखना है तो वह अनायास ही उन स्तम्भों वाले क्षेत्र में पहुँच जाता था और दर्शक तुरन्त उसका मन्तव्य समझ जाते थे। मंच पर दृश्य-सज्जा के नाम पर कुछ भी उपलब्ध न होने की स्थिति में स्थान, परिवेश और वातावरण का आवश्यक पश्चिम संस्कृत और ग्रीक नाटकों की भाँति संवादों के माध्यम से ही दे दिया जाता था। दूसरी ओर मंच पर परिकल्पित इतने सारे अभिनय क्षेत्रों ने जहाँ स्थान, समय और कार्य व्यापार की अन्विति की आवश्यकता को ही समाप्त कर दिया, वहीं तरह-तरह के चमत्कारपूर्ण दृश्यों को रचने में भी सहयोग प्रदान किया। देखा जाए तो नाटकों में प्राप्य चरित्रों की भरमार का सम्बन्ध भी मंच पर उपलब्ध अभिनय क्षेत्र की व्यावहारिकता से जोड़ा जा सकता है। यों इसके लिए स्वयं मंडली के सदस्यों की संख्या भी उतनी ही ज़िम्मेदार रही होगी। क्या नाटकों में आए भूत-प्रेत, चुड़ैलें, जादूगर और ऐसे ही अनेक दूसरे चरित्र यदि तत्कालीन समय और

समाज में व्याप्त अन्ध-विश्वासों को चित्रित करते हैं तो शायद इस ओर भी एक झीना-सा संकेत करते हैं कि उस मंच पर इन सबकी परिकल्पना कितनी मनमोहक, आकर्षक और प्रभावशाली रहती होगी।

अब तक के विवेचन से यह तथ्य काफ़ी हद तक उज़ागर हुआ होगा कि संस्कृत, ग्रीक और शेक्सपीयर के समय में निर्मित स्थायी प्रेक्षागृहों ने अपने मूल स्वरूप में सदैव के लिए एक स्थिर, निश्चित्, निसंग और किसी भी प्रकार की अतिरिक्त दृश्य-सज्जा से रहित होकर भी तत्कालीन नाट्य-रचना में मात्र शब्दों के माध्यम से उसकी कल्पना-परि-कल्पना के लिए प्रेरित किया। यदि हम चाहें तो इसी कड़ी में जापान के नोह रंगमंच को भी सम्मिलित कर सकते हैं। लेकिन पिछले डेढ़ सौ वर्षों में विकसित यथार्थवादी नाट्य-रचना ने प्रेक्षागृह के स्थापत्य से भी ज़्यादा मंच पर अपनी कथा के अनुसार हर बार एक नए दृश्यबन्ध के निर्माण की प्रक्रिया को जन्म दिया। यह सच है कि प्रोसीनियम मंच के निर्माण के पीछे औद्योगिक क्रान्ति के फलस्वरूप अस्तित्व में आई टैकनालॉजी का भी उतना ही हाथ है, लेकिन उससे भी ज़्यादा नाटक के वे कथानक उत्तरदायी हैं जो पहली बार देवताओं, राजाओं और ऐसे ही चरित्रों को छोड़कर आम आदमी की ज़िन्दगी से आकर जुड़े, जिसका जीवनसाथी दर्शकों को पहले से मालूम नहीं था। अतः यह निहायत ज़रूरी हो गया कि मंच पर मात्र शब्द ही नहीं, उस दृश्य या परिवेश का भी वास्तविक-सा दिखने वाला वातावरण तैयार किया जाए। इसीलिए नाटकों में पहली बार मंच-निर्देशों को महत्त्व मिला क्योंकि अब शब्दों या संवादों के भीतर से उसे सूचित करने की बजाय दिखाकर स्थापित किया जा सकता था। नाटक का सम्पूर्ण कार्य व्यापार प्रायः एक ही दृश्यबंध पर घटित होता है, कम-से-कम किसी एक ही अंक और दृश्य में तो वह नहीं ही बदलता, क्योंकि उसके वहाँ ठोस रूप में स्थापित होने के कारण उसे बार-बार उतनी शीघ्रता से हटा पाना सम्भव नहीं होता। यदि फिर भी दृश्य परिवर्तन बहुत ज़रूरी हो तो प्रस्तुति के बीच दिए गए मध्यान्तर अथवा दृश्य के बीच मामूली हेर-फेर से सम्पन्न किया जा सकता है।

नाटकों के कथानकों ने प्रोसीनियम मंच की बनावट को एक और दृष्टि से भी प्रभावित किया। प्रायः कथानक घर के भीतर घटित होते हैं, अतः एक चार दीवारोंवाले घर की ज़रूरत महसूस हुई, जिसके भीतर नाटकों के चरित्रमानों दर्शकों की उपस्थिति से बेख़बर आपस में वार्तालाप करते चलते हैं। दर्शक नाटक देख सकें—मात्र इस सुविधा के लिए अभिनेता और दर्शक के बीच की चौथी दीवार को तोड़ दिया गया है। इसीलिए यहाँ भी विकृष्ट मंच की तरह दर्शक और अभिनेता आमने-सामने होते हैं, लेकिन वे दर्शकों से वैसा सीधा संवाद कभी नहीं करते, जैसाकि आज तक होता आया था। इसका असर नाटक की भाषा और संवादों पर साफ़ साफ़ दिखाई पड़ता है। अब संवाद बाहारी नाटकीयता और अलंकरण से मुक्त होकर चरित्रों के अन्तर्मन में चलनेवाले संघर्ष, तनाव और सूक्ष्म से सूक्ष्म संवेदनाओं के वाहक हैं—वे जो कहा जा रहा है, उससे भी ज़्यादा जो अनकहा रह जाता है, उसे संकेतित करते हैं। आधुनिक प्रेक्षागृहों में उपलब्ध

टैकनालॉजी से यदि यह सम्भव है कि मंच पर जब चाहें, जो चाहें दिखा सकते हैं तो नाट्य-रचना भी इस सुविधा के उपयोग से अछूती नहीं रही है। नाटकों में दिन, रात-वर्षा, आँधी किसी भी तरह के समय, स्थान और वातावरणों से जुड़े मंचनिर्देशों को आनन-फानन में मंच पर साकार किया जा सकता है। यह अलग अध्ययन का विषय हो सकता है कि इससे पहले की नाट्य-रचना में मात्र शब्दों के माध्यम से दृश्य निर्मिति के कारण पाठक या दर्शक की कल्पना को जो विस्तार मिला करता था, उससे हम कहीं वंचित तो नहीं हो गए हैं ? इसी अध्ययन का एक-दूसरा पक्ष यह भी हो सकता है कि स्थाई प्रेक्षागृह का अभाव अपने अनुरूप मौखिक नाट्य-रचना को भी क्या उसी अनुपात में प्रभावित नहीं करता ? लोक नाटकों, नुक्कड़ नाटकों अथवा कामेदिया दे' लार्ते की आशु रचना प्रकृति का इस सन्दर्भ में विवेचन और विश्लेषण किया जा सकता है।

क्या यह अपने-आप में बेहद रोचक जानकारी नहीं कि आदिम रंगमंच से लेकर आज तक के नुक्कड़ रंगमंच का जो इतिहास लाखों वर्षों में फैला हुआ है, उसमें जब भी एक वर्तुलाकार प्रदर्शन स्थल में किसी प्रस्तुति का प्रदर्शन किया गया है, कमोबेश उपर्युक्त तत्त्व ही प्रधान रहे हैं। आज सुविधा के लिए कभी-कभी इसी दायरे में चार अनौपचारिक प्रवेश प्रस्थान बना लिए जाते हैं, जिन्हें अभिनेता नाटक के कार्य व्यापार के दौरान प्रयोग में लाते रहते हैं। वर्तुलाकार मंच का लाभ यह भी है कि इसमें अतिरिक्त रूप से कोई तामझाम नहीं करना पड़ता—मात्र कुछ प्रकाश उपकरणों को चार कोनों से बाँधना ज़रूरी है। वह भी तभी जब प्रदर्शन रात में हो रहा हो, अन्यथा सूरज की रोशनी में उसकी भी कोई दरकार नहीं रहती। वर्तुलाकार प्रदर्शन स्थल की इसी अनौपचारिकता का परिणाम है कि रंग इतिहास में दर्शकों और अभिनेताओं के बीच यह पद्धति सबसे ज़्यादा लोकप्रिय रही है। इतना ही नहीं, दर्शकों और अभिनेताओं के बीच अन्तरंगता की दृष्टि से भी इस मंचीय स्थिति का सबसे ज़्यादा महत्त्व है। यहाँ तक कि आधुनिक भारतीय रंगमंच में बंगाल के सुप्रसिद्ध नाटककार निर्देशक बादल सरकार ने अपने तीसरे रंगमंच की परिकल्पना को साकार रूप प्रदान करने के लिए मंचन की इसी पद्धति का चुनाव किया और पिछले लगभग तीस वर्षों से इसी शैली में काम करते आ रहे हैं। नुक्कड़ नाटकों की प्रस्तुति के सन्दर्भ में इस प्रकार के स्थल की ही हम पहले ही ऊपर चर्चा कर आए हैं। आदिम रंगमंच के बाद पश्चिम में जब मध्यकाल में नाटक चर्च के बाहर निकलकर आया और बाज़ार के चौराहों पर पहुँचा तो नाटकों का मंचन इसी पद्धति में होता था। हमारे यहाँ कुछ प्रदेशों में रामलीला जैसी लोकशैली का मंचन भी एक दायरेनुमा पद्धति में ही होता है। यहाँ यह उल्लेख करना भी अप्रासांगिक नहीं होगा कि वे सब प्रकार के खेल, तमाशे, सर्कस का पंडाल हों, मदारी को घेरकर बैठे या खड़े लोग हों, उत्सव हो, अनुष्ठान—अर्थात् कोई भी ऐसी गतिविधि जिसमें एक बड़े समूह की भागीदारी हो अथवा एक छोटे समूह की, सबसे अहम् बात यह है कि दायरे में स्थित दर्शकों द्वारा अभिनेताओं तक पहुँचनेवाली ऊर्जा और अभिनेताओं द्वारा दर्शकों तक पहुँचनेवाली ऊर्जा एक दायरे के केन्द्रीय बिन्दु के बिलकुल मध्य में होने के कारण आपस

में बराबर बराबर वितरित होती रहती है।

प्रस्तुतिशैली और प्रदर्शन स्थल के बीच लगभग यही रिश्ता तब भी बनता है जब दर्शक मंच को तीन तरफ़ से घेरकर बैठते हैं। दर्शकों और अभिनेताओं के मध्य यहीं अन्तरंगता बरकरार रहती है, जो एक दायरेवाली स्थिति में थी, क्योंकि यहाँ दर्शक भी मानों मंच की तरफ़ अग्रसर होते जान पड़ते हैं और अभिनेता भी जैसे दर्शकों पर छा जाने की स्थिति में होते हैं। ऐसा इसलिए होता है क्योंकि अब दायरा पूरी तरह से एक दायरा न रहकर एक तरफ़ सें तोड़ दिया गया है और वहाँ एक ऐसा स्पेस आ गया है जिसे प्रदर्शन के लिए इस्तेमाल किया जा रहा है, जिसे अभिनेताओं की रंगभूमि भी कहा जाता है। मंच के तीन तरफ़ से घिरे होने में सुविधा यह हो जाती है कि अभिनेताओं को अनायास ही मंच के तीन कोनों पर प्रवेश ओर प्रस्थान के लिए अनेक द्वार मिलने लगते हैं। इतना ही नहीं दर्शकों के ठीक सामने मंच के पिछले हिस्से में एक दीवार अथवा पर्दे की परिकल्पना की जा सकती है। इस प्रकार से दृश्यबन्ध के नाम पर कम से कम पिछली दीवार के सामने प्रावधान किया जा सकता है। अभी भी क्योंकि दर्शक मंच को तीन तरफ़ से घेरे हुए रहते हैं इसलिए कोई भी दृश्यबन्ध ऐसा नहीं हो सकता जो मंच पर उपलब्ध पूरे अभिनय क्षेत्र में फैला हुआ हो। ऐसी स्थिति में प्रस्तुतिशैली को पुनः उसी शैलीबद्धता अथवा रीतिबद्धता का आश्रय लेना पड़ता है जो कि इससे पूर्व एक वर्तुलाकार प्रदर्शन स्थल के रूप में विश्लेषित की जा चुकी है। कभी घेरे के बड़े होने और विशाल दर्शक समूह की उपस्थिति के कारण भी प्रस्तुतिशैली में कई दूसरे तत्त्व जुड़ने लगते हैं। उदाहरण के लिए, चेहरे पर बड़े बड़े मुखौटों के प्रयोग, शरीर की बनावट को उसकी स्वाभाविक नाप से ज़्यादा बढ़ा-चढ़ाकर दिखाने के लिए ऊँची ऊँची एड़ियोंवाले जूतों का प्रयोग प्रत्येक हावभाव, गति और मुद्रा को अतिरंजित रूप में दर्शकों के सामने प्रस्तुत करना, पश्चिम में यूनानी नाट्य परम्परा और भारत में पारसी नाट्यों के प्रदर्शन में उपर्युक्त तत्त्वों को सहज ही पहचाना जा सकता है।

प्रस्तुतिशैली का लगभग यही स्वरूप तब भी बनता है जब दर्शक मंच को दो तरफ़ से घेरकर बैठते हैं। यूँ तो इतिहास में परम्परा के रूप में इस तरह प्रावधान मात्र जापान की नोह और काबुकी नाट्यशैली में ही दिखाई पड़ता है, लेकिन आज कोई निर्देशक प्रयोग के स्तर पर किसी भी नाटक की प्रस्तुति में एक ख़ासी स्पेस में इस तरह की पद्धति का प्रयोग कर सकता है अर्थात् दर्शक मंच को दो तरफ़ से घेरकर बैठे और नाटक उनके बीच में मंचित हो रहा हो। इसमें कोई सन्देह नहीं कि ऐसे मंचन में मंच के दो कोने, दृश्यबन्ध, नेपथ्य अथवा प्रवेश और प्रस्थान के काम में आते हैं लेकिन प्रस्तुतिशैली कमोबेश उसी नाट्यधर्मिता से काम चलाती है जिसका ज़िक्र ऊपर बार बार किया गया है। एक प्रकार से देखा जाए तो अभी तक के विवेचित तीन तरह के प्रदर्शन स्थल अपनी बनावट से ही प्रस्तुतिशैली को लगभग निश्चित् कर देते हैं। इन पद्धतियों में किसी भी नाटक को यथार्थवादी शैली के माध्यम से मंचित करना सम्भव ही नहीं है। यह अलग बात है कि वह नाट्यधर्मिता अपनी प्रस्तुतिशैली में विविधवर्णी होती है

और उसका कोई एक निश्चित् स्वरूप नहीं बनाया जा सकता है। हाँ, कुछ तत्त्व ज़रूर सामान्य हो सकते हैं जैसे कि गीत, संगीत और नृत्य गतियाँ और मुद्राएँ। इसीलिए हम देखते है कि अलग अलग देशों में अथवा हमारे अपने ही देश के अलग अलग प्रान्तों में इस तरह के प्रदर्शन स्थलों में जितनी भी तरह की प्रस्तुति शैलियों और पद्धतियों से हमारा साक्षात्कार होता है उन सबमें ये सामान्य तत्त्व अवश्य पाए जाते हैं।

अब हम किसी भी नाटक को मंच के मात्र एक तरफ़ बैठकर देखनेवाले प्रदर्शन स्थल में उभरती हुई शैली पर विचार कर सकते हैं। सबसे पहले तो इस तथ्य पर ध्यान दिया जाना ज़रूरी है कि किसी भी चित्र, पुस्तक अथवा वस्तु को हम किसी एक विशेष क्षण में जब आमने-सामनेवाली स्थिति में देखते हैं तो वह देखने की वैज्ञानिक पद्धति के कारण एक स्वाभाविक स्थिति होती है। हम बाएँ से देखते हैं और एक बार में हमारी दृष्टि बाएँ से दाएँ जितनी दूर तक देख सकती है उससे इस तरह के प्रदर्शन स्थल में प्रस्तुतियों को देखने की सीमा रेखा अपने आप निश्चित् होने लगती है, अर्थात हमारी आँखों के ठीक सामने लगभग एक का हर वह भाग हमें सुविधापूर्वक दिखाई देता रहे इसका प्रावधान इस प्रकार के प्रदर्शन स्थल की सबसे आवश्यक प्राथमिकता है। दूसरे, क्योंकि अब दर्शक ठीक मंच के सामने बैठे हैं अतः किसी भी तरह का दृश्यबन्ध अभिनेताओं और दर्शकों के बीच व्यवधान उत्पन्न नहीं करेगा। इसीलिए यह स्वाभाविक ही था कि इतिहास में पहली बार मंच अभिकल्पन एवं दृश्यबन्ध की परिकल्पना ने इसी प्रदर्शन स्थल की अवधारणा के साथ जन्म लिया।

एक और दृष्टि से भी आमने-सामने बैठकर देखने की पद्धति का अपना महत्त्व है। जब साहित्य और नाट्य रचना में स्वाभाविकतावाद अथवा यथार्थवाद ने जन्म लिया तो उस समय प्रदर्शन स्थल के रूप में भी नाटकों के मंचन के लिए एक रंगद्वारी मंच की आवश्यकता अनुभव की गई क्योंकि अब नाटक सीधे-सीधे दर्शकों को सम्बोधित न होकर पात्रों और चरित्रों के बीच ही घटित होता दिखाया जाता था। इसके पीछे मूल कारण यही था कि जो नाटक अब तक खुले में एक विशाल मंच पर मंचित होते थे और ईश्वर, राजा अथवा दूसरे अलौकिक तत्त्वों से भरपूर होते थे, वे विज्ञान और औद्योगिक क्रान्ति के फलस्वरूप सामान्य आदमी की कहानी को केन्द्र में लेकर आए और नाटक का परिवेश भी उसी के अनुसार घर के भीतर सिमट गया। इसीलिए इस तरह के प्रदर्शन स्थल के पीछे मूल सोच यही है कि सारा नाटक मानों एक चार दीवारी के भीतर घटित होता है जिसकी एक दीवार को दर्शकों की सुविधा के लिए तोड़ दिया गया है, अभिनेता दर्शकों की उपस्थिति से बिलकुल भी सजग और सचेत न हों और नाटक के संवाद, क्रियाएँ प्रतिक्रियाएँ और सारा कार्य व्यापार उनके अपने बीच चलता रहे। इस प्रकार जहाँ नाट्य रचना में एक यथार्थवादी शैली का सूत्रपात हुआ उसी के अनुसार प्रस्तुतिशैली भी यथार्थवाद पर ही आश्रित रहती है। इसका परिणाम यह हुआ कि अब तक जो अभिनय परम्परा अतिरंजित, मैलोड्रामेटिक और नाट्यधर्मिता से आबद्ध थी वह सूक्ष्म, अन्तरिक, सहज और स्वाभाविक अभिनय में रूपान्तरित हो गई।

यहीं पर एक प्रश्न यह भी उठाया जा सकता है कि मंच के सामने एकतरफ़ा बैठकर नाटक देखने की पद्धति तो हमारी अपनी प्राचीन परम्परा में थी विद्यमान थी तो फिर उसके साथ यथार्थवादी प्रस्तुतिशैली ने जन्म क्यों नहीं लिया। इसका कारण यही है कि बेशक हमारे यहाँ भी प्रदर्शन स्थल का यह स्वरूप आरम्भ से ही मिलता है और एक अर्थ में सबसे पहले हमारे ही देश में एकतरफ़ा बैठककर नाटक देखने की पद्धति का जन्म हुआ था लेकिन नाटकों की कहानियाँ, राजाओं, लोककथाओं, पुराणों, मिथकों इत्यादि से जुड़ी होने के कारण अभिनय अथवा प्रस्तुतिशैली के स्तर पर उस यथार्थवादिता का अविर्भाव नहीं हो पाया। इसीलिए दर्शकों के एक तरफ़ बैठने के बावजूद भी प्रस्तुतिशैली का आग्रह लोकधर्मी पर ही ज़्यादा रहा। यह अलग बात है कि हमारे यहाँ भी लोकधर्मी नाम से उस शैली के संकेत भी मिलते हैं जिसे आज के यथार्थवाद की पूर्वपीठिका कहा जा सकता है।

बहरहाल, रंगद्वारी मंच पर बना हुआ चौखटेनुमा ढाँचा प्रस्तुतिशैली से सम्बन्धित कुछ चीज़ें स्वयं ही निर्धारित कर देता है, मसलन—एक ठीक सामनेवाले पर्दे की ज़रूरत जिसकी सहायता से दर्शकों के भीतर का हिस्सा तभी दिखाई पड़े जब हम चाहें। यदि सामने का परदा नहीं भी है तो भी सारा मंच अन्धकार में और प्रदर्शन के समय ठीक इसके उलट अर्थात् दर्शकों पर अन्धकार और मंच पर प्रकाश। एक प्रकार से प्रस्तुतिशैली और प्रदर्शन स्थल आपस में मिलकर यथार्थवादी प्रस्तुतिशैली में अभिनेता अपने सही कद और व्यक्तित्व के साथ ही दर्शकों के सामने उपस्थित होता है। यों कहने को यही यथार्थवादी अभिनयशैली फ़िल्म और दूरदर्शन में भी इस्तेमाल की जाती है लेकिन सच्चाई यह है कि दूरदर्शन में आदमी अपने कद से बहुत छोटा और फ़िल्म में बहुत बड़ा दिखाई देता है। इसीलिए कहा जाता है कि वस्तुतः यथार्थवादी प्रस्तुति और अभिनयशैली की पहचान रंगमंच पर ही होती है।

उपर्युक्त सभी विकल्पों और पद्धतियों के बाद मुख्य रूप से प्रदर्शन स्थलों के दो और स्वरूप इतिहास में दिखाई पड़ते हैं जिनका उल्लेख किया जाना चाहिए। एक तो, खुले मैदान में एक नाटक के अलग-अलग दृश्यों को मंचित करना और दर्शक उन्हें वहाँ जा-जाकर देखें। दूसरे, दर्शक गलियों, चौराहें, नुक्कड़ों पर खड़े रहें और नाटक का एक-एक दृश्य किसी वाहन के माध्यम से स्वयं उनके सामने चलकर आए। दोनों ही स्थितियों में प्रदर्शन स्थल के स्वरूप के वैचित्र्य और विविधता के बावजूद प्रस्तुतिशैली पर अलग से कोई ख़ास असर नहीं पड़ता। वह नाट्यधर्मी भी हो सकती है और यथार्थवादी भी। लेकिन अहम् बात यही है कि उसमें कम से कम मंच उपकरण और तामझाम से काम चलाना होगा। अभिनेताओं की संख्या भी बहुत ज़्यादा नहीं होती। इसीलिए इस तरह के नाटकों की प्रस्तुति में प्रायः रूपसज्जा, वेशभूषा और एकाध छोटे मोटे मंच उपकरण ही ज़्यादा काम में आते हैं।

इस प्रकार हम देखते हैं कि जिस प्रकार प्रेक्षागृह का स्थापत्य अपने समय में लिखे जानेवाले नाटकों की संरचना और शिल्प को प्रभावित करता है उसी प्रकार मंचन किस

प्रदर्शन स्थल पर किया जा रहा है यह तथ्य भी नाटक की प्रस्तुतिशैली को निर्धारित कर देता है। लेकिन इसका अर्थ यह नहीं है कि ऐसे निष्कर्ष अपने आप में अन्तिम कहे जा सकें। सम्भावना इसकी फिर भी बनी रहती है कि कोई कल्पनाशील निर्देशक अथवा नाट्य मंडली प्रदर्शन स्थल के अपने स्वरूप के बिलकुल विपरीत प्रस्तुतिशैली की भी खोजकर ले अथवा स्वयं प्रस्तुतिशैली स्थल के निश्चित् आकार-प्रकार को अपने हिसाब से रूपान्तरित कर ले।

दर्शक

रंगमंच में अभिनेता और दर्शक का सम्बन्ध अटूट है। किसी और कला और विधा में दर्शक की ज़रूरत भले ही न हो लेकिन रंगमंच की कल्पना उसकी जीवन्त उपस्थिति के बिना की ही नहीं जा सकती। यहाँ मात्र दर्शक की ही नहीं, अभिनेता की जीवन्त उपस्थिति होना भी अनिवार्य है। देखा जाए तो दर्शकों की जीवन्त उपस्थिति फ़िल्म अथवा दूरदर्शन जैसे माध्यमों में भी होती है लेकिन उसका अभिनेता से प्रत्यक्षतः कोई सम्बन्ध नहीं है। यही बात साहित्य के पाठक और चित्रकला के दर्शक के लिए भी कही जा सकती है क्योंकि यहाँ भी रचनाकार और उसके भोक्ता के बीच कोई सीधा रिश्ता नहीं होता। कुछ हद तक संगीत और नृत्य में भी रंगमंच जैसा सम्बन्ध बनता है, यद्यपि यह कोई अनिवार्यता नहीं है क्योंकि आज कैसेट और वीडियो पर भी इन दोनों विधाओं का उतना ही आनन्द उठाया जा सकता है। लेकिन रंगमंच में अभिनेता और दर्शक की पारस्परिक सहभागिता वस्तुतः रंगमंच के जन्म और आदिकाल से ही चली आ रही है। इस सहभागिता का सबसे रोचक पक्ष यह है कि आदिकाल से आज तक अभिनेता और दर्शक के बीच किसी तरह के समीकरण और सम्बन्ध बने, टूटे और विकसित हुए—यदि हम इसका एक ऐतिहासिक अध्ययन, विवेचन और विश्लेषण करें तो हम यह भी जान पाते हैं कि अन्ततः इन सम्बन्धों ने नाटकों के लेखन, प्रस्तुतीकरण और प्रेक्षागृह की बनावट को भी कैसे प्रभावित किया।

क्या यह तथ्य अपनेआप में कम दिलचस्प नहीं कि जब रंगमंच की शुरुआत हुई तो अभिनेता और दर्शक का कोई भेद ही नहीं था। फिर भी रंगकर्म के प्रदर्शन स्थल के रूप में एक बनावट अपने आप ही उभरकर सामने आ गई और वह थी रात के समय घेरे में बैठे हुए लोग, बीचोबीच जलती आग और उस पर पकता मांस। यहीं से किसी एक दिन एक आदमी ने अपने अनुभवों को सबको सुनाना शुरू किया, फिर दिखाना शुरू किया और धीरे-धीरे करके उसमें बहुत से लोग शामिल होते चले गए। चूँकि सबकी दिनचर्या एक जैसी थी और सबके अनुभव भी एक समान थे इसीलिए शुरू में अभिनेता और दर्शक जैसी दो अलग-अलग इकाईयाँ का कोई अर्थ नहीं था। अभिनटन की इस प्रारम्भिक अवस्था में घेरे में बैठे हुए लोगों में से कोई भी उसका हिस्सा हो सकता था और कहानी को आगे बढ़ा सकता था। इस प्रकार विश्व में जब भी, जहाँ भी रंगमंच के इस आदिम स्वरूप की शुरुआत हुई उसका अनगढ़ स्थापत्य वर्तुलाकार था। हाँ, यह अध्ययन काफ़ी रोचक हो सकता है कि यह पहला स्वरूप बर्तुलाकार ही क्यों बना ? इस दिशा में कई संकेत किए जा सकते हैं। मसलन आदिम

मनुष्य ने जब पहली बार प्रकृति की एक निश्चित् लय को अनुभूत किया होगा तो उसकी गति वर्तुलाकार थी। जैसे एक निश्चित् समय पर सूरज का उदय और अस्त होना। चन्द्रमा का अनिर्भाव और रात्रि का आगमन इत्यादि। दूसरे वर्तुल अपने आप में ही एक ऐसी सहज बनावट है जिसे बच्चे भी खेल-खेल में अनायास ही कब बना डालते हैं, पता ही नहीं चलता। बीचोबीच आग पर पकते हुए मांस ने भी भोक्ता लोगों के बैठने के स्थान को पूरी तरह से निश्चित् कर दिया ताकि वे बराबर-बराबर बाँटकर खा भी सकें, बराबर-बराबर आग की गर्मी को महसूस कर सकें और मन की मौज में उस आग के चारों तरफ़ नाच-कूद भी सकें। हर चीज़ में परस्पर की यह बराबर की सहभागिता ही वह मुख्य कारण था जिसने वर्तुलाकार को जन्म दिया। एक दूसरी दृष्टि से भी अभिनेता और दर्शक के सन्दर्भ में वर्तुल के महत्त्व को समझा जा सकता है। वर्तुल की कोई शुरुआत या अन्त नहीं होता और बीच के बिन्दु से किसी भी दिशा की दूरी एक समान रहती है। इसकी वजह से, अभिनेता से दर्शक तक पहुँचने वाली ऊर्जा और दर्शक से अभिनेता तक लौटने वाली ऊर्जा भी समान स्तर पर क्रियाशील रहती है।

भले ही आदिम रंगमंच में अभिनेता और दर्शक के बीच कोई भेद न रहा हो फिर भी जंगली जानवर के शिकार अथवा कबीलों की आपसी लड़ाइयों पर आधारित कहानियों में एक नाटकीय आलेख से जुड़े बहुत से तत्त्व दिखाई पड़ने लगते हैं जैसे नायक, प्रतिनायक, कहानी का विकास, उत्सुकता, रहस्य, तनाव और संघर्ष जैसी बेहद नाटकीय सम्भावनाएँ। यहाँ तक कि त्रासदी और कॉमेडी जैसी विधाओं के बीज भी आदिम मनुष्य के एक अभिनटनों में सहज ही उपलब्ध हैं। इतना ही नहीं दृश्यात्मक स्तर पर प्रस्तुति से जुड़े अन्य तकनीकी तत्त्वों की झाँकी भी इस सांध्यकालीन दिनचर्या में दिखाई पड़ने लगती हैं। घेरे के रूप में एक अनौपचारिक प्रदर्शन स्थल, प्रकाश के रूप में चन्द्रमा की रोशनी और जलती हुई आग, वेशभूषा के नाम पर पेड़ों की छाल, पत्ते, जानवरों की खाल इत्यादि, रूपसज्जा के नाम पर मिट्टी, राख या कुछ ऐसी ही चीज़ें, मंच उपकरणों के रूप में भाले, डंडे या कुछ ऐसे ही क़िस्म के अस्त्र-शस्त्र और संगीत तथा संवादों के नाम पर मानवीय ध्वनियों का एक अद्भुत कोलाज़। सारी चीज़ें रंगमंच की पहली रूपरेखा का एक निश्चित् न सही एक अनगढ़-सा आभास ज़रूर करा देती हैं।

अभी तक की इस पूरी गतिविधि में दर्शक और अभिनेता का कोई स्पष्ट विभाजन नहीं था। लेकिन आदिम युग में ही यह दोनों इकाइयाँ भी अलग-अलग रूप से सामने आ गईं जब आदिम मनुष्य ने सुबह शिकार अथवा लड़ाई पर जाने से पहले की पूर्व रात्रि में उस होने वाली घटना या दुर्घटना का बाक़ायदा रियाज़ करना शुरू किया। आरम्भ में इस गतिविधि में भी पूरे जनसमूह की भागीदारी होती थी लेकिन बहुत जल्दी ही उन्होंने अनुभव किया कि रात्रि में सभी लोगों द्वारा घटना के पूर्वाभ्यास के क्रम में अनावश्यक थकान हो जाती है, अतः क्यों न पूर्वभ्यास का काम कुछ विशेष लोगों को सौंप दिया जाए और बाक़ी सभी लोग उसे देखें और उससे उत्साहित होकर सुबह अपने

अभियान पर निकलें। इस प्रकार आधुनिक रंगमंच के दो आवश्यक और अपरिहार्य तत्त्वों का जन्म हुआ और वे हैं अभिनेता और दर्शक। इसी के साथ रंगस्थल की वर्तुलाकार बनावट ने भी एक नया आकार ग्रहण किया। इस सम्पूर्ण घेरे के एक भाग को पूरी तरह से अभिनेताओं को सौंप दिया गया और बाक़ी भूमि दर्शकों के बैठने के काम आने लगी। इस नए आकार में भी अभिनेता और दर्शकों के बीच लगभग वैसी ही आतमीय सम्बन्ध बना रहा जो कि वर्तुलाकर स्थल में अनायास ही उपलब्ध था। अभिनेताओं के स्थल को लगभग तीन दिशाओं से घेरे हुए दर्शक, अभिनेताओं का मंच जैसे दर्शक समुदाय में घुसपैठ करता हुआ, इस प्रकार दोनों में प्रगाढ़ आत्मीयता ज़रूर स्थापित हुई लेकिन इस बात से इनकार नहीं किया जा सकता कि कहीं न कहीं दर्शक और अभिनेता के बीच का समीकरण बदलता भी जा रहा था, जिसका यथोचित विकास पश्चिम के यूनानी रंगमंच में छठी शताब्दी ई. पूर्व तक आते-आते अपना निश्चित् स्वरूप ग्रहण करता है। अब एक लिखित आलेख है, ध्वनियों की भाषा के स्थान पर शब्द हैं, तत्कालीन वेशभूषा है और एक नया तत्त्व है—मुखौटे का प्रयोग। सम्भव है आदिम रंगमंच में भी कभी-कभार जानवर की खाल के रूप में मुखौटों का प्रयोग होता रहा हो लेकिन अपने वास्तविक रूप में वह यूनानी रंगमंच में ही मिलता है। इसके कई व्यावहारिक कारण भी थे। अपने आस्तित्व के लगभग दो सौ—तीन सौ साल में यूनानी रंगमंच में एक, दो या ज़्यादा से ज़्यादा तीन अभिनेता ही नाटक के सभी चरित्रों की भूमिका में उतरते थे। अतः मुखौटा अलग-अलग चरित्रों को स्थापित करने के लिए एक सहज नाटकीय युक्ति थे। दूसरे, मुखौटे में फिर किसी यांत्रिक प्रविधि से बीस-पच्चीस हज़ार दर्शक समूह तक अपनी आवाज़ को पहुँचाया जा सकता था। तीसरा और सबसे महत्त्वपूर्ण कारण था यूनानी नाटकों का केवल पुरुष पात्रों द्वारा मंचन। मात्र मुखौटे के प्रयोग से वे पुरुष और स्त्री चरित्र में भेद दिखा सकते थे।

इस बात के कोई प्रमाण उपलब्ध नहीं हैं कि आदिक रंगमंच में सिर्फ़ पुरुष ही अभिनेता के तौर पर हिस्सा लेते थे। बहरहाल रंगस्थल के इस नए आकार ने तत्कालीन अभिनयशैली और प्रस्तुति अभिकल्पन को भी प्रभावित किया। जैसाकि पहले ही कहा जा चुका है कि अभिनेता को एक बहुत बड़े दर्शक समूह तक अपनी आवाज़ को पहुँचाना था, अतः उसकी सारी अभिनय पद्धति का सहज और सामान्य न होकर अतिरिंजित होना स्वाभाविक था। नाटकों की कहानियाँ अभी भी दर्शकों के लिए जानी पहचानी थीं इसलिए वे कहानी से ज़्यादा अभिनेता की कला को देखने आते थे। चूँकि अभी भी दर्शक अभिनेता और अभिनय स्थल को लगभग पूरी तरह से घेरे हुए रहते थे अतः किसी भी प्रकार के ठोस दृश्यबंध की सम्भावना ही नहीं थी। इसीलिए दृश्यों से अधिक शब्दों के माध्यम से नाटक की कहानी को आगे बढ़ाया जाता था। इस पूरी प्रक्रिया में अभिनेता और दर्शक के पारस्परिक सम्बन्ध को परिभाषित करने के लिए विवेचन नाम नाट्य सिद्धान्त की अवधारणा ने भी जन्म लिया जिसका अरस्तू ने अपने 'काव्यशास्त्र' में विशद् विवेचन किया है। अर्थात् दर्शक नाटक देखने क्यों आता है और

नाट्य प्रस्तुति दर्शक के साथ क्या सलूक करती है, संक्षेप में मनुष्य मात्र के भीतर आदिम रूप से उपस्थित दया पाने और भय खाने जैसी क्षुद्र प्रवृत्तियों को नाट्य प्रस्तुति में बड़े-बड़े चरित्रों के पतन के माध्यम से निखारती है और उन्हें उच्चतर जीवन मूल्यों की ओर बढ़ाने के लिए प्रेरित करती है।

एक ओर जहाँ पश्चिम में यूनानी रंगमंच के रूप में एक ऐसे प्रदर्शन स्थल से परिचय होता है जो विशाल जनसमुदाय को अपने में समेट लेता है और खुले में सुबह से शाम तक मंचन की प्रक्रिया से गुज़रता है वहीं हमारे अपने देश में विश्व के सबसे पहले अन्तरंग प्रेक्षागृह की परिकल्पना का जन्म होता है। यद्यपि भारत में भी सम्भवतः पहले कुछ मंचन खुले में ही हुए लेकिन बाद में भरत के नाट्यशास्त्र के प्रभाव स्वरूप हमारे यहाँ अन्तरंग प्रेक्षागृहों में नाटकों का मंचन प्रारम्भ हुआ। पहली बार हमें आज के रंगद्वारी (प्रोसिनियम) मंच से मिलते-जुलते आकार का मंच हमारे यहाँ भी दिखाई पड़ता है जिसमें अभिनेता और दर्शक एक-दूसरे के आमने-सामने होते हैं। यह अलग बात है कि हमारी परम्परा में इस तरह के मंच का प्रयोग यथार्थवादी नाटकों की प्रस्तुति के लिए नहीं वरन् तत्कालीन शास्त्रीय शैली में रचित संस्कृत नाटकों के लिए किया जाता था। सहृदय दर्शक की अपेक्षा के रूप में बहुत ही सीमित दर्शक समुदाय के बीच ये नाटक प्रस्तुत किए जाते थे। दर्शक यूनानी नाटकों के समानान्तर यहाँ भी नाटक की कहानियाँ से भलीभाँति परिचित थे और वे अभिनेता की कला के माध्यम से नाटक से मिलने वाले आनन्द का रसास्वादन करने जाते थे जिसे भरत और बाद के आचार्यों ने रस निष्पति के सन्दर्भ में विश्लेषित किया है। हमारे यहाँ के प्रेक्षागृह का आकार अभिनय की इस पद्धति को पूरी तरह से निश्चित् कर देता है कि मंच पर जो कुछ भी प्रस्तु किया जा रहा है वह सीधे-सीधे दर्शकों को सम्बोधित है। इसीलिए मंच और दर्शक दीर्घा के एकतरफ़ा होने के बावजूद भी दोनों के बीच एक अन्तरंग रिश्ता बना रहता था जोकि आज के प्रोसिनियम थिएटर में गायब होता चला गया है।

भारतीय रंगमंच में इस आमने-सामनेवाले प्रेक्षागृह के अतिरिक्त (जिसे भरत ने विकृष्ट नाट्य मंडप नाम दिया था) दो अन्य प्रकार की बनावट वाले मंचों का उल्लेख भी मिलता है जो चतुरस्र और त्र्यस्र के नाम से जाने जाते हैं। इनके भीतर अभिनेता और दर्शकों के बीच क्या सम्बन्ध रहता होगा इसे लेकर विद्वानों में मतभेद हैं। कुछ का मानना है कि मंच का आकार जो भी रहा हो दर्शकों और अभिनेता की स्थिति एक-दूसरे के आमने-सामने ही होती थी। लेकिन दूसरे मतानुसार चतुरस्र में दर्शक मंच के चारों और त्र्यस्र में सम्भवतः तीन ओर बैठते हों जैसा कि उनके नामों से भी संकेत मिलता है। बहरहाल, दर्शकों और अभिनेताओं का आपसी तालमेल जो भी और जैसा भी रहा हो, इसमें कोई दो राय नहीं है कि उनके बीच एक अन्तरंग रिश्ता मौजूद रहता था। यहीं पर एक संकेत पूरब और पश्चिम की जीवन दृष्टि के मूलभूत अन्तर की ओर करना भी अप्रासंगिक नहीं होगा। पश्चिम में जीवन का एक निश्चित् अन्त होता है अतः वहाँ के नाटकों में त्रासद तत्त्व का प्राधान्य है, हमारे यहाँ जीवन एक निरन्तर गतिशील

प्रक्रिया है अतः उसके प्रति एक आनन्दवादी दृष्टिकोण अपनाया गया है। दर्शकों और अभिनेताओं के आपसी सम्बन्धों को उपर्युक्त दृष्टि से भी जाँचा परखा जा सकता है।

मंच के चारों तरफ़ से घेरे हुए, तीन तरफ़ से घेरे हुए और एक तरफ़ से घेरे हुए दर्शकों की उपस्थिति के बाद एक ऐसे मंच से साक्षात्कार होता है जिसे दर्शक दो तरफ़ से घेरकर बैठते हैं और वो है लगभग मध्यकाल तक अपने निश्चित् स्वरूप को प्राप्त जापान का नोह रंगमंच। मंच और नेपथ्यगृह को आपस में जोड़ता हुआ एक लम्बा पुल, दर्शकों का एक भाग ठीक पुल के सामने और दर्शकों का दूसरा भाग ठीक मंच के सामने। इस प्रकार नेपथ्य से मंच तक की अभिनय यात्रा भी दर्शकों के लिए प्रदर्शन का हिस्सा बन जाती है। यहाँ भी चेहरे पर मुखौटे हैं, कलाकारों के रूप में केवल पुरुष अभिनेता हैं और अभिनयशैली के रूप में शैलीबद्ध मुद्राएँ, संवाद, संगीत और कभी-कभी नृत्य। कभी खुले में आरम्भ हुआ मंच आज बन्द प्रेक्षागृहों में स्थानान्तरिक हो चुका है लेकिन अभिनेता और दर्शकों के आपसी सम्बन्धों में कोई बदलाव नहीं आया। यहाँ तक की जापान की ही एक दूसरी नाट्यशैली 'काबुकी' में भी एक पुल सामने वाले मंच के एक कोने से प्रेक्षागृह की अन्तिम पंक्ति तक बना रहता है और वहाँ भी अभिनेता अपने प्रवेश और प्रस्थान को प्रायः दर्शकों के भीतर से होकर ही स्थापित करता है।

अभिनेता और दर्शक के आपसी रिश्ते के जितने विविध रूप पूरब और पश्चिम के मध्यकालीन रंगमंच में मिलते हैं उतने इतिहास में एक साथ कभी भी सम्भव नहीं हुए। पूरब विशेषतः भारत में लोक रंगमंच और पश्चिम में चर्च के भीतर से उभरते धार्मिक रंगमंच ने पहली बार एक बनी बनाई औपचारिक व्यवस्था को छोड़कर खुले में सीधे दर्शकों के बीच जाकर लचीले एवं व्यावहारिक प्रदर्शन स्थल की परिकल्पना को साकार किया है। नाटक कहीं भी खेला जा सकता था उसके लिए मात्र एक स्थायी मंच की ज़रूरत होती थी जो कभी लकड़ी का और कभी मिट्टी का बना हो सकता था। दर्शक कहीं भी बैठकर, लेटकर अथवा खड़े होकर प्रस्तुति देखने के लिए स्वतंत्र थे। यहाँ तक कि अपने घरों की छतों और खिड़कियों से भी अथवा पेड़ों की ऊँचाइयों पर चढ़कर भी नाटक का मज़ा ले सकते थे। नाटक दिन में भी हो सकते थे और रात में भी लेकिन अभिनेता और दर्शक की स्थिति कमोबेश वही रहती थी। पश्चिम में इसी काल में प्रदर्शन स्थल की कम-से-कम दो अद्भुत पद्धतियों ने जन्म लिया। एक पद्धति यह थी एक खुले मैदान में नाटक की घटनाओं से जुड़े अलग-अलग दृश्यखंडों के लिए एक-एक क्षेत्र का चुनाव कर लिया जाता था और दर्शक को एक स्थान से दूसरे स्थान तक घूम-घूमकर उन्हें देखना पड़ता था। इस पद्धति में अभिनेता तो अपने-अपने क्षेत्र में ही स्थित रहते थे लेकिन दर्शकों की स्थिति चलायमान होती थी। दोनों इकाइयों के अब तक के तमाम रिश्तों से अलग था यह विकल्प। इसी का एक दूसरा विपरीत छोर था, जहाँ शहर के अलग-अलग चौराहों पर, दर्शक सुबह से शाम तक स्थित रहते और विभिन्न वाहनों पर नाटक के एक-एक दृश्य का मंचन उनके सामने पहुँचकर किया जाता था। कभी वाहन के ऊपर ही और कभी नीचे उतरकर ही अभिनय किया जा सकता

था। ज़ाहिर है कि इसमें न तो बहुत ज़्यादा अभिनेता ही होते थे और न ही रंगमंच के दूसरे तकनीकी तामझाम हो सकते थे। ग़ौरतलब बात यह है कि इस पद्धति में दर्शक अपने स्थान पर स्थिर हैं और अभिनेता अथवा सम्पूर्ण रंगस्थल ही उसके पास चलकर आता है। इसती तुलना हम आज के नुक्कड़ नाटक अथवा गणतन्त्र दिवस पर निकलने वाली झाँकियों के साथ कर सकते हैं। इतना ही नहीं, रामनगर की रामलीला में उपलब्ध अलग-अलग अभिनय क्षेत्र इन दोनों पद्धतियों का मिला-जुला रूप तो प्रस्तुत करते ही हैं, उससे भी आगे अपना एक मौलिक स्वरूप भी ग्रहण कर लेते हैं और वह यह है कि यहाँ एक अभिनय क्षेत्र से दूसरे अभिनय क्षेत्र तक जाने के लिए जहाँ अभिनेता को यात्रा करनी पड़ती है, वहीं दर्शक भी उसके साथ-साथ उस यात्रा को तय करते हैं। मध्यकाल में ही शेक्सपीयर के नाटकों के लिए बिना ग्लोब प्रेक्षागृह फिर से अब तक के विवचित सभी समीकरणों के भीतर से एक नया समीकरण लेकर उपस्थित होता है। अष्टकोणीय प्रेक्षागृह जिसके तीन कोण अभिनय के लिए और पाँच कोण दर्शकों के लिए निश्चित् थे। तीन कोणों वाले मंच पर अपनी एक छत थी और अभिनय क्षेत्र भूतल, पहली मंज़िल और दूसरी मंज़िल पर बँटे हुए थे। इसी तरह से दर्शक भी मंच के सामने खुले में खड़े होकर नाटक देख सकते थे अथवा तीन तरफ़ मंच के समानान्तर ही भूतल, पहली मंज़िल और दूसरी मंज़िल पर बनी दर्शक दीर्घाओं में बैठकर नाटक का आनन्द ले सकते थे। इस प्रकार अनौपचारिक और औपचारिक दोनों प्रकार की दर्शक व्यवस्था का प्रावधान था इस प्रेक्षागृह में। तीनों तरफ़ की दीर्घाओं में बैठे दर्शकों के सर के ऊपर छत थी और उनके बैठने के लिए लकड़ी की बेंचे उपलब्ध थी। इसी के साथ मंच के सामने खुले में खड़े दर्शक। नाटक दिन की रोशनी में घटित होता हुआ और बिना किसी भारी भरकम तामझाम और दृश्यसज्जा के क्योंकि मंच ही अपने आप में इतना बहुआयामी था कि किसी प्रकार के अतिरिक्त दृश्यविधान की ज़रूरत ही नहीं थी। यूनानी नाटकों के बाद एक बार फिर से पूरी तरह से शब्दों पर अश्रित लिखित आलेख का जन्म हुआ जिसका विधान प्रेक्षागृह की बनावट से भी काफ़ी दूर तक प्रभावित था। अभिनेता मात्र पुरुष और अभिनय के नाम पर बढ़ा-चढ़ाकर की जानेवाली संवाद अदायगी और तेजी से घटते कार्यव्यापार पर केन्द्रित थी। ग्लोब प्रेक्षागृह के इस स्वरूप को अपने बाद आने वाली सभी प्रकार के प्रेक्षागृहों की बनावट को बहुत दूर तक प्रभावित किया। यहाँ तक कि प्रोसिनियम थिएटर भी उससे उछूता नहीं रहा। आज भी अधिकांश पश्चिम देशों में प्रोसिनियम मंच के नाम पर जो प्रेक्षागृह उपलब्ध हैं उनमें दर्शकों के बैठने की व्यवस्था तीन तरफ़ा होती है। एक प्रकार से अभिनेता और दर्शक के बीच जो निकटता आदिम रंगमंच से शुरू हुई थी वह किसी न किसी रूप में प्रोसिनियम प्रेक्षागृह में भी विद्यमान है। लेकिन नाटकों के अपने कथ्य और स्वरूप में निश्चय ही परिवर्तन आते रहे हैं। अब वे ईश्वर, राजा, राजकुमार अथवा परियों की कहानियों से अलग आम आदमी की ज़िन्दगी पर आधारित होते हैं जिनकी कहानी दर्शकों को पहले से मालूम नहीं होती। इसलिए उसका कथा से तादात्म्य एक नए रूप

में होता है। यद्यपि 20वीं शताब्दी में ही पहले ब्रेष्ट ने अपने अलगाव सिद्धान्त के रूप में पुनः जानी-पहचानी कहानियों को नाटकों का कथ्य बनाया और फिर असंगत रंगमंच ने कथा की अनिवार्यता को भी छोड़ दिया। वास्तव में नाटकों के कथ्य में जो भी परिवर्तन हुए वे भी प्रकाशन्तर से नाटकों के मंचन और दर्शकों की सहभागिता के कितने विकल्प हो सकते हैं, उसी को सूचित करते हैं। उदाहरण के लिए यथार्थवादी नाटक दर्शक से सम्पूर्ण तादात्मयता की अपेक्षा रखता है तो नाट्यधर्मी नाटक की प्रस्तुति में यह अपेक्षा अन्तर्निहित रहती है कि दर्शक उसकी कहानी के साथ एकाकार न होकर अभिनेता के प्रस्तुतिकरण की ज़्यादा सराहना करेंगे।

आज तो पूरे विश्व में रंगस्थली के रूप में इतने ज़्यादा विकल्प उपस्थित हैं कि उन पर अलग से चर्चा करना फ़िजूल होगा जैसे कि स्टूडियो थिएटर, सर्कस थिएटर, एरिना थिएटर इत्यादि। यहाँ तक कि बड़े-बड़े फाइव स्टार होटलों में अपनी-अपनी मेज पर खाना खाते हुए भी सामने प्रदर्शित नाटक का आनन्द भी लिया जा सकता है। यद्यपि अपने आप में यह कोई नया विकल्प नहीं। आज से लगभग डेढ़ हज़ार वर्ष पूर्व चीन में टी-हाउस थिएटर का प्रचलन था और आज भी जारी है। यहाँ दर्शक अपनी मेजों पर चायपान भी करते रह सकते हैं और नाटक भी सामने मंचित होता रहता है।

लेकिन जैसाकि इस लेख के शुरू में ही उल्लेख किया गया था, पिछले सौ बरसों में विकसित फ़िल्म और दूरदर्शन जैसे यांत्रिक माध्यमों ने अभिनेता और दर्शक के आपसी सम्बन्धों में एक क्रान्तिकारी परिवर्तन ला दिया है। और वह यह कि दर्शक तो अभिनेता के अभिनय से उसी भावनात्मक स्तर पर प्रभावित हो सकता है लेकिन उसकी तत्काल प्रतिक्रिया का अभिनेता के अभिनय पर कोई असर नहीं पड़ता। इतना ही नहीं इन माध्यमों ने दर्शक और अभिनेता के बीच की सामाजिकता को भी पूरी तरह से नष्ट कर दिया है। अब दर्शक घर बैठे वीडियो पर किसी भी अभिनेता के अभिनय को अकेले बैठकर देख सकता है। इस प्रकार रंगमंच जैसी त्रिआयामी कला इन माध्यमों के चलते दो आयामी और कभी-कभी तो एक आयामी होती जा रही है।

यह एक शुभ संकेत ही कहा जाएगा कि जो दर्शक कुछ दिनों के लिए बेशक इन यान्त्रिक माध्यमों की चकाचौंध से अभिभूत हो गया था वह आज पुनः रंगमंच की उसी मूल प्रकृति की ओर लौट रहा है और वह है एक जीवन्त दर्शक की उपस्थिति में एक जीवन्त अभिनेता के अभिनय को देखने और अनुभूत करने का आनन्द। अभिनेता और दर्शकों के बीच चलती यह दोहरी प्रक्रिया रंगमंच की अपनी निजी सम्पत्ति है और जब तक मनुष्य नामक प्राणी इस धरती पर मौजूद है, रंगमंच भी जीवित रहेगा। यह अलग बात है कि उसमें अभिनेता और दर्शक के समीकरण सदैव बदलते रहे हैं लेकिन एक तथ्य से कभी इनकार नहीं किया जा सकता और वह यह कि जहाँ अभिनेता के भीतर अपनी कला के प्रदर्शन की इच्छा आदिकाल से विद्यमान है, वहीं उससे भी ज़्यादा दर्शक में उस कला को देखने की इच्छा बलवती रहती है और इस रचनात्मक रस्साकशी में नाटक को उसकी सम्पूर्णता में देखने के अनुभव का जन्म होता है।

नाटक देखने का यह अनुभव भी अपने भीतर अनेक प्रश्न छिपाए रहता है। एक जिज्ञासा सहज ही मन में उठती है कि जब हम किसी नाटक को मंच पर देख रहे होते हैं तो उस क्षण वस्तुतः हम क्या देख रहे होते हैं—नाटक की कहानी, उसका कथ्य, उसका चरित्र, उसकी मंचसज्जा, प्रकाशसज्जा, पात्रों की वेशभूषा, रूपसज्जा और इन सबको मिलाकर पात्रों के प्रवेश-प्रस्थान और पूरे मंच पर फैला उनका गतिविधान, इन सामने दिखनेवाले तत्त्वों के अतिरिक्त नेपथ्य से आता गीत-संगीत अथवा दूसरे ध्वनि प्रभाव, मंच पर ही बैठी गायक मंडली—इन सारी चीज़ों को मिलाकर शुरू से लेकर अन्त तक चलती हुई एक यात्रा जिसमें हम भी उसके साथ-साथ चलते हैं। क्या नाटक को देखना, उपर्युक्त तमाम चीज़ों को एक साथ देखना अथवा अनुभूत करना है ? क्या नाटक को देखना मंच पर घटित होते हुए नाटक के पार भी कुछ देखना है ? क्या प्रकाश और अन्धकार, संवाद और मौन, स्वगत और प्रकट के बीच जो कुछ अनलिखा ही रहता है, उसको देखना है ? संक्षेप में किसी भी नाट्य प्रस्तुति को देखने के वास्तविक अनुभव को कैसे परिभाषित किया जाए, यही सबसे बड़ी चुनौती है। क्या कारण है कि कोई नाटक हमें बहुत अच्छा लगता है और कोई नाटक बहुत ही ख़राब। यदि हम अपने आप से ही यह सवाल भी करें कि कोई नाटक क्यों अच्छा या ख़राब लगा तो क्या हम उसका उत्तर ढूँढ़ पाने की स्थिति में हैं ? आइए, मिल-जुलकर नाटक देखने के इस रंगमंचीय अनुभव को शुरू से लेकर आख़िर तक पकड़ें और फिर कुछ निष्कर्षों तक पहुँचा जाए।

यह ज़रूरी नहीं है कि नाटक देखने से पहले हमने उसे पढ़ा भी हो। हम कभी अपने परिवार और दोस्तों के साथ और कभी अकेले ही किसी नाटक को देखने जाते हैं। शुरुआत की घंटियों के बजने तक हम हॉल के बाहर अपने परिचितों से मिलते-जुलते रहते हैं अथवा उस मौक़े पर लगी किसी प्रदर्शनी को देख रहे होते हैं या यूँ ही सिगरेट-चाय पी रहे होते हैं। दूसरे चरण में हम हॉल में पहुँचकर, रोशनी रहने तक आपसी बातचीत में मशगूल रहते हैं। ज्यों ही नाटक शुरू होने की तीसरी घंटी बजती है, हम अपने को नाटक देखने के लिए तैयार कर लेते हैं। इस तैयारी में क्या शामिल है ? हमारा पूरी तरह से ख़ामोश हो जाना, हॉल में अन्धकार, प्रकाश अथवा संगीत के माध्यम से परदे का उठना और नाटक से जुड़े किसी भी तरह के कार्यव्यापार की शुरुआत होना। ख़ामोशी और अन्धकार के क्षणों में हम भी मानो पूरी तरह से एकाग्रचित्त हो जाते हैं और मंच पर कुछ घटित होने की प्रतीक्षा करने लगते हैं। यह घटित होना कुछ भी हो सकता है—एक हँसी, एक रुदन, एक शोर, एक खाँसी, एक प्रवेश, एक आहट, खटखटाहट अथवा कोई संवाद, कहने का अर्थ यह है कि एक ऐसा क्षण जहाँ से नाटक की कहानी शुरू होती है। इस कहानी को संवादों के माध्यम से आगे बढ़ना है, फिर चाहे वे संवाद मात्र एक चरित्र का एकालाप हो या उसमें दो-तीन या बहुत से पात्र शामिल हों। इतने छोटे से क्षण विशेष में भी कुछ चीज़ें बिना बताए पहले ही तय हो चुकी हैं अर्थात् एक लिखी हुई या मौखिक कहानी, उस कहानी को

आगे लेकर चलनेवाले कुछ जीते-जागते इंसान, वे जीते-जागते इंसान किसी एक स्थान पर एकत्रित और उनके आपसी सम्बन्धों के भीतर से पैदा होते अनुभव को शेयर करनेवाले दर्शक। देखा जाए तो मंच पर प्रस्तुत हो रहे नाटक में स्वयं में ही रंगमंच के चार आवश्यक और अनिवार्य तत्त्व समाहित हैं अर्थात् नाटक की कहानी, कहानी को अभिनीत करनेवाले अभिनेता, अभिनीत करने के लिए तमाम तकनीकों के साथ तैयार किया गया रंगस्थल और उस प्रस्तुति को देखने आए दर्शक। जब से रंगमंच की शुरुआत हुई है, नाटक को देखने के इस अनुभव में कोई परिवर्तन नहीं आया है बेशक अभिनेता और दर्शक के सम्बन्धों में रंगभूमि के अपने स्थापत्य की वजह से कोई अन्तर आया हो, अर्थात् नाटक देखने का यह अनुभव कभी चहुँतरफ़ा, कभी तीनतरफ़ा, कभी दोतरफ़ा और कभी एकतरफ़ा रहा है, लेकिन यह तय है कि इस प्रक्रिया के अपने तत्त्व कमोबेश वही रहेंगे जिनका ऊपर ज़िक्र किया गया है।

यह एक तथ्य है कि जब हम हॉल में जाते हैं तो हममें से हर व्यक्ति अपनी-अपनी स्मृतियों के साथ नाटक देखने जाता है, फिर धीरे-धीरे नाटक की कहानी और उसको जीते और झेलते पात्रों के आपसी सम्बन्धों और तनाव में से गुज़रते हुए हम अपने साथ लाई स्मृतियों को छोड़ते जाते हैं और एक स्थिति ऐसी भी आती है जब हम नाटक के पात्रों की स्मृतियों के साथ एकाकार होने लगते हैं। यह प्रक्रिया लगभग सभी शैलियों के नाटकों को देखने के दौरान सम्भव होती है, फिर चाहे मंच पर शास्त्रीय नाटक, लोक नाटक, पारसी नाटक, यथार्थवादी नाटक, विसंगत नाटक और यहाँ तक कि ब्रेष्ट के अलगाववादी सिद्धान्त पर आधारित नाटक हों, जिनके विषय में कहा जाता है कि दर्शक उन्हें देखते हुए कभी भी कथासूत्र के साथ एकाकार नहीं होता। वास्तव में एकाकार न होने की प्रक्रिया उन सभी आलेखों के साथ अनिवार्य रूप से जुड़ी होती है जिनका कथ्य हमें पहले से मालूम रहता है लेकिन यह अलगाव या दूरी मात्र सतही या ऊपर से ही दिखाई पड़ती है। सच्चाई यह है कि किसी भी नाटक को देखने का गहरा अनुभूतिपरक और संवेदनापरक अनुभव वही होता है जब हम उसे अपने भीतर तक अनुभूत करते हैं। नाटक देखने का और वह भी किसी अच्छे नाटक को देखने का अनुभव संगीत के किसी राग, नृत्य की एक मुद्रा, खेल के किसी क्षण विशेष को देखने के अनुभव से मिलता-जुलता है जब हमारी सारी इन्द्रियाँ एक जगह पर सिमटकर इस बात की प्रतीक्षा करने लगती हैं कि आगे क्या होनेवाला है ? इस बात को दोहराने की ज़रूरत नहीं है कि इस अनुभव में आलेख के साथ-साथ गायक, नर्तक, खिलाड़ी अथवा अभिनेता की अपनी कला और कौशल की ऊँचाइयाँ भी शामिल रहती हैं, लेकिन यह कोई उतना ज़रूरी भी नहीं। कहीं-न-कहीं इन सारी विधाओं में किसी अप्रत्याशित, किसी रोमांच अथवा किसी चमत्कार के घटित होने की आशा भी बरकरार रहती है। क्यों ऐसा होता है कि जब मंच पर कुछ ग़लत घटित हो जाता है तो सबके मुँह से एक साथ चू...चू...चू...की ध्वनि और जब कुछ उम्दा अभिनय देखने को मिलता है तो सब एक साथ वाह...वाह...कर उठते हैं। आज यह बात भले ही अविश्वसनीय लगे,

लेकिन ज़्यादा वक़्त नहीं बीता जब पारसी नाटकों के मंचन में दर्शक अभिनेताओं के अभिनय से अभिभूत होकर वन्स मोर, वन्स मोर चिल्ला उठते थे और वे अभिनेता भी ऐसे ज़ाँबाज़ और ज़िन्दादिल हुआ करते थे कि यथार्थ के भ्रम को तोड़कर पुनः उस दृश्य को दोहराने लगते थे, फिर चाहे वह दृश्य उनके अपने मरण का ही क्यों न रहा हो। दर्शकों की तल्लीनता और अलगाव का इससे बड़ा उदाहरण और क्या होगा कि वे वन्स मोर के बहाने से ऐसे दृश्यों को दोहराने की माँग कर रहे हैं जिसमें उस दृश्य में उपस्थित अभिनेता कुछ ही क्षणों पहले मर चुका है। अलगाव और तादात्म्य के ऐसे क्षण भारतीय नाट्य परम्परा में न जाने कब से मौजूद हैं। भारतीय परम्परा की बात जाने दीजिए, क्या स्वयं नाटक को देखने की प्रक्रिया में ये दोनों तत्त्व एक साथ क्रियाशील नहीं होते। साहित्य में रचनाकार अपनी रचना के प्रकाशित होने के बाद उससे पूरी तरह से अलग हो सकता है। यही अनुभव चित्रकार और फ़िल्मकार का भी हो सकता है, लेकिन मंच पर घटित होते नाटक से न तो उतनी देर के लिए अभिनेता अलग हो सकता है और न ही दर्शक। यहाँ एक सुविधा और भी है कि हम जब चाहें तो उन क्षणों को दोहरा भी सकते हैं, यदि हम दूसरे दिन पुनः इस नाटक को देखने पहुँच जाएँ। यह अनुभव दूसरे कला माध्यमों में भी सम्भव है लेकिन ठीक उसी रूप और अनुपात में नहीं।

दरअसल, नाटक को देखना एक ऐसे जादुई और रहस्यमय लोक में विचरण करना है जहाँ सब कुछ पहले से निश्चित् है और फिर भी कुछ निश्चित् नहीं है। क्यों ऐसा होता है कि एक अभिनेता किसी दिन ज़बर्दस्त असर पैदा करता है और दूसरे ही दिन उसका अभिनय निहायत ही निचले दर्जे का भी हो सकता है। इसलिए अच्छे अभिनेता से हमेशा यह अपेक्षा की जाती है कि वह अपने अभिनय के उन ऊँचे प्रतिमानों को बनाए रखे जिन्हें उसने प्रस्तुति के कुछ शुरुआती प्रदर्शनों में हासिल कर लिया हो। यह अपेक्षा इसलिए भी ज़रूरी है क्योंकि अभिनेता वही रहता है लेकिन उसके दर्शक हर प्रदर्शन में बदलते रहते हैं। यदि किसी दिन प्रस्तुति का स्तर किसी भी कारणवश यान्त्रिक, बासी और घटिया हो गया तो उस नए दर्शक के मन-मस्तिष्क में उसकी वही छाप बनी रहेगी। यही कारण है कि अभिनेता की कला एक दुधारी तलवार पर चलने के समान है और वह ऐसे कि पहले तो वह अपनी आवाज़ और शरीर को एक यन्त्र की तरह से साधे और फिर प्रस्तुति के दौरान उसमें लगातार प्राणतत्त्व की प्रतिष्ठा करते चले। ठीक यही प्रक्रिया दर्शक को भी अपनानी होती है अर्थात् पहले तो वह स्वयं को एकाग्रचित्त करे और फिर नाटक की कहानी और उसको लेकर आगे चलनेवाले चरित्रों के साथ ही एकाग्रचित्त हो। यह एकात्मकता की स्थिति दोनों तरफ़ से जितनी ज़्यादा होगी उतना ही नाटक को देखने का अनुभव अद्‌भुत और अविस्मरणीय बनता चला जाएगा।

क्या नाटक को देखने का जादू इस तथ्य से अपने आप प्रमाणित नहीं हो जाता कि किसी लिखित अथवा रिकार्डिड इतिहास की अनुपस्थिति में भी प्रस्तुतियों के कुछ

क्षण विशेष, कुछ स्थितियाँ विशेष और कुछ अभिनय-प्रसंग चिरकाल के लिए हमारी स्मृति में दर्ज हो जाते हैं, और हम जब चाहें उन्हें याद करके उनका वैसा ही आनन्द उठा सकते हैं जैसा शायद पहली बार उठाया था। संक्षेप में, नाटक को देखना मानो धीरे-धीरे अपनी वैयक्तिक स्मृतियों से अलग होते जाना और नाटक के पात्रों की स्मृतियों को अपना बनाकर अनुभूत करना है।

नाटक का अध्ययन

प्राय: यह सवाल उठाया जाता है कि साहित्य की दूसरी विधाओं से अलग नाटक के अध्ययन की क्या विधि हो सकती है ? एक तरफ़ नाटक भी कविता, कहानी, उपन्यास, संस्मरण, आत्मकथा, रिपोर्ताज़ आदि की तरह साहित्य का अंग माना जाता है, दूसरी तरफ़ उसकी अपनी प्रदर्शनमूलक प्रकृति के कारण उसे साहित्य से अलग करके भी देखा जाता है, नाटक की इसी दोहरी आयामिता की वजह से उसके अध्ययन और अध्यापन को लेकर हमेशा प्रश्न उठाए जाते रहे हैं—नाटक को मात्र साहित्यिक दृष्टि से विवेचित-विश्लेषित किया जाए अथवा उसके प्रस्तुतीकरण को अध्ययन का आधार बनाया जाए। इसमें कोई सन्देह नहीं कि नाटक हमें पहले लिखित रूप में प्राप्त होता है और उसके बाद ही हम उसके मंचित रूप की तरफ़ बढ़ते हैं। अतः यह स्वाभाविक ही है कि किसी भी नाटक का पहला अध्ययन उसके लिखित अथवा पाठ्यालेख को लेकर ही होगा और दूसरा अध्ययन उसके मंच पर प्रस्तुत आलेख से सम्बद्ध होगा। इसीलिए हर नाटक के कम-से-कम दो पाठ अवश्य होते हैं—पहला लिखित पाठ और दूसरा प्रस्तुति-पाठ। ऐसी प्रक्रिया केवल नाटक विधा के साथ ही जुड़ी है क्योंकि कविता, कहानी, उपन्यास और दूसरी विधाएँ अपने पहले पाठ के साथ ही सम्पूर्णता को प्राप्त कर चुकी होती हैं, जबकि नाटक के सन्दर्भ में उसका पहला पाठ कच्चे माल या स्रोत सामग्री से ज़्यादा महत्त्व नहीं रखता, भले ही साहित्यिक दृष्टि से उसकी कितनी भी महत्ता क्यों न हो।

नाटक का अध्ययन वस्तुतः उसके इन्हीं दोनों पाठों के समेकित रूप से जुड़ा हुआ अध्ययन है, दूसरे शब्दों में कहा जाए तो पहले एक नाटक को साहित्यिक दृष्टिकोण से अपने आपको गहरा मार्मिक और खरा साबित करना होता है, और फिर अपनी प्रस्तुति में भी इन्हीं मूल्यों और प्रतिमानों की कसौटी पर कसा जाना होता है। सबसे पहले देखने की कोशिश करें कि नाटक के साहित्यिक अध्ययन की क्या दिशाएँ हो सकती हैं ? आज तक इस विषय में जो भी चिन्तन, विवेचन और विश्लेषण होता रहा है, वह नाटक के कथानक, देशकाल, चरित्र-चित्रण और उद्देश्य आदि तत्त्वों से जोड़कर होता रहा है, लेकिन ये सारे तत्त्व तो साहित्य की किसी भी विधा पर लागू किए जा सकते हैं, तो फिर नाटक के अध्ययन को अलग से रेखांकित करने की ज़रूरत क्यों पड़ती है ? इसका एकमात्र कारण यही है कि हम जब तक नाटक के साहित्यिक अध्ययन की तरफ़ बढ़ते हैं तो उसे ही उसका अन्तिम अध्ययन मान बैठते हैं, हम भूल जाते हैं कि जिन तत्त्वों की साहित्य की दूसरी विधाओं की तरह हम नाटक में भी व्याख्या

और विवेचना कर रहे हैं, उसी के साथ-साथ इन तत्त्वों की रंगमंचीय सम्भावनाओं और परिकल्पनाओं पर भी उतना ही ध्यान दिया जाना आवश्यक है। यह ज़रूरी नहीं कि हम आज जिस नाटक का साहित्यिक दृष्टि से अध्ययन कर रहे हैं उसका मंचित रूप हमें तभी देखने को मिल जाए। कई बार इसमें वर्षों का अन्तराल हो सकता है, और प्रायः होता भी है। जयशंकर प्रसाद के लगभग सभी नाटक, रवीन्द्रनाथ टैगोर के लगभग सभी नाटक, धर्मवीर भारती का 'अन्धायुग' आदि अनेक ऐसे नाटक हैं जिनका मंचन उनके लिखे और प्रकाशित होने के न जाने कितने वर्षों बाद हुआ। लेकिन इसका अर्थ यह नहीं कि उनमें रंगमंचीय सम्भावनाएँ मौजूद ही नहीं थीं। मौजूद थीं इसीलिए तो देर से ही सही उनका मंचन सम्भव हो पाया।

अतः यह बात काफ़ी हद तक अपने आप में साफ़ हो जाती है कि दरअसल नाटक का लिखित रूप ही उसके मंचन की दिशा निर्धारित कर देता है। जिज्ञासा होती है कि आख़िर नाटक के लिखित रूप में कौन सी ऐसी चीज़ें समाहित होती हैं जिनसे हम उसके भावी मंचित स्वरूप को लेकर पूर्णतः आश्वस्त हो जाते हैं। मेरे विचार में नाटक के लिखित आलेख में दो तत्त्वों का सबसे पहले अध्ययन किया जाना चाहिए और वे हैं—नाटक का कथ्य और नाटक का शिल्प, ढाँचा अथवा संरचना। कथ्य से अभिप्राय यह है कि नाटक की कहानी या कथानक अन्ततः क्या अभिव्यक्त करना चाहता है, सबसे पहले इसे समझना बेहद ज़रूरी है। कहा जा सकता है कि किसी भी नाटक का कोई एक कथ्य नहीं हो सकता, लेकिन इसका अर्थ यह नहीं कि उसमें कथ्य होता ही नहीं, यदि कहानी है तो वह कहानी अपने आप में किसी-न-किसी जीवन मूल्य, जीवन दृष्टि अथवा दृष्टिकोण को सामने लाएगी ही। दूसरी कड़ी यह है कि नाटक के उस कथ्य को किस विशेष प्रविधि, मुहावरे, तेवर और व्याकरण के माध्यम से प्रस्तुत किया गया है क्योंकि यदि नाटक का कथ्य उसके साहित्यिक अध्ययन का आधार बनता है तो उसका शिल्प, फॉर्म या संरचना उसके प्रस्तुतीकरण से सम्बन्ध रखती हैं।

मूलतः यही दो तत्त्व सभी साहित्यिक विधाओं के अध्ययन के अनिवार्य एवं अपरिहार्य तत्त्व होते हुए भी नाटक के क्षेत्र में अपनी अलग सत्ता और महत्ता रखते हैं। चूँकि नाटक हमेशा वर्तमान काल में घटित होता है वह हाड़-मांस के जीते-जागते चरित्रों के माध्यम से, अपनी बात कहता है, अपने मंचन के क्षण में वो समय की विशेष सीमा से बँधा हुआ रहता है, उसका एकमात्र माध्यम संवाद होता है और उसे प्रत्यक्ष दर्शकों के समूह द्वारा देखा और सुना जाना होता है। एक तरह से हम नाटक को देखते हुए भी पढ़ रहे होते हैं जबकि दूसरी साहित्यिक दिशाओं के साथ ऐसा नहीं है क्योंकि हम उन्हें पढ़ते हुए कहीं भीतर अनुभूत कर रहे होते हैं या शायद देख भी रहे होते हैं। यदि हम आरम्भ में ही नाटक और अन्य विधाओं के इस मूलभूत अन्तर को समझते तो हमारे लिए नाटक के अध्ययन की प्रक्रिया बहुत कुछ स्पष्ट होती जाएगी। देखना होगा कि लिखित पाठ में नाटक किस रूप में हमारे सामने आता है—एक कहानी, विभिन्न पात्रों और चरित्रों के बीच संवादों में बँधी हुई, बीच-बीच में नाटककार द्वारा

कोष्ठक में दिए गए मंच निर्देश, कहानी का दृश्यों, खंडों अथवा अंकों में विभाजन। कहीं संगीत, कहीं अन्धकार और कहीं प्रकाश के संकेत और यदि यह नहीं तो पर्दा उठने और गिरने जैसी युक्तियों की सूचना, पात्रों के मंच पर प्रवेश-प्रस्थान और दूसरे कार्य-व्यापारों से जुड़े हुए दूसरे रंगनिर्देश। नाटक का परिवेश क्या है, पात्रों की वेश-भूषा एवं व्यक्तित्व कैसा है, कहानी का क्रमिक विकास कैसे होता है, इन सबके कहीं बहुत ही स्पष्ट और कहीं झीने से आवरण में लिपटे संकेत भी नाटक के लिखित आलेख में दिखाई पड़ते रहते हैं। इसीलिए इस बात को दोहराने की ज़रूरत नहीं कि जब हम किसी नाटक की साहित्यिक दृष्टि से आलोचना-समालोचना करें तो हमारी दृष्टि नाट्य रचना के उपर्युक्त दृश्य-तत्त्वों पर भी अवश्य जानी चाहिए। जिस नाटक में ये दृश्य-तत्त्व जितने ज़्यादा मुखर होंगे वह उतना ही अच्छा नाटक माना जाएगा, दिक़्क़त तब पैदा होती है जब हम संवादमात्र में लिखी हुई रचना को ही नाटक मान बैठते हैं, संवाद कहानी और उपन्यास में भी होते हैं लेकिन हम इसी आधार पर उन्हें नाटक की श्रेणी में तो नहीं रख देते ! हमें देखना होगा कि वो कौन से अनिवार्य पहलू हैं जो कहानी और उपन्यास में आए संवादों के बरक्स नाटक के संवादों को अलग करते हैं। कहानी और उपन्यास में संवाद वर्णन अथवा अधिक-से-अधिक किसी स्थिति विशेष के चित्रण का काम करते हैं, जबकि नाटक के संवाद किसी स्थिति विशेष में घटित होते हैं, अर्थात् उनमें देखे और सुने जाने का गुण अनिवार्य रूप से शामिल होता है। कहानीकार विवरणात्मक ब्यौरों को अलग से विवरण के रूप में भी प्रस्तुत कर सकता है जबकि नाटक में एकमात्र संवाद ही सम्प्रेषण का माध्यम होते हैं—वही विवरण हैं, वही कहानी को आगे बढ़ाते हैं, वही घटना का दृश्य रूप प्रस्तुत करते हैं।

संक्षेप में, नाटक के संवाद अपनी मूल प्रकृति में वर्णनात्मक न होकर क्रियात्मक होते हैं, इसके साथ-साथ उनका सघन, संक्षिप्त एवं बहुअर्थी और बहुआयामी होना भी बेहद ज़रूरी है। आदर्श संवाद वह माना जाता है जो अपने लिखित और वाचिक रूप से अलग भी नए-नए अर्थों और व्याख्याओं को साथ लेकर चले। उदाहरण के लिए, जयशंकर प्रसाद के नाटक 'स्कन्दगुप्त' का पहला संवाद—'अधिकार सुख कितना मादक और सारहीन है...' को लें। क्या इस संवाद से मात्र एक ही अर्थ ध्वनित होता है ? एक दूसरा उदाहरण—हैमलेट का सुप्रसिद्ध संवाद 'टू बी ऑर नॉट टू बी' भी इसी कोटि का एक बहुआयामी नाटकीय संवाद है, जिसकी पिछले चार सौ वर्षों में न जाने कितनी व्याख्याएँ की जा चुकी हैं। अतः यह स्पष्ट है कि जब हम किसी भी नाटक का भाषा और संवाद की दृष्टि से अध्ययन करें तो संवाद के उपर्युक्त गुणों और लक्षणों को ध्यान में रखें। हमारे अपने काव्यशास्त्र में अभिधा से ज़्यादा लक्षणा और व्यंजना पर ज़ोर दिया गया है, जिस नाटक के संवादों में ये दो गुण जितने ज़्यादा-से-ज़्यादा होंगे वह उतना ही अपने रंगमंचीय रूप में भी सशक्त और जीवन्त होगा।

नाटक के कथानक को पात्रों और चरित्रों के माध्यम से आगे बढ़ना होता है, इसलिए यह ज़रूरी है कि उनका चित्रण भी संवादों की तरह से उतना ही बहुआयामिता

लिए हुए हो। वे सिर्फ़ काले और सफ़ेद अर्थात् अच्छे और बुरे की एकांगी श्रेणियों में विभाजित नहीं किए जा सकते, यदि ऐसा है तो वे चरित्र न होकर मात्र टाइप हो जाएँगे। यानी बिना हाड़-मांस के ढाँचे विशेष में फिट। क्या हम स्वयं अपनी ज़िन्दगी में वही होते हैं जो कि हम बाहर से दिखाई देते हैं ? शायद कभी नहीं। शायद बाहर और भीतर की अलग-अलग तस्वीर ही नाटक के चरित्रों को गहराई प्रदान करती है, किसी भी चरित्र को अपने सामने देखकर हमारे लिए जितने ही ज़्यादा सवाल पैदा होंगे, उतना ही सार्थक वह चरित्र होता जाएगा। मसलन कोई चरित्र विशेष ऐसा क्यों है ? दूसरे चरित्र उसके विषय में क्या सोचते हैं ? उसकी अपनी सोच क्या है ? और इन सब प्रश्नों से मिलकर उनके आपसी सम्बन्ध किस रूप में बनते-बिगड़ते और विकसित होते हैं, इसकी तह तक जाना पड़ेगा, यह खोजबीन जितनी उस अभिनेता के लिए आवश्यक है, जो उस चरित्र की भूमिका में उतरेगा उतनी ही उस पाठक, आलोचक अथवा प्राध्यापक के लिए भी जो अपने छात्रों के साथ उस नाटक का अध्ययन करेगा। इतना ही नहीं चरित्र विशेष के व्यक्तित्व के दूसरे पहलुओं पर भी नाटक को पढ़ते समय हमारा ध्यान केन्द्रित रहना चाहिए—उसकी आयु क्या है ? उसका पहनावा क्या है ? उसकी आवाज़ कैसी है ? उसकी चाल-ढाल कैसी है ? उसके हाव-भाव कैसे हैं ? ये सारी चीज़ें पढ़ने में भले ही नगण्य हों लेकिन कहीं-न-कहीं शब्दों के पीछे से संवादों के भीतर से उनका अहसास बराबर होते रहना चाहिए।

यही बात नाटक के देश-काल के विषय में भी कही जा सकती है। नाटक में देश-काल एक दिखावे के रूप में उपस्थित निर्जीव वस्तु नहीं हुआ करता वरन् वह नाटक के सम्पूर्ण कार्य-व्यापार के लिए एक ऐसी जीवन्त पृष्ठभूमि और परिवेश तैयार करता है, जो वहाँ स्थित चरित्रों के व्यक्तित्व और कृतित्व का भी एक आवश्यक अंग बन जाता है। उदाहरण के लिए मोहन राकेश के नाटक 'आषाढ़ का एक दिन' में क्या घर के अन्दर की जर्जर होती जाती दीवारें और टूटे घड़े या उसमें रहनेवाले लोगों की ज़िन्दगी के जीते-जागते प्रतीक नहीं बन जाते ? इसी प्रकार 'आधे-अधूरे' का टूटा-फूटा फ़र्नीचर, भोथरा चाकू अथवा फ़ाइलों पर जमी धूल जिस परिवेश का निर्माण करती है वह उसमें रहनेवालों की अपनी ज़िन्दगी से कहाँ अलग है ? यदि एक और उदाहरण लेना हो तो 'अन्धा युग' में बर्बर पशुओं के झुंड, बिजली की कड़क, बादलों की गरज, आकाश में छाए धूल-धूसरित रंग, कभी अन्धकार तो कभी प्रकाश—क्या ये सारे संकेत हमें स्वयं नाटक के लिखित आलेख में से ही प्राप्त नहीं होते जिन्हें हम उसकी मंच-प्रस्तुति में साकार करने की कोशिश करते हैं।

हर रचना का कोई-न-कोई उद्देश्य अवश्य हुआ करता है, लेकिन क्या उसे अलग से सीधे और सपाट शब्दों में कहने की ज़रूरत होनी चाहिए ? नाटक जैसी विधा के सन्दर्भ में तो बिलकुल भी नहीं। यदि नाटक को भी निबन्ध, विचार या वक्तव्य के रूप में कहने या स्पष्ट करने की ज़रूरत पड़ती है तो उसके प्रस्तुतीकरण का अर्थ ही क्या रहेगा ? ज़ाहिर है कि ऐसा नाटक अपने कथ्य और शिल्प में एक कमज़ोर नाटक साबित

होगा और उसे शायद ही कोई रंग-निर्देशक मंच पर प्रस्तुत करे। हिन्दी का नाट्य-साहित्य ऐसे अनगिनत नाटककारों से भरा पड़ा है, जो भले ही पाठ्य-पुस्तकों के रूप में कक्षाओं में पढ़ाए जाते रहे हों, लेकिन मंच पर शायद ही कभी प्रस्तुत हुए हों। हम सोचने की कोशिश करें कि भास, कालिदास, शूद्रक, विशाखदत्त, शेक्सपीयर, मोलियर के नाटकों में आख़िर ऐसा क्या है जो उन्हें हरिकृष्ण प्रेमी, सेठ गोविन्द दास और यहाँ तक कि उदयशंकर भट्ट के नाटकों से अलग करता है ? क्या कारण है कि प्रसाद, भारतेन्दु और टैगोर के नाटक तमाम बहसों, विरोधों, अन्तर्विरोधों के बावजूद खेले जाते रहे हैं और लक्ष्मीनारायण मिश्र के किसी भी नाटक को मंच पर आने का अवसर नहीं मिला।

इस प्रकार हम देख सकते हैं कि अभी तक नाट्य समीक्षा और अध्ययन के जो परम्परागत तत्त्व रहे हैं, यदि उन्हें भी एक नए और रंगमंचीय कोण से देखने की शुरुआत कर दी जाए तो नाटक के अध्ययन की असीम सम्भावनाएँ खुल जाती हैं। यही बात इसके अध्यापन को लेकर कही जा सकती है। अभी तक नाटक के अध्यापन की जो परिपाटीबद्ध पद्धति रही है, वह यही है कि नाटक के कुछ महत्त्वपूर्ण संवाद-अंशों की सन्दर्भसहित व्याख्या कर दी जाए और शास्त्रीय दृष्टि से उसमें बीज, बिन्दु, पताका, प्रकरी और कार्य को रेखांकित कर दिया जाए। सन्दर्भसहित संवादों की व्याख्या ठीक इसी अन्दाज़ में—जैसे कहानी, कविता या उपन्यास के अंशों की की जा सकती है, यानी संवाद विशेष किस नाटक से लिया गया है, किस पात्र द्वारा बोला गया है, उसका शाब्दिक अर्थ क्या है और अन्त में विशेष के अन्तर्गत कोई अलग से टिप्पणी। गनीमत है कि इधर नाटक की पढ़ाई-लिखाई में यह पद्धति समाप्त कर दी गई है।

बहुत कम ऐसा हुआ है कि कोई प्राध्यापक किसी नाटक का शुरू से लेकर आख़िर तक सस्वर अपने छात्रों के सामने पाठ करे। सस्वर पाठ का अर्थ यही है कि हर नाटक की अपनी एक लय और गति होती है, अपनी एक ध्वनि और संगीत होता है, अपनी एक सम्भावित प्रस्तुति-शैली और स्वरूप होता है। यदि ऐसा न होता तो हम किस आधार पर किसी नाटक को शास्त्रीय, लोक, पारसी, यथार्थवादी अथवा एब्सर्ड जैसे वर्गों में विभाजित करके देखने लगते हैं। यदि नाटक के पाठ को सस्वर किया जाए तो हमें इन प्रश्नों के उत्तर स्वयं ही मिलना शुरू हो जाएँगे। छात्र हमारे अलग से समझाने से पहले ही नाटक में बहुत गहरे तक डूब चुके होंगे। यदि सम्भव हो तो यह पाठ प्राध्यापक स्वयं न करके अपने छात्रों से भी करवा सकता है। इससे कई लाभ होंगे। छात्र नाटक के शब्दों और संवादों का सही उच्चारण करना सीख जाएँगे, संवाद किस भाव दशा से बोले जाने हैं, इसका एक सीधा साक्षात्कार होगा और नाटक के कथानक का संवादों के माध्यम से विकास कैसे होता है, इसका अनुमान हो जाएगा। इतना ही नहीं, नाटक का सस्वर पाठ करते समय वे अपनी ही आवाज़ की गुणवत्ता के प्रति सचेत होंगे। उसमें बलाघात् क्या है, घात-प्रतिघात क्या है, झिझकते हुए स्वर में कैसे बोलना है, काँपते हुए स्वर में कैसे बोलना है, क्रोधित स्वर में कैसे बोलना है—इस क्रम में नाटक की

प्रस्तुति स्वयं ही आँखों के सामने साकार होने लगती है। यह सही है कि नाटक के अध्ययन और अध्यापन में उसका मंचन नहीं किया जा सकता है और न ही प्राध्यापक और छात्रों को निर्देशक और अभिनेताओं की भूमिका में उतरना पड़ता है लेकिन यदि यह किए बिना भी नाटक के अध्ययन को उसके मंच से जोड़ा जा सके तो क्या यह अध्ययन स्वयं अपने लिए और छात्रों के लिए और भी ज़्यादा सुखद और रुचिकर नहीं हो जाएगा ? इसके लिए यह कतई ज़रूरी नहीं कि एक प्राध्यापक पहले रंगमंच का पूर्ण ज्ञाता बने और फिर नाटक का अध्यापन करना शुरू करे। नाटक से भी ज़्यादा उसे अपने दिन-प्रतिदिन के विविध और बहुल अनुभवों में से ही सहायक सामग्री लेनी होगी—क्या हम अपने व्यावहारिक जीवन में किसी की मृत्यु पर रोते नहीं ? किसी सुखद प्रसंग को उतनी ही शिद्दत से नहीं जीते ? किसी घटना विशेष को अकेले किसी को सुनाते समय उस घटना में आए सभी चरित्रों के संवाद स्वयं उनके अन्दाज़ में ही नहीं बोलने लगते और सुननेवाले के सामने इस घटना का एक जीवन्त चित्र प्रस्तुत कर देते हैं। यह रोचकता, यह तादात्म्य, यह अन्तरंगता नाटक, कविता, कहानी और उपन्यास को पढ़ाते समय कहाँ तिरोहित हो जाती है और हम एक नीरस और यान्त्रिक प्रक्रिया के शिकार हो जाते हैं।

क्या यह अपने आप में एक अन्तर्विरोध नहीं कि जिन विधाओं की स्रोत सामग्री जीवन से ली जाती है और जीवन इतना विविधपर्णी और बहुआयामी है, उन्हीं विधाओं के अध्ययन और अध्यापन की विधि इतनी रूढ़, परम्परागत, नीरस और यान्त्रिक हो गई है ? हम यहाँ तुरन्त यह प्रतिक्रिया दे सकते हैं कि जीवन ही इतना नीरस और यान्त्रिक हो गया हो तो इन विधाओं के अध्ययन-अध्यापन में वह रोचकता कैसे बची रह सकती है जिसकी इतने ज़ोरदार शब्दों में वकालत की जा रही है ! शायद यह तस्वीर का एक ही पक्ष है। यदि हम स्वयं अपने पाठ को एक तीसरी अदृश्य आँख से देखना शुरू कर दें तो वह रोचकता, वह बदलाव और वह निखार अपने आप भाता चला जाएगा। दिक़्क़त यह है कि हम सिर्फ़ अपनी प्रशंसा सुनने के अभ्यस्त हैं, इसीलिए मात्र आत्ममुग्ध और आत्मलिप्त हैं। नाटक ही वह विधा है जो हमें इस आत्ममुग्धता-आत्मलिप्तता से बाहर ला सकती है क्योंकि वह वस्तुतः जीवन को कभी भी यथास्थिति में प्रस्तुत नहीं करती। वह मूलतः अस्वीकार का माध्यम है, विरोध का माध्यम है, प्रतिरोध का माध्यम है, इसीलिए लगातार सक्रिय, व्यावहारिक और सामाजिक है। उनके अध्ययन में एक समूह शामिल रहता ही है—चाहे वह पाठक हों अथवा दर्शक। यह एक अजीब संयोग है—किसी नाटक को मंचित करते समय निर्देशक अपने अभिनेताओं के साथ प्राध्यापक और छात्र जैसी भूमिकाओं में होता है। यदि एक प्राध्यापक नाटक को पढ़ते समय अनायास ही निर्देशक और अभिनेताओं की भूमिकाओं में उतर जाए तो नाटक के अध्ययन और अध्यापन से जुड़ी जड़ता और एकसरता को बड़ी आसानी से समाप्त किया जा सकता है।

नाटक का सस्वर पाठ केवल प्राध्यापक करे, मात्र एक छात्र करे अथवा बहुत से

छात्र पात्रानुसार मिलकर करें, नाटक कक्षा में पूरा पढ़ा जाए अथवा उसके किसी एक अंक अथवा दृश्य का पठन-पाठन किया जाए—किसी भी सूरत में उसकी सम्भावित प्रस्तुति का स्वरूप क्या होगा, इसकी सहज सी कल्पना की जा सकती है। उदाहरण के लिए, प्रसाद ने अपने नाटकों में जिस भाषा का प्रयोग किया है, वह हमारे दिन-प्रतिदिन के व्यवहार में आनेवाली भाषा नहीं है। अतः यह स्वाभाविक है कि हमें अपने रोज़मर्रा के यथार्थवादी रवैये को छोड़कर संवाद अदाएगी की उस दिशा की ओर बढ़ना होगा जो रीतिबद्ध, शैलीबद्ध और नाट्यधर्मी हो। कभी गद्य, कभी गति—नाटकों में प्राप्त यह संरचना हमें स्वयं ही यथार्थवाद से परे किसी दूसरी शैली की ओर ले जाती है, फिर हम उसे चाहे कोई भी नाम क्यों न दें। इसी के साथ नाटक के दूसरे तत्त्वों के साथ भी यही दृष्टि काम करने लगती है—उसकी मंचसज्जा, वेशभूषा, रंगदीपन, पात्रों की गतिचर्या, गीत-संगीत—क्या इन सभी पक्षों के विषय में एक हल्का संकेत नाटक को पढ़ाते समय ही नहीं दिया जा सकता ? यदि संयोग से जिन दिनों नाटक कक्षा में पढ़ा जा रहा हो, उन्हीं दिनों कहीं नगर में उसका मंचन भी हो रहा हो तब कहना ही क्या ?

क्या हमें 'अंधेर नगरी' और 'अन्धायुग' के लिखित आलेख में ही वे सारे रंगमंचीय तत्त्व दिखाई नहीं देने लगते जिन पर ध्यान केन्द्रित करके कोई निर्देशक प्रस्तुति के भावी स्वरूप को परिकल्पित कर लेता है। उदाहरण के लिए नाट्यभाषा के भीतर से मिलनेवाले संकेत, बिम्ब, प्रतीक, निर्देशक की प्रस्तुतिपरक परिकल्पना को उकसाने के लिए पर्याप्त हैं। इतना ही नहीं संवादों की लय, उनमें छिपा संगीत, उनके बीच का मौन, पूरे नाटकीय कार्य व्यापार के साथ गुज़रता हुआ समय, पात्रों की वेशभूषा, नाटक के अलग-अलग दृश्यों की मंचसज्जा और शुरू से लेकर आख़िर तक संवादों, चरित्रों, घटनाओं के माध्यम से आगे बढ़ती हुई कथा ये सारी चीज़ें मिलकर मंच पर एक ऐसी रंगभाषा को जन्म देते हैं जो नाटक की निजी सम्पत्ति है। इसीलिए हम जब-जब नाटक की समीक्षा करें तो इन पर भी नज़र रखें। यह अप्रासंगिक न होगा यदि हम किसी एक नाटक को आधार बनाकर उपर्युक्त समीक्षा पद्धति के व्यावहारिक पक्ष को रेखांकित करने की कोशिश करें। इसके लिए भारतेन्दु के 'अंधेर नगरी' को अपना आधार बनाते हैं।

सबसे पहले संक्षेप में नाटक की कहानी को लिया जाए। एक महंत और उसके दो चेलों—नारायणदास, गोवर्धनदास—का घूमते-घूमते एक नगर में पहुँचना। महंत का दोनों चेलों को भिक्षा के लिए भेजना। नगर के एक बाज़ार का दृश्य जिसमें तरह-तरह का सामान बेचनेवाले लोग। हर चीज़ टके सेर बेच रहे हैं। गोवर्धन दास का वहाँ पहुँचना और भिक्षा में मिले हुए पैसों से टके सेर खाने का सामान खरीद लाना। दोनों चेलों का महंत के पास पहुँचना। गवेर्धन दास के पास ढेर सारी सामग्री देखकर महंत द्वारा उस बारे में पूछताछ। गोवर्धन दास का उत्तर और नगर का नाम 'अंधेर नगरी' सुनकर महंत और नारायण दास का वहाँ से चले जाना। गोवर्धन दास को चेताना, लेकिन गोवर्धन दास का वहीं रुक जाना। राजदरबार का दृश्य। राजा, मंत्री और दूसरे दरबारी। नशे में धुत राजा। एक फ़रियादी अपनी बकरी के मरने की फ़रियाद लेकर आता है। राजा

उसके न्याय के चक्कर में अलग-अलग लोगों को बुलाता चला जाता है। अन्ततः कोतवाल को फाँसी की सज़ा सुना देना। गोवर्धन दास नाचता-गाता एक जगह पर बैठकर खा-पी रहा है कि चार सिपाही आकर उसे पकड़ लेते हैं और उसे बताते हैं कि फाँसी का फंदा कोतवाल के लिए छोटा पड़ा इसलिए किसी मोटे आदमी की तलाश कर उसे फाँसी दे दी जाएगी। शमशान भूमि में फाँसी का तख्ता। गोवर्धन दास का रोना-चिल्लाना और गुरु जी को पुकारना। महंत का तुरन्त वहाँ पहुँचना। सारी जानकारी हासिल करना और उसके कान में मन्त्र फूँकना जिसे सुनकर गोवर्धन दास और महंत आपस में लड़ने लगते हैं कि पहले मैं फाँसी चढ़ूँगा। राजा का वहाँ पहुँचना। हैरानी से देखना और बात का पता लगाना। जैसे ही उसे बताया जाता है कि इस क्षण जो भी फाँसी पर चढ़ेगा वह सीधा बैकुंठ को जाएगा, सुनते ही सबको पीछे धकेलकर वह स्वयं फाँसी के तख्ते पर लटक जाता है। सब लोग उसके मरने पर खुशियाँ मनाते हैं। जाहिर है कि यह पूरी कहानी एक लोककथा के रंग वाली है। नाटक लिखे जाने से पहले भी यह जनमानस में हमेशा से लोकप्रिय रही है। सम्भवतः 'कथासरितसागर' में इसके कुछ अंश विद्यमान भी हैं।

प्रश्न यह है कि इस कहानी के माध्यम से नाटककार क्या कहना चाहता है। क्या वह मात्र 'अंधेर नगरी' को एक मनोरंजक कहानी के रूप में प्रस्तुत करना चाहता है, या यह कहानी किसी और तथ्य का संकेत या प्रतीक है। वे संकेत या प्रतीक क्या हो सकते हैं ? क्या तत्कालीन अंग्रेज़ी शासन व्यवस्था अथवा किसी भी युग में उपस्थित कोई भी ग़लत या भ्रष्ट शासन व्यवस्था ? नाटक का मुख्य पात्र कौन है—राजा अथवा महंत अथवा गोवर्धन दास ? यदि राजा है तो क्या वह सचमुच में इतना नादान या बेवकूफ़ राजा है अथवा जान-बूझकर ऐसा व्यवहार करता है, यदि महंत है तो वह गोवर्धन दास को नगर छोड़ने का संदेश ईमानदारी से देता है अथवा उसे परिस्थितियों के हवाले छोड़कर भाग खड़ा होता है। नाटक के पहले दृश्य में वह गोवर्धन दास को चेतावनी देता है, तीसरे दृश्य में भी देता है, और अन्ततः अन्तिम दृश्य में उसे बचाने भी पहुँचता है। अतः वह कम-से-कम धूर्त चरित्र तो नहीं लगता और यदि देखना ही चाहें तो बचाने की युक्ति में महंत की चालाकी भी रेखांकित की जा सकती है। गोवर्धन दास क्या सचमुच में ही खानपान को लेकर इतना लालची है, अथवा वह भी एक के बाद एक संयोग से मिलनेवाली स्थितियों का शिकार होता चला जाता है। और एक त्रासदी पात्र के रूप में सामने आता है। ये सारे सवाल इसलिए विचार और विश्लेषण में आते हैं क्योंकि अन्ततः हमें इन पात्रों को मंच पर अपनी आँखों के सामने, इन घटनाओं में से गुज़रते हुए, और तदनुरूप व्यवहार करते हुए देखना होता है।

इसी कड़ी का आख़िरी सवाल यह है कि नाटक के लिए कौन-सी अभिनयशैली, कैसी मंचसज्जा, वेशभूषा, गीत-संगीत इत्यादि तत्त्व इस्तेमाल किए जाएँ। क्या इसे रँगे हुए परदों के सामने खेला जाए या पूरे यथार्थवाद के साथ, या एक लोक नाटक वाले ख़ाली मंच पर। इसी तरह से पात्रों के बोलने का अंदाज़ यथार्थवादी रहे, शैलीबद्ध रहे

अथवा इन दोनों का मिला-जुला रूप। ज़ाहिर है कि ये सारी रंगमंचीय सम्भावनाएँ स्वयं नाटक के आलेख में उपलब्ध हैं और अलग-अलग निर्देशक इस नाटक को हर बार नए ढंग से प्रस्तुत करते रहे हैं।

अब हम इसी नाटक की एक मंच प्रस्तुति पर चर्चा करना चाहेंगे, जिसे कारंत जी ने 1978 में राष्ट्रीय नाट्य विद्यालय के छात्रों के साथ मंचित किया था। विद्यालय का निदेशक बनने के बाद छात्रों के साथ यह उनकी पहली प्रस्तुति थी। यों तो इससे पहले भी इलाहाबाद के रंग निर्देशक 'अंधेर नगरी' की एक बहुत ही मनोरंजक प्रस्तुति कर चुके थे, लेकिन जिस तरह से कारंत जी ने उसकी परिकल्पना की वह अपने आप में निश्चय ही अभूतपूर्व है। चालीस अभिनेता-अभिनेत्रियों का एक बड़ा समूह, जिसमें देश के हर प्रान्त के भाषा-भाषी लोग शामिल थे। नतीजा यह हुआ कि 'अंधेर नगरी' का दूसरा दृश्य अर्थात् बाज़ार वाला दृश्य पूरे देश की बोलियों-भाषाओं, हाव-भाव, पहनावे और व्यवहार का प्रतिनिधि दृश्य बन गया। प्रस्तुति का कार्य-व्यापार एक बहुत बड़े खुले मैदान में स्थापित किया गया था। अभिनेत्रिओं की मंडली मंजीरे बजाती और 'राम भजो' की धुन गाती बहुत दूर से रंगभूमि में प्रवेश करती थी और एक बार आने के बाद आरम्भ से लेकर अन्त तक एक गोलाकार मंच पर बैठी रहती थी। मंच के तीन तरफ़ ऊपर जाती सीढ़ियों के क्रम में दर्शक और एक तरफ़ मंच के पीछे की दीवार पर बनारस शहर की अलग-अलग छवियों को दर्शाती एक बहुत बड़ी पेंटिंग। कुल मिलाकर एक उत्सव-सा वातावरण। तत्कालीन राजनीतिक स्थितियों में भी इस उत्सवधर्मी परिकल्पना के सूत्र जोड़े जा सकते हैं। पहली बार 30 साल के कांग्रेस शासन के बाद एक नए कवकल्प के रूप में जनता पार्टी जीतकर आई थी और सभी को यह आशा थी कि अब भारतीय राजनीति के इतिहास में एक नई शुरुआत होगी। शुरुआत हुई भी लेकिन बहुत जल्दी ही यह साबित हो गया कि पार्टी कोई भी आए, सत्ता का चरित्र कभी नहीं बदलता। कारंत की यह प्रस्तुति भी जैसे अपने समय के इसी सत्य को उजागर करनेवाली थी। नाटक के अन्त में राजा को फाँसी होने के बाद कारंत ने नए दृश्य की परिकल्पना की जिसमें महंत और उसके दोनों चेले क्रमशः राजा, मंत्री और दरबारी के रूप में सिंहासन ग्रहण करते हैं और फिर से दरबार के उसी दृश्य की शुरुआत होती है जिसमें नशे में धुत्त राजा है और उसकी चापलूसी करते मंत्री और दरबारी हैं। आलेख के अन्त में जोड़ा गया यह दृश्य इता मौलिक और उत्तेजक था कि उसने दर्शकों को आनन्द और उत्सव के वातावरण से बाहर निकालकर एकदम से स्तब्ध कर दिया।

आलेख में उपर्युक्त परिवर्तन ही एकमात्र ऐसा मौलिक तत्त्व नहीं था जिसके कारण यह प्रस्तुति भारतीय रंगमंच में हमेशा याद की जाएगी। 'अंधेर नगरी' में रहते और खा-खा कर मोटे होते हुए गोवर्धन दास का मोटापा दिखाने के लिए एक नाटकीय युक्ति का प्रयोग किया गया था। और वह यह कि एक बड़े से चोगे के अन्दर दो अभिनेताओं को एक साथ घुसा दिया गया अर्थात् गोवर्धन दास का सिर्फ़ पेट ही दुगुना नहीं हो गया बल्कि पूरा शरीर यानी दो सिर, चार हाथ, चार पैर हर तरह से उसके शरीर को मोटा

दिखाने की भरसक कोशिश की गई थी। भारतेन्दु के नाटक में बकरी वाला मात्र एक ही दृश्य में आता है लेकिन कारंत की प्रस्तुति में बकरी वाले को पहले तो बकरी वाली में बदल दिया गया और फिर वह बकरी वाली लगभग हर दृश्य में 'मेरी बकरी, मेरी बकरी' का संगीत कोरस दोहराती रहती है। इस तरह से 'अंधेर नगरी' के बहुत ही छोटे-से चरित्र को नाटक का एक महत्त्वपूर्ण चरित्र बना दिया गया है। पूरी प्रस्तुति में गद्य-संवादों को भी एक ख़ास लय में बाँधा गया था, जिसके साथ मंजीरों का संगीत-संगति कर रहा था। पूरा स्पेस मंचसज्जा की दृष्टि से एकदम ख़ाली ताकि हर तरह के गति विधान के लिए ज़्यादा-से-ज़्यादा जगह का इस्तेमाल किया जा सके।

बाहर से देखने पर लगता था कि प्रस्तुति किसी प्रदेश-विशेष की लोकशैली पर आधारित है, लेकिन ऐसा था नहीं। दरअसल यह प्रस्तुति अपने स्वरूप और आकार में भारतीय रंगमंच की उस खोज की दिशा का ठोस संकेत करती है, जिस तरह आज हमें आगे बढ़ने की ज़रूरत है। वह दिशा है कि हमारी नाट्य प्रस्तुति किसी विशेष शैली, फॉर्म और प्रदेश में से अपना रास्ता खोजने की बजाय स्वयं आलेख के भीतर से अपनी प्रस्तुति की पहचान तैयार करे। हम प्रायः इसके ठीक उल्टा करते हैं अर्थात् हम पहले से यह तय कर लेते हैं कि हमें कौन-सी शैली अथवा फॉर्म में किसी नाट्य प्रस्तुति को करना है और फिर उसके अनुसार हम नाटक का चुनाव नाटक के आलेख में अपेक्षित परिवर्तन और दूसरे तत्त्व जोड़ते चले जाते हैं लेकिन 'अंधेर नगरी' की प्रस्तुति के साथ ऐसा नहीं था। मैं तो यहाँ तक कहना चाहूँगा कि कारंत जी ने ऐसा प्रयोग सिर्फ़ 'अंधेर नगरी' के साथ ही नहीं किया वरन् लगभग सभी नाट्य प्रस्तुतियों के साथ किया। यही कारण है कि भारतीय रंगमंच में वह एक नई निजी और मौलिक पहचान के प्रतीक के रूप में याद किए जाएँगे और वो पहचान उन्होंने अपनी प्रस्तुतियों में चरित्र-चित्रण, वेशभूषा, मंचसज्जा, प्रकाश-सज्जा से परे, सबसे पहले रंग संगीत के माध्यम से स्थापित और प्रतिष्ठित की। इस दृष्टि से भी 'अंधेर नगरी' की प्रस्तुति एक प्रतिमान कही जा सकती है। पूरी-की-पूरी प्रस्तुति के पृष्ठभूमि-संगीत के रूप में 'अंधेर नगरी चौपट राजा' की धीमी-धीमी लय एक वातावरण तो तैयार करती ही थी, साथ-ही-साथ एक व्याख्यात्मक टिप्पणी के रूप में भी रेखांकित की जा सकती थी अर्थात् यहाँ जो कुछ भी हो रहा है वह 'अंधेर नगरी' के अँधेरे में अलग-अलग रूपों की अभिव्यक्ति है। चाहे वे बाज़ार वाले हों, राजदरबार वाले हों, राज-कर्मचारी हों और सामान्य जनता हो, यहाँ तक कि बाहर से आनेवाले महंत और उसके दो चेले भी—एक ही रात में लिखे गए छोटे-से आलेख में एक साथ इतना कुछ देख पाना कारंत जी जैसे रंग-निर्देशक के लिए ही सम्भव था।

इस प्रकार हम देखते हैं कि यह छोटा सा आलेख भी निर्देशक और अभिनेताओं के लिए रंगमंचीय दृष्टि से अच्छी-ख़ासी चुनौतियाँ खड़ी करता है। देखने में इसकी कहानी जितनी सतही और सपाट लगती है उतनी वास्तव में है नहीं। मेरे मन में इसको लेकर बार-बार कुछ सवाल हमेशा उठते रहते हैं। मसलन बाज़ारवाले दृश्य में सभी लोग

अपना सामान टके सेर बेच रहे हैं। क्या वे ऐसा अपनी इच्छा से कर रहे हैं अथवा उनके ऊपर ऐसा आदेश लादा गया है और उन्हें मजबूरी में अपना सामान इतने सस्ते दामों में बेचना पड़ रहा है। ज़ाहिर है कि इनमें से जो हम तय करेंगे उसी के हिसाब से दृश्य के लय और स्वर बदल जाएँगे। कुछ-कुछ ऐसी ही दुविधा राजदरबारवाले दृश्य में भी पेश आती है। क्या लोग ज़िम्मेदारी से बचने के लिए एक-दूसरे का नाम लेते चले जाते हैं अथवा एक खेल की तरह से वे एक-दूसरे को बिना सोचे-समझे फँसाते चले जाते हैं।

ये सारे और उनसे जुड़े हुए ऐसे दूसरे सवाल सम्भवतः हर निर्देशक अपने आप से और अपनी मंडली के अभिनेताओं से अवश्य करता होगा। यदि नहीं करता तो उसे उनकी शुरुआत करनी चाहिए और यदि यही सवाल हमारे प्राध्यापक को पढ़ाने की पद्धति में भी शामिल हो जाएँ तो फिर पाठ्य नाटक और मंचीय नाटक का भेद हमेशा के लिए ख़त्म हो जाए।

संक्षेप में इतना ही कहा जा सकता है कि नाटक के अध्ययन-अध्यापन और प्रस्तुति पक्ष आपस में बहुत गहराई से जुड़े हुए रहते हैं। आवश्यकता मात्र इस बात की है कि हम पढ़ते-पढ़ाते वक़्त नाटक के इन दोनों पक्षों के विषय में यथास्थान अपनी टिप्पणी करते चलें। नाटक या तो अच्छा होता है या नहीं होता—वहाँ पाठ्य अथवा मंचीय नाटक जैसे दो भेद कभी नहीं रहे। सीधी सी बात है कि यदि नाटक पढ़ने में कहीं भीतर से झकझोरता है, प्रभावित करता है, नए-से-नए सवालों का सामना करने के लिए उकसाता है तो कोई कारण नहीं कि वह आज या कल या कभी भी अपने मंचन में भी उतना ही प्रभावशाली नहीं हो। कई बार कोई रचना यदि किन्हीं भी कारणों से अपने समय में अनचीन्ही और अनपहचानी रह जाती है तो इसका यह अर्थ नहीं कि वे लचर नाटक हैं—भास का 'उरुभंगम्' और प्रसाद के नाटक इसका ज्वलन्त उदाहरण हैं। इसी क्रम में कुछ और प्रतिनिधि नाटकों का गहराई से अध्ययन किया जा सकता है।

अभिज्ञानशाकुंतल

चौथी शताब्दी ई.पू. से सोलहवीं सदी तक फैले दो हज़ार वर्षों के लम्बे अन्तराल में यदि संस्कृत नाटकों के लेखन की विशद परम्परा का दिखाई देती है तो उसी के समान्तर उनके मंचन के प्रयोगों का भी संकेत मिलता है। नाटककारों में से एक छोर पर अश्वघोष से आरम्भ होकर भास, कालिदास, शूद्रक, विगाखदत्त, श्रीहर्ष, भवभूति, बोधायन, महेन्द्र विक्रम और वत्सराज जैसे जाने पहचाने नाम हैं तो आगे भी भारतेन्दु हरिश्चन्द्र द्वारा उल्लिखित अनगिनत संस्कृत नाटककारों के और उनकी रचनाओं के नाम मिलते हैं। प्रायः ऐसा माना जाता रहा है कि लगभग आठ सौ, एक हज़ार ई. के आसपास संस्कृत नाटकों के मंचन और प्रस्तुति की परम्परा समाप्त होने लगी और उसका स्थान लोक

रंगमंच ने ले लिया। लेकिन यह धारणा एक अर्धसत्य के रूप में ही स्वीकार की जा सकती है। यदि दक्षिण भारत के केरल प्रदेश में आज तक लगभग भरत द्वारा निर्दिष्ट मंच से मिलते-जुलते बन्द प्रेक्षागृह में कूडिआट्टम् शैली में अनवरत रूप से संस्कृत नाटकों का मंचन होता आ रहा है, तो कोई कारण नहीं कि देश के दूसरे भागों में भी यह परम्परा अजस्र रूप में विद्यमान रही हो। आवश्यकता इस बात की है कि हम शोध एवं अनुसंधान के माध्यम से उन लुप्त हो गई कड़ियों को आपस में जोड़ने का प्रयत्न करें। दरअसल यह सारी मुश्किल भी स्वयं अपने इतिहास को पश्चिम की दृष्टि से देखने के कारण हुई है। यदि पश्चिम में पाँचवीं सदी के उत्तरार्द्ध में रोम साम्राज्य के पतन के बाद रंगमंच के, आगामी पाँच सौ वर्षों तक, कोई चिह्न दिखाई नहीं पड़ते तो औपनिवेशिक दास्ता के चलते यह कैसे सम्भव था कि यहाँ उस रंगधारा का निरन्तर प्रवाह सिद्ध किया जा सकता।

यही कारण है कि यह बेशक संस्कृत नाटकों के मंचन लगातार होते रहे, लेकिन वास्तव में वे होते कैसे थे, इसके कोई दस्तावेज़ नहीं मिलते। यों हमारे यहाँ नाटकों के व्यावहारिक और सैद्धान्तिक—दोनों पक्षों के आधार ग्रन्थ के रूप में भरत का नाट्यशास्त्र अवश्य विद्यमान है, लेकिन वह भी इसी दिशा में बहत दूर तक हमारी मदद नहीं करता क्योंकि एक तो नाट्यशास्त्र को ही कालान्तर में नाटक से ज़्यादा काव्यशास्त्र का ग्रन्थ मान लिया गया। दूसरे नाटक और रंगमंच से जुड़ी जो भी सामग्री नाट्यशास्त्र में मिलती है, वह इतनी बिखरी हुई और टुकड़ों-टुकड़ों में मिलती है कि उसके आधार पर उस युग में सचमुच उन नाटकों का मंचन कैसे होता होगा, इसका अनुमान लगाना मुश्किल ही है। इसीलिए संस्कृत नाटकों को मंचन के लिए कभी हम लोक नाट्य-शैलियों की तरफ़ लौटते हैं, कभी पाश्चात्य रंगमंच से सूत्र ग्रहण करते हैं और कभी प्रयोग के नाम पर कुछ भी ऊल जुलूल प्रस्तुत कर देते हैं। हम यह भूल जाते हैं कि स्वयं नाटकों में ही उनके तत्कालीन मंचन को लेकर इतने संकेत प्राप्त होते हैं कि हमें अलग से किसी बाहरी शैली की सहायता लेना ज़रूरी नहीं जान पड़ता। इस तथ्य को दोहराने की ज़रूरत नहीं कि अन्ततः नाटकों में उपलब्ध युक्तियाँ, रूढ़ियाँ और शैलियाँ नाट्यशास्त्र पर ही आधारित हैं। अतः प्रकारान्तर से हम नाट्यशास्त्र में बिखरी सामग्री को एक नाटक के आलेख के रूप में एक ही स्थान पर एकत्रित पाते हैं। यह अद्भुत संयोग है कि लगभग दो हज़ार वर्षों में जितने भी नाटक लिखे गए वे समय के अन्तराल में बेशक एक-दूसरे से न जाने कितनी शताब्दियाँ आगे पीछे हों, लेकिन मंच रूढ़ियों के रूप में उनमें समानता दिखाई पड़ती है। क्या यह समानता इस तथ्य की सूचक नहीं कि इन नाटकों का लेखन और मंचन सदैव एक-दूसरे से जुड़ा रहा है और साथ साथ होता रहा है। इसमें कोई सन्देह नहीं कि यह समानता उनके शास्त्र पर आधारित होने के कारण भी दिखाई पड़ती है अथवा यह भी नितान्त सम्भव है कि इन्हीं में से कुछ को आधार बनाकर भरत ने अपने नाट्यशास्त्र की रचना की हो। भास के विषय में तो प्रायः यह कहा ही जाता है कि उन्हीं नाटकों में उपलब्ध सामग्री के आधार पर 'नाट्यशास्त्र' की रचना हुई।

पश्चिम में तो यह तथ्य इतिहास सम्मत है कि जब अरस्तू ने अपने 'काव्यशास्त्र' की रचना की, तब तक यूनान के सभी बड़े बड़े नाटककारों की रचनाओं का लेखन और मंचन हो चुका था। दरअसल शास्त्र और प्रयोग का यह सम्बन्ध हमेशा से इतिहास में मौजूद रहता है और नाटकों की लम्बी परम्परा व प्रयोग के बाद ही शास्त्र की रचना हुआ करती है। अतः यदि किसी संस्कृत नाटक की नाट्यशास्त्रीय प्रस्तुति की भी आज पुनर्रचना करनी हो तो नाट्यशास्त्र से भी ज़्यादा स्वयं नाटक के आलेख को ही आधार बनाना होगा। यह अलग बात है कि भास, शूद्रक और विशाखदत्त ऐसे नाटककार हैं जो नाट्यशास्त्र की सीमाओं को भी लाँघ जाते हैं और अपनी निजी पहचान प्रस्तुत करते हैं।

आइए, कालिदास के 'अभिज्ञानशाकुंतल' के माध्यम से उसकी नाट्यशास्त्रीय प्रस्तुति की परम्परा और प्रयोग की सम्भावना और परिकल्पना पर विचार-विमर्श किया जाए। लेकिन प्रस्तुति परिकल्पना की ओर बढ़ने से पहले थोड़ा सोच विचार इस दिशा में भी कर लिया जाए कि आख़िर इस नाटक में ऐसा क्या है, जो आज भी हमें अपनी ओर आकर्षित करता रहता है। यदि कालिदास का रचनाकाल ईसा की चौथी शताब्दी में चन्द्रगुप्त विक्रमादित्य के समान्तर माना जाता है और यह नाटक संस्कृत नाटकों की लम्बी परम्परा में लगभग मध्य में पड़ता है। इससे पहले अश्वघोष, भास, सौमिहल, कविपुत्र और बाद में शुद्रक, विशाखदत्त, श्रीहर्ष और भवभूति जैसे नाटककार आते हैं कुछ विद्वान तो शूद्रक को भी कालिदास से पहले का नाटककार मानते हैं लेकिन यह इतिहास सम्मत नहीं है।

कालिदास अपने इस नाटक के कथ्य, शीर्षक और शिल्प व संरचना के लिए काफ़ी दूर तक भास के 'स्वप्न वासवदत्ता' के ऋणी हैं। दोनों नाटकों के शीर्षकों की समानता अनायास ही ध्यान आकृष्ट कर लेती है। संस्कृत नाट्य साहित्य में कुछ नाटक और भी हैं जिनके शीर्षक उतने ही सांकेतिक प्रतीकात्मक और व्यंजनापरक हैं, जितने इन दोनों के। उदाहरणार्थ शूद्रक को 'मृच्छकटिक' विशाखदत्त का 'मुद्राराक्षस' और बोधियान का 'भगवद्अज्जुकम्'। लेकिन जितनी सांकेतिकता भास के 'स्वप्नवासवदत्ता' और कालिदास के 'अभिज्ञानशाकुंतल' में मिलती है, वह अन्यत्र दुर्लभ है। शकुंतला की स्मृति हो जाना अथवा शकुन्ताल को ही स्मृति में आना। शकुंतला के बहाने से दुष्यन्त को अभिज्ञान होना अथवा दुश्यन्त के अभिज्ञान के साथ साथ शकुंतला को भी अहसास होना। अभिज्ञन ही अपने आप में शकुंतला का पर्याय है या फिर शकुंतला अभिज्ञान की—इस प्रकार का मात्र शीर्षक की ही विविध व्याख्याएँ की जा सकती हैं। ठीक इसी परिप्रेक्ष्य में हम 'स्वप्नवासवदत्ता' को भी व्याख्यापित कर सकते हैं।

लेकिन शीर्षक से भी ज़्यादा यह नाटक अपने कथ्य में गहराई से भरा-पूरा है। सतही तौर पर देखने से यह नाटक भी संस्कृत के दूसरे नाटकों की तरह एक सामान्य सी प्रेम कहानी जान पड़ेगा जिसमें नायक की पहले से कई पत्नियाँ होते हुए भी वह एक नई नायिका के साथ प्रेम का श्रीगणेश करता है और वह प्रेम के एक लम्बे अन्तराल

के बाद अपनी पूर्णता को पहुँचता है। लेकिन जितनी सतही यह प्रेम कहानी जान पड़ती है, उतनी है नहीं। शायद किसी विद्वान अध्येता ने इस तथ्य की ओर ध्यान नहीं दिया कि पूरे संस्कृत साहित्य में, कम से कम कालिदास के तीनों नाटकों में, यही एक अकेला ऐसा नाटक है जिसमें नायक की पहली पत्नियाँ कभी मंच पर नहीं आतीं अर्थात् नाटककार ने अपनी ओर से उस स्थूल तनाव और संघर्ष की सम्भावना को पहले ही नकार दिया है, जो प्रायः ऐसी प्रेम कहानियों में स्वाभाविक रूप से आ जाता है। न ही यहाँ शकटार जैसा अतिनायक है, जो प्रत्यक्ष रूप से प्रेम कहानी में व्यवधान उपस्थित कर सके। इसमें कोई सन्देह नहीं कि यहाँ दुर्वासा का शाप और अँगूठी का खोना—दो ऐसी नाटकीय युक्तियाँ है, जो इस प्रेम कहानी में अवरोध उत्पन्न करती हैं लेकिन यदि तनिक भी गहराई से विचार किया जाए तो पता चलेगा कि दोनों युक्तियों को नेपथ्य में घटित होते हुए दिखाकर नाटककार ने उनकी उस क्षण की नाटकीयता को कम से कम करने की कोशिश की है, जब उनसे सम्बद्ध घटनाएँ घटित होती हैं। ज़रा कल्पना कीजिए, यदि कालिदास दुर्वासावाले दृश्य को मंच पर ले जाते तो वह अपने प्रभाव से आगे आनेवाले दृश्यों का न केवल पूरा आभास दे देता वरना नाटक के चरमोत्कर्ष को भी निहायत कमज़ोर बना देता। यही बात अँगूठी के विषय में भी कही जा सकती है—जब ये दोनों प्रसंग नाटक के चौथे अंक में प्रियम्वदा अनसूया के परस्पर संवादों में यूँ ही उल्लेखित होकर रह जाते हैं, तब हम उस जटिल नाटकीय स्थितियों के लिए कभी भी तैयार नहीं होते, जो भवितव्य हैं।

नाटक का कथ्य प्रेम है लेकिन उसका कैसा सहज स्वीकार और ज़रूरत पड़ने पर अस्वीकार भी—शकुंतला और दुष्यन्त की आपस में स्वीकृति और गान्धर्व विवाह के रूप में परिणति। प्रियम्वदा अनसूया द्वारा समर्थित और सबसे बड़ी बात यह कि कण्व जैसे ऋषि मुनि द्वारा भी समाचार पाते ही उसका हर तरह से अनुमोदन। यही कारण है कि आज से पन्द्रह सोलह सौ वर्ष पूर्व की रचना में प्रेम की ऐसी स्वीकृति कितनी आधुनिकत और समकालीन जान पड़ती है। भारतीय साहित्य में तो ऐसा सहज स्वीकार दुर्लभ है ही, अपने आप को विकसित और आधुनिक माननेवाले पश्चिम के साहित्य में भी यह कहीं दिखाई नहीं पड़ता। कहने का तात्पर्य यह है कि नाटककार ने जानबूझकर किसी ऐसे बाहरी तत्त्व, स्थिति या घटना को छोड़ दिया लगता हे, जो तात्कालिक नाटकीयता पैदा कर दे। इसके विपरीत उसने प्रेम को ही निहायत ही सूक्ष्म एवं आन्तरिक स्तर पर परखने का प्रयत्न किया है।

वस्तुतः यह प्रेम प्रसंग एक अनवरत यात्रा के समान है। एक स्तर पर यह यात्रा राजभवन से आश्रम, आश्रम से राजभवन, राजभवन से आकाशमार्ग और पुनः आश्रम तक पहुँचती है तो दूसरी ओर आश्रम से राजभवन और पुनः आश्रम तक पूरी होती है। एक स्तर पर इस यात्रा में दुष्यन्त के साथ सदा एक रथ होता है तो शकुंतला यह यात्रा अपने पैरों यानी अपने बलबूते पर करती है। इस यात्रा में कई दूसरे तत्त्व स्वयं ही सम्मिलित हो जाते हैं—दुष्यन्त के आगे आगे दौड़ता मृग, शकुंतला के साथ साथ

दुष्य पला मृग, उसे विदाई देता मृग और अन्त में सिंह शावक। दुष्यन्त के हाथ से अँगूठी का प्रियम्बदा अनसूया के पास पहुँचना, वहाँ से राजपुरुषों के पास से होते हुए पुनः राजा के पास पहुँच जाना। राक्षसों के उत्पात यदि पहली बार दुष्यन्त और शकुंतला का समागम का कारण बनते हैं तो एक लम्बे वियोग के पश्चात पुनः उन दोनों के अन्तिम मिलन का अवसर प्रदान करते हैं। प्रेम का पहला स्वीकार और अस्वीकार यदि आश्रम एवं राजभवन में घटित होता है जो इसी भूमि पर अवस्थित हैं तो प्रेम का अन्तिम संस्कार आकाशमार्ग में स्थित आश्रम में सम्पन्न होता है अर्थात् दोनों ही पक्ष अपनी अपनी ज़मीन छोड़कर एक तटस्थ भूमि पर मिलते हैं, जहाँ किसी भी प्रकार की असहमति, असहयोग की सम्भावना ही नहीं है! दूसरे रूप में देखें तो दुष्यन्त को भी अपने चारित्रिक स्वभाव का बहुत सा ऐसा अंश छोड़ना पड़ता है जो अनचाहा है और शकुंतला को भी। प्रेम की विरहाग्नि में दोनों को तपड़ना पड़ता है, तभी दोनों उसमें से खरे सोने की तरह बाहर आते हैं। यह है प्रेम जैसे सामान्य और शाश्वत कथ्य की पराकाष्ठा और गहराई।

मात्र कथ्य के स्तर पर ही नहीं, अपने शिल्प और संरचना के स्तर पर भी 'अभिज्ञानशाकुंतल' बिलकुल आज का नाटक लगता है। कहा जाता है कि समय, स्थान और कार्य-व्यापार की अन्विति नाट्य साहित्य को अरस्तू की देन है। लेकिन कालिदास के इस नाटक में भी वह अद्भुत रूप में उपस्थित है। नाटक के पहले चार अंक महर्षि कण्व के आश्रम के बाहर और भीतर स्थित हैं तो अगले दो अंक राजभवन के बाहर और भीतर। अन्तिम अंक पुनः एक आश्रम में ही स्थापित किया गया है। स्थान की अन्विति को थोड़ी देर के लिए छोड़ भी दिया जाए, कार्य व्यापार की अन्विति को देखते ही बनती है। सात अंकों के नाटक में मात्र एक कहानी है, जिसके इर्द-गिर्द सारा कार्य व्यापार केन्द्रित है। यूनानी नाटकों के सन्दर्भ में कार्य व्यापार की अन्विति समझ में आती है क्योंकि पूरे नाटक में मात्र एक अंक ही हुआ करता था। लेकिन सात अंकों तक एक ही कथा को विकसित कर ले जाना कालिदास के रचना कौशल का अप्रितम उदाहरण हैं। समय की अन्विति पूरे नाटक में तो नहीं, हाँ प्रत्येक अंक में अवश्य मिलती है जहाँ, हर बार अंक की शुरुआत सुबह-सुबह होती है और संध्या के आगमन के साथ अंक का भवसान होता है। क्या इस सम्भावना की खोजबीन करना एक रोचक जानकारी और अध्ययन का विषय नहीं होगा कि यदि एक भोर नाटककार ने भरत और नाट्यशास्त्र का गहराई से मन्थन किया है तो दूसरी ओर वह अरस्तू के काव्यशास्त्र से भी अपरिचित नहीं था। कम से कम यह तथ्य तो स्वीकृत है कि कालिदास के अपने समय में भी अरस्तू के काव्यशास्त्र और यूनानी नाटकों की प्रतियाँ हमारे देश म उपलब्ध थीं।

एक और दृष्टि से भी शाकुंतल के महत्त्व को रेखांकित किया जा सकता है। आज रंगमंच में जिस प्रकार के 'फ्यूज़न', 'सिंथेसिस' और मिश्रण की चर्चा हो रही है, यह नाटक उसकी भी एक बानगी प्रस्तुत करता है। देसी और मार्गी, लोकधर्मी और

शास्त्रीय, ग्रामीण और नागर, पूर्व और पश्चिम—किसी भी दृष्टिकोण से विचार करें, यह नाटक उसकी एक निश्चित् आधार पर भूमि प्रस्तुत करता हैं। यों तो यह श्रेय आज तक शूद्रक के मृच्छकटिक को दिया जाता रहा है कि राज्य समाज और परिवार के जितने भी विविध रूप, रंग और रेखाएँ हो सकती हैं, वे सभी शूद्रक के इस नाटक में पहली बार दिखाई पड़ते हैं। लेकन यदि ध्यान से इस बात पर ग़ौर किया जाए तो पता चलेगा कि 'मृच्छकटिक' के ये सभी विविध चित्र केवल नगरीय परिवेश से सम्बद्ध हैं—जबकि शाकुंतल का परिवेश जितना ग्रामीण है, उतना ही शहरी भी, जितना सहज एवं अनौपचारिक है उतना ही औपचारिक भी। शाकुंतल का नागरिक श्याम और उसके दो सहयोगी क्या अनायास ही मृच्छकटिक के शकार और वीर चन्दनक की याद नहीं दिला देते। श्याल और शकार के नाम की समानता तो अपनी जगह है ही, श्याल का बहनोई के रूप में सम्बोधित किया जाना क्या उस शाश्वत तथ्य की ओर संकेत नहीं करता कि व्यवस्था चाहे कोई भी हो, उसके जुड़े सगे सम्बन्धी हमेशा ही इस ताक में लगे रहते हैं कि घूस, रिश्वत और दूसरे अनैतिक कृत्यों से जितना धन बटोरा जा सके, बटोर लिया जाए।

मैं नहीं समझता कि अब अलग से शाकुंतल के आलेख की नाट्यशास्त्र के लक्षणों के आधार पर किसी विवेचन की आवश्यकता शेष रह जाती है। यदि हम अपने समय के अनुकूल उसकी सार्थकता एवं समकालीनता पर विचार कर सकते हैं तो यह तो सहज स्वीकार्य है कि दशरूपक के आधार पर शाकुंतल एक नाटक है, उसका मुख्य रस शृंगार है, वह पाँच अर्थ प्रकृतियों, पाँच कार्यावस्थाओं और पाँच सन्धियों से युक्त है, सभी वृत्तियों और प्रवृत्तियों से समन्वित है और अन्ततः लोकधर्मी नाट्य धर्मी शैलियों को समेटे हुए है। क्या इसीलिए अपने समय में यदि वह नाटक बार-बार मंच पर प्रस्तुत किया जाता रहा तो आधुनिक युग में भी पिछले डेढ़ सौ वर्षों में न जाने कितनी प्रस्तुतियाँ हो चुकी हैं इस नाटक की—पारसी नाटक मंडलियों ने इसे प्रस्तुत किया, लोक रंगमंच पर इसका प्रयोग किया गया, पृथ्वीराज कपूर ने इसे नाटक के रूप में खेला तो शान्ताराम ने इस पर फ़िल्म बनाई। संस्कृत, हिन्दी, उर्दू समेत सभी भारतीय भाषाओं में मंचन हुआ तो चीन, फ्रांस, जर्मनी, अमेरिका, डेनमार्क जैसे देशों में भी बार-बार इसे प्रस्तुत किया गया। ये सारी सूचनाएँ इस तथ्य को और भी पुष्ट करती हैं कि यह नाटक पूर्व और पश्चिम के रंगनिर्देशकों को समान रूप से मंच प्रस्तुति के लिए प्रेरित करता रहा है। अतः उपर्युक्त सम्पूर्ण पृष्ठभूमि के बाद अब अभिज्ञानशाकुंतल की परम्परा और प्रयोग को समेटते हुए एक नाट्यशास्त्रीय प्रस्तुति पर विशद विचार और विश्लेषण किया जा सकता है।

आरम्भ में ही यह बता देना आवश्यक है कि उपर्युक्त मंच प्रस्तुति की परिकल्पना भरत द्वारा अभिकल्पित विकृष्ट मध्यम नाट्यमंडप पर की जा रही है। दर्शक दीर्घा के ठीक सामने पहला धरातल रंगपीठ, रंगपीठ पर लगभग नौ इंच ऊँचा रंगशीर्ष और रंगशीर्ष के बीचों-बीच पुनः उतनी ही ऊँचाई पर बनी एक वेदिका, जिसका शास्त्रीय

नाम कुतप है। प्रदर्शन के दौरान इस इस पर आरम्भ से अन्त तक गायक, संगीतकार एवं अन्य वादक बैठते थे। वेदिका के दोनों कोनों पर रंगशीर्ष पर पिछली दीवार में नेपथ्य से मंच पर प्रवेश प्रस्थान के लिए दो द्वार, जिन पर यवनिका पड़ी रहती थी। रंगपीठ के दोनों सिरों पर चार चार स्तम्भों से घिरे दो विशेष क्षेत्र, जिन्हें मत्तवारिणी के नाम से जाना जाता है। दर्शक और अभिनेता का आपस में सीधा प्रत्यक्ष और एकतरफ़ा सम्बन्ध जैसा कि आजकल रंगद्वारी प्रेक्षागृह में दिखाई पड़ता है। इस मूल अभिकल्पन के अतिरिक्त मंच किसी भी प्रकार की मंचसज्जा अथवा दृश्यबन्ध से रहित। हाँ, आवश्यकता पड़ने पर कभी-कभार कोई मंच उपकरण लाया, ले जाया जा सकता है अन्यथा मंच पर जो भी अभिनय क्षेत्र उपलब्ध है, वह पूरी तरह से अभिनेता के लिए सुरक्षित है।

पहले अंक की शुरूआत का परिवेश तपोवन के पास की भूमि तथा ऋषि कण्व का आश्रम है। स्पष्ट है कि पूरे अंक के बीच कम से कम दो क्षेत्रों की कल्पना की गई है—एक बाहरी और दूसरा भीतरी। सबसे पहले नान्दी स्वर उभरता है। यह नान्दी नाटककार अपने आराध्य देवी देवता की अभ्यर्थना में नाटक के प्रारम्भ में रखता है—एक प्रकार की मंगल कामना है यह नाटक के पात्रों के लिए भी और दर्शकों के लिए भी। कालिदास के पहले के नाटककारों ने नान्दी को नहीं दिया है, विशेष रूप से भास ने। इससे यह अनुमान लगाया जा सकता है कि उस समय नान्दी मंडली के सदस्यों के बीच नेपथ्य में ही सम्पन्न हो जाया करती होगी। कालिदास ने उसे मंच पर स्थान दिया है। यद्यपि तब भी यह स्पष्ट नहीं है कि उसे कौन लोग गा रहे हैं ? क्या नाटक के सभी पात्र ? क्या मात्र वेदिका पर बैठे गायक, वादक और संगीतकार ? नान्दी से पहले पूर्वरंग के अन्तर्गत दी हुई गतिविधियों के अनुसार उस समय मंच पर कम से कम तीन पात्र उपस्थित हैं—स्वयं सूत्रधार, नटी और विदूषक अथवा परिपर्श्वक जो मंच की पूजा से जुड़े कई अनुष्ठानों को पूरा करते थे। सम्भव है कि इसके बाद नटी और उसका सहयोगी प्रस्थान कर जाते थे, नान्दी अभी भी नेपथ्य में ही होती रही होगी और उसके तुरन्त बाद सूत्रधार नटी को पुनः मंच पर बुलाता है। इस प्रकार आज हमारे सामने दो विकल्प सहज ही उपलब्ध हैं—नाटक के आरम्भ में सभी पात्र मंच पर प्रवेश करके नान्दी पाठ करें और फिर लौट जाएँ अथवा मात्र मंच पर पहले से बैठी संगीत मंडली उसका गायन करे। आज तक जितनी भी प्रस्तुतियाँ देखने का अवसर मिला है, उनमें पहले विकल्प का ही प्रयोग किया गया है क्योंकि इतने सारे पात्रों की उपस्थिति से मंच आरम्भ में ही भरा-पूरा लगने लगता है और दर्शकों के साथ एक अन्तरंग रिश्ता स्थापित हो जाता है।

नान्दी के वाद प्रस्तावना संस्कृत नाटकों की मंच प्रस्तुति का एक महत्त्वपूर्ण अंग हुआ करता था। नान्दी को बेशक नाटककारों ने अपने नाटकों में स्थान न दिया हो, लेकिन प्रस्तावना या स्थापना हरेक नाटककार ने रखा है और कई बार तो उसका बहुत ही नाटकीय प्रयोग किया है। उदाहरण के लिए भास प्रायः अपने हर नाटक के आरम्भ

को अधिक से अधिक रोचक बनाने के लिए प्रस्तावना को बीच में ही अधूरा छोड़कर नेपथ्य में हुई किसी घटना को पंच पर ले आते हैं। इसके विपरीत कालिदास प्रस्तावना में सारी सूचनाएँ देते हैं ज़रूर जैसे कि नाटक कहाँ खेला जा रहा है, नाटककार का नाम क्या है, नाटक का नाम क्या है और उसकी कथा क्या है लेकिन प्रस्तावना के अन्त तक आते आते वह भी उसे नाटक के मुख्य कार्य व्यापार से जोड़ देते हैं। बहरहाल, उस युग में तो प्रस्तावना की उपस्थिति समझ में आती है, जब यह सम्भव नहीं था कि नाटक से जुड़ी सारी सूचनाएँ हस्तलिखित प्रतियों के माध्यम से सभी दर्शकों को वितरित की जा सकें। आज तो पहले से प्रकाशित और दर्शकों में वितरित नाटक की स्मारिका यह काम बख़ूबी कर सकती है, फिर भी हरेक निर्देशक इस प्रस्तावना को अपने प्रदर्शन का हिस्सा अवश्य ही बनाता है। आख़िर क्यों ? इसका भी एक गहरा कारण है। दर्शक द्वारा सारी सूचनाओं को जान लेने के बाद वह नाटक की कहानी से ज़्यादा अभिनेता विशेष की अभिनय कला पर ध्यान केन्द्रित करेगा यह मात्र संयोग या अकारण नहीं है कि जिस 'अलगाव' के सिद्धान्त की स्थापना ब्रेष्ट बीसवीं शताब्दी में आकर करते हैं, वह हमारी अपनी नाट्य परम्परा में कथागायन और प्रस्तावना जैसी युक्तियों में पिछले दो हज़ार साल से प्रयोग में आता रहा है। इसीलिए वह आज के निर्देशक को भी संस्कृत नाटक के अनिवार्य अंग के रूप में जान पड़ता है।

वास्तव में नान्दी और प्रस्तावना तो पूर्वरंग के ही अन्तिम दो अंग होते हैं। भरत के अनुसार नाटक की प्रस्तुति दो भागों में बँटी रहती थी–पूर्वरंग और प्रयोग। पूर्वरंग नाट्यमंडली के अपने व्यवहार का हिस्सा था इसलिए नाटककारों ने अपनी रचनाओं में उसे छोड़ दिया है। पूर्वरंग के अन्तर्गत वे सब कार्य कलाप आते हैं, जो नाटक की मंच-प्रस्तुति से जुड़े हो सकते हैं। मंच उपकरणों एवं वाद्य यन्त्रों का मंच पर लाकर रखा जाना, गायकों, वादकों और संगीतकारों का मंच पर आकर स्थान ग्रहण करना, गायकों द्वारा स्वर संधान, वादकों द्वारा अपने यन्त्रों को साधना, हाथ से बजाए जानेवाले वाद्य, वायु से बजनेवाले यन्त्र–सबका आपस में मिलकर नाटक के संगीत का अभ्यास करना, सूत्रधार नहीं आदि का मंच पर प्रवेश, मंच के चारों कोनों की पूजा, मंच के मध्य में जर्जर ध्वज की स्थापना, मंच पर उपसिति तीनों पात्रों का त्रिगत के नाम से आशु संवाद, सूत्रधार द्वारा चारी और महाचारी पदगतियों द्वारा लास्य व तांडव गतियों का प्रदर्शन–इनमें से शुरू की गतिविधियाँ, जिनमें दृश्य के नाम पर कुछ नहीं है रंगपटी के पीछे और बाक़ी सारे कलाप दर्शकों के सामने। ये सब कुछ इसलिए कि पहले से आए दर्शकों के मनोरंजन के लिए कुछ होता रहे, धीरे धीरे दर्शकों को उस भाव भूमि एवं 'मूड' में लाया जाए और मुख्य नाटक के प्रयोग के लिए एक उचित और अनुकूल वातावरण तैयार किया जाए। इसीलिए पूर्वरंग का प्रावधान रखते हुए भी भरत इसके लिए सचेत हैं कि यह न तो बहुत छोटा है औरन बहुत लम्बा। क्या आज भी हम परोक्ष अपरोक्ष रूप में उपर्युक्त पूर्वरंग की प्रक्रिया से नहीं गुज़रते, चाहे उसका स्वरूप कितना ही क्यों न बदल गया हो ?

उस समय तो पूर्वरंग की एक और पक्ष से भी अनिवार्यता थी। नाटक पूरी तरह से शास्त्र पर आधारित है और हरेक नाटक में काम करनेवाले अभिनेता शास्त्र के जानकार हैं, अतः अलग से किसी पूर्वाभ्यास की आवश्यकता नहीं हुआ करती थी। पूर्वरंग के माध्यम से वे सभी प्रदर्शन के दिन एकत्रित होकर नाटक के संवाद, गीत, संगीत एवं गतियों को दोहरा लिया करते थे।

इसीलिए मुख्य नाटक का प्रयोग उस पहले दृश्य से आरम्भ होता है जो ठीक प्रस्तावना के बाद आता है और जिसमें नाटक की कहानी से जुड़े पात्र प्रवेश करते हैं। यों तो मुख्य पात्रों के मंच पर प्रवेश प्रस्थान के लिए भी भरत ने अलग से ध्रुव गीतों का प्रावधान किया है। लेकिन नाटककारों ने उन्हें भी अपनी रचना का हिस्सा नहीं बनाया। ये गीत भी वस्तुतः नाट्य मंडलियों की अपनी उपज हुआ करते थे और उनका एकमात्र उद्‌देश्य था कि मुख्य पात्र के प्रवेश के लिए दर्शकों को अतिरिक्त रूप से सजग कर दिया जाए।

शाकुंतल का पहला दृश्य ही इतना महत्त्वपूर्ण है कि वह नाटक की सम्भावित प्रस्तुतिशैली को एकदम से स्थापित कर देता है और वह है 'धनुष चढ़ाए और सारथि के साथ रथ में हरिण का पीछा करते राजा दुष्यन्त का प्रवेश।' इस दृश्य को हम किसी भी यथार्थवादी पद्धति से करना चाहें तो वह कभी सम्भव नहीं है। इसीलिए भरत ने तत्कालीन नाटकों की परम्परा में से ही नाट्यधर्मी पद्धति को खोज निकाला अर्थात् मंच पर न कोई सचमुच का रथ है न कोई वास्तविक हरिण है, फिर भी पात्रों की गतियों, मुद्राओं एवं चर्चाओं से मृग का सम्पूर्ण चित्र प्रस्तुत कर दिया जाए। कल्पना की जा सकती है कि एक ख़ाली मंच पर मात्र पात्रों की वेशभूषा, रूपसज्जा, पद संचालन, हस्त मुद्राओं के साथ साथ संवादों की अदायगी से कितना अभिराम दृश्य जगत उपस्थित हो जाता होगा। पात्रों की गतियाँ और मुद्राएँ भले ही नृत्यवत् हैं लेकिन वे नृत्य नहीं हैं। यहाँ भंगिक और आहार्य के साथ साथ वाचिक का निर्वाह भी अभिनेता को ही करना है। यही वाचिक और शब्द तक भी काम में आते हैं जब उसी ख़ाली मंच पर मात्र एक संवाद से कि 'यह रहा आश्रम। अब मैं अन्दर प्रवेश करता हूँ।' पूरा का पूरा मंच एक आश्रम में परिवर्तित हो जाता है। एक मंच निर्देश बार-बार संस्कृत नाटकों में आता है और वह है—'घूमकर और देखकर' अर्थात् जब भी कोई नया क्षेत्र स्थापित करना है तो पात्र मंच पर घूमेगा और अपने अगले संवाद से उस क्षेत्र का परिचय दे देगा। दर्शक इस रूढ़ि के इतने अभ्यस्त थे कि उन्हें एक ख़ाली 'स्पेस' में भी पूरा दृश्य और उससे जुड़ी साज सज्जा दिखाई पड़ने लगती थी। क्या यही पद्धति यूनानी और यहाँ तक कि शेक्सपीयर के नाटकों में भी नहीं अपनाई जाती थी ?

यही नाट्यधर्मी प्रस्तुतिशैली शकुंतला और उसकी सखियों द्वारा वृक्ष सींचने के अभिनय में भी प्रयोग में आती है। और इसी का सहारा तब भी लिया जाता है, जब एक भौंरा शकुंतला के ऊपर मँडराने लगता है और वह उसे हटाने का अभिनय करती है अर्थात् मंच हर बार किसी भी तरह की बाह्य साजसज्जा से मुक्त है और उसे पात्रों

के वाचिक और आंगिक अभिनय के भीतर से साकार होना है।

उपर्युक्त दृश्यों में ही कालिदास कितनी कुशलता से और बिना बताए नाट्यशास्त्र की एक और पद्धति का परिचय भी दे जाते हैं और वह है कक्षा विभाग यानी एक ही समय में मंच के अलग अलग हिस्सों में समान्तर एवं स्वतन्त्र कार्य व्यापार—यहाँ एक क्षेत्र दुष्यन्त का है, एक क्षेत्र शकुंतला और उसकी सखियों का है। जब दुष्यन्त के संवाद हैं तो सम्भव है कि हमारा क्षेत्र स्थिर हो या जब शकुंतला और उसकी सखियों के संवाद हैं तो दुष्यन्त स्थिर हो। इसी का एक दूसरा रूप यह भी हो सकता है कि एक क्षेत्र में संवाद हों और दूसरे में मात्र मौन गतिविधान हो। यही दोनों अलग कार्यक्षेत्र कितनी सहजता से पुनः एक सामान्य कार्यक्षेत्र में लौट आते हैं, जब भौंरे को हटाने के क्रम में दुष्यन्त ठीक शकुंतला के सामने पहुँच जाते हैं। अंक के अन्त में जब शकुंतला के पैर में नई कुशा का एक काँटा गड़ जाता है और उसका वल्कल शाखा में उलझ जाता है—क्या तब भी उसी सांकेतिकता की अपेक्षा नहीं, जिसके विषय में हम अब तक बात करते आए हैं ?

संस्कृत नाटकों की एक और युक्ति ऐसी है जो बार-बार प्रयोग में आती है और शाकुंतल भी इसका अपवाद नहीं है। वह है किसी भी नए पात्र को बाहर लेने जाना और तुरन्त उसे साथ मंच पर प्रवेश करना—हमारा आज का बौद्धिक रवैया सवाल कर बैठता है कि यह कैसे सम्भव है ? लेकिन यदि हम अपनी परम्परा में कथावाचन एवं गायन की शैलियों के भीतर झाँककर देखें तो ऐसे प्रश्न और उनकी पीछे के 'लॉजिक' आप ही आप पीछे छूट जाते हैं। क्या वामन के अवतार रूप में विष्णु ने केवल तीन क़दमों में ही पूरी सृष्टि को नहीं नाप लिया था ? गणेश ने मात्र अपने माता पिता की परिक्रमा को पूरे संसार की परिक्रमा से नहीं जोड़ दिया था ? यदि हम मिथक में, लोककथा में ऐसे अंशों को स्वीकार कर सकते हैं तो उन नाटकों में आए ऐसे अंशों को सहज रूप में लेने में इतनी आपत्ति क्यों, जो स्वयं उन्हीं मिथकों पर आधारित हैं ?

कभी-कभी ऐसे मंच निर्देशों को सामने पाकर सचमुच दुविधा खड़ी हो जाती है। शाकुंतल के तीसरे अंक में दुष्यन्त का यह सवांद है—"ओह ! आँखें जैसे सार्थक हो उठीं ! यह रही वह सामने फलों से ढँके शिलाखंड पर। सखियाँ इसकी परिचर्चा कर रही हैं। तो यही लाताओं के पीछे छिपा इनकी अन्तरंग बातें सुनाता हूँ।"

इसके साथ का मंच निर्देश है—देखता हुआ खड़ा रहता है। निदिष्ट रूप में सखियों के साथ शकुंतला का प्रवेश।

जिज्ञासा यह होती है कि शकुंतला का मंच पर यह प्रवेश कैसे कराया होगा ? क्या दुष्यन्त के संवाद के बाद शकुतला और उसकी सखियाँ पर प्रवेश करके शिलाखंड पर आकर बैठ गई होंगी ? इसमें कोई सन्देह नहीं कि संस्कृत नाट्य परम्परा की नाट्यधर्मिता के अनुकूल इस प्रवेश में यथार्थ का कोई भ्रम उत्पन्न करने पर आग्रह नहीं है लेकिन सौन्दर्य की दृष्टि से यह प्रवेश बिलकुल सपाट जान पड़ेगा।

इसीलिए मंच के प्रवेश द्वारों पर पड़ी दो यवनिकाओं—पटी व अपटी के अतिरिक्त

भरत ने एक तीसरे चलायमान पटी का भी संकेत किया है, जिसे आज हम अपनी लोक परम्पराओं में रंगपटी के नाम से भी जानते हैं। यह रंगपरी संस्कृति नाटकों की मंच प्रस्तुति में कई रूपों में काम में लाई जाती थी। सबसे पहले तो पूर्वरंग के उन आरम्भिक कार्य कलापों को छिपाने के लिए, जो श्रव्य मात्र होते थे। फिर किसी दृश्य की पृष्ठभूमि के रूप में कोई चित्र उपस्थित करना हो तो दो पारिपार्श्विक बड़ी सहजता से इसे लेकर खेड़े हो सकते थे। अन्ततः सबसे ज़्यादा नाटकीय उपयोग उपर्युक्त प्रकार के प्रवेश के लिए किया जाता था। इसकी भी दो परिकल्पनाएँ की जा सकती हैं–पहली यह कि जब तक दुष्यन्त का सम्बाद चल रहा है, शकुंतला और उसकी सखियाँ रंगपटी के पीछे पीछे प्रवेश कर शिलाखंड पर अपना स्थान ग्रहण कर लें और दुष्यन्त के संवाद समाप्त होने तक रंगपटी लौट जाए और वे सभी निर्दिष्ट स्थिति में बैठी दिखाई पड़े।

दूसरा और इससे भी ज़्यादा रोचक, आकर्षक और उत्सुकता से भरा विकल्प यह हो सकता था कि अंक के आरम्भ से ही शकुंतला और उसकी सखियाँ शिलाखंड पर आसीन हैं और रंगपटी से ढकी हुई हैं। ज्यों ही दुष्यन्त का संवाद शुरू होता है, रंगपटी उसके अनुसार धीरे-धीरे हटती जाती है।

नाटक का चौथा अंक एक बार फिर ज़्यादा से ज़्यादा अभिनय की उसी सांकेतिक, प्रतीकात्मक, शास्त्रीय और चित्र पद्धति की ओर मुड़ता है, जहाँ शकुंतला की आश्रम से विदाई होती है। प्रकृति के मानवीकरण के माध्यम से अभिनेताओं की गतियों, मुद्राओं एवं हाव-भाव से ही पेड़ पौधों, जीव जन्तुओं को मंच पर जीवन्त रूप में प्रस्तुत कर दिया गया है।

हाँ, नाटक के आरम्भ में अनसूया और प्रियम्बदा के विष्कम्भक के बाद सोकर उठे कण्व शिष्य का प्रवेश है और उसके तुरन्त बाद एक मंच निर्देश है–बिना पट परिवर्तन के प्रवेश करके अनसूया का संवाद। पूरे नाटक में अकेला यहीं मंच निर्देश ऐसा है जो थोड़ा उलझन में डालनेवाला है। विष्कम्भक के बाद दोनों सखियों के जाने का कहीं कोई संकेत नहीं है। ऐसी स्थिति में वे दोनों एक स्थान पर स्थिर हो सकती हैं और शिष्य के संवाद के बार अनसूया गतिमान हो सकती है। यदि वे विष्कम्भक के बाद प्रस्थान कर चुकी हैं तो कालिदास अनसूया के पुनः प्रवेश के लिए किस प्रकार के पट परिवर्तन का संकेत कर रहे हैं, जबकि और कहीं भी किसी पात्र के प्रवेश के लिए इस प्रकार के पट परिवर्तन का प्रावधान नहीं किया गया है। सम्भवत : इसी तरह के मंच-निर्देशों के कारण कुछ विद्वान संस्कृत मंच पर रंगपीठ और रंगशीर्ष के बीच भी कम से कम तीन भागों में विभाजित यवनिका की कल्पना करते हैं किन्तु इससे सहमत नहीं हुआ जा सकता। यहाँ शायद कालिदास का मन्तव्य मात्र इतना रहा होगा कि किसी नए कार्यक्षेत्र की संवाद के माध्यम से सूचना देने के बजाय सीधे अनसूया का प्रवेश करा दिया गया है। ऐसा ही प्रवेश छठे अंक में कंचुकी को भी दिखाया गया है।

नाटक के चौथे अंक की समाप्ति यदि नाटक के पूर्वार्द्ध के अन्त की सूचना है तो नाटक की कथा और उसके परिवेश परिवर्तन की सूचना भी प्रस्तुत करता है। नाटक

पहली बार राजभवन और राजमार्ग पर पहुँचता है और नाटक की सभी अप्रत्याशित घटनाएँ अगले तीन अंकों में ही घटित होती हैं। नाटक पहले चार अंकों में जहाँ बहुत मन्थर गति से शकुंतला की बिदाई के दृश्य तक पहुँचता है, वहाँ अन्तिम तीन अंकों की उतनी ही तीव्र गति से आगे बढ़ाता है। एक प्रकार से नैसर्गिक एवं प्राकृतिक और राजसी जीवन पद्धति का 'कंट्रास्ट' तो प्रस्तुत करता ही है, उससे भी ज़्यादे नाटक के शिल्प और संरचना पर नाटककार की अचूक पकड़ का भी परिचायक है यह भाग। इस भाग में अभिनय की जटिलता, सूक्ष्मता और विशिष्टता के प्रसंग में दो अंगों का अवश्य उल्लेख किया जाना चाहिए–पहला राजभवन में दूर कहीं से गाए जाते किसी गीत को सुनकर दुष्यन्त के ऊपर स्मृतिहीनता का उन्मन भाव छा जाना और दूसरा मिश्रकेशी द्वारा तिरस्कारिणी विद्या से अपने को अदृश्य करना। इसमें कोई दो राय नहीं हो सकतीं कि उपर्युक्त दोनों प्रसंगों के लिए अभिनेता निश्चित् रूप से किसी ऐसी मुद्रा को प्रयोग में लाते होंगे जो नाटक के दूसरे अंशों से बिलकुल अलग दिखाई पड़े।

इस प्रकार हम देखते हैं कि पाचिक, भांगिक, आहार्य ओर अन्ततः सात्त्विक अभिनय के भीतर से गुज़रते हुए 'शाकुंतल' की एक नाट्यशास्त्रीय प्रस्तुति की परिकल्पना की जा सकती है जो उसकी तत्कालीन मंच परम्परा व प्रयोग से तो सम्बद्ध है ही, आज के रंगमंच से भी उतना ही समीप्य रखती है। इसमें कोई सन्देह नहीं कि प्रस्तुत शैली की दृष्टि से यह पूरी तरह से नाट्यधर्मी है लेकिन इसका अर्थ यह नहीं कि यहाँ लोकधर्मी पद्धति के लिए कोई स्थान नहीं। नाटक में स्थान स्थान पर सुबह, रात्रि, सन्ध्या इत्यादि समय सूचक निर्देश नाटककार के व्यावहारिक एवं दैनंदिन गतिविधियों के साथ गूढ़ सम्बन्ध का परिचय देते हैं तो उनके अनुकूल पात्रों की वेशभूषा का भी संकेत देते हैं। मैंने जान बूझकर पूरे आलेख में इसका कहीं कोई संकेत नहीं किया है कि अन्ततः नाटक का कौन सा दृश्य कहाँ खेला गया होगा ? रंगशीर्ष, रंगपीठ एवं मत्तवारिणी की अपनी निस्संगता एवं उन्मुक्तता हमें पर्याप्त अवकाश एवं सम्भावनाएँ प्रस्तुत करती है कि हम अलग अलग दृश्यों को कभी एक साथ, कभी समानान्तर, कभी अकेले सम्पूर्ण अभिनय क्षेत्र में संयोजित कर सकें। यहाँ तक कि नेपथ्य से मंच पर आनेवाले मात्र दो द्वारों को ही कितनी तरह से बहुआयामी रूप में प्रयोग किया जा सकता था–एक द्वार सदैव प्रवेश के लिए, दूसरा सदैव प्रस्थान के लिए। या जिस द्वार को प्रवेश के लिए चुनें, उसी से प्रस्थान करें। यह भी नहीं तो एक द्वार पूरी तरह से उच्च्व वर्ग के पात्रों के लिए। क्या संस्कृत नाट्य परम्परा के ही समानान्तर यूनानी परम्परा में ऐसे ही प्रवेश प्रस्थान का प्रावधान नहीं हुआ करता था ? भरत के मंच पर प्रवेश द्वारों पर पड़ी यवनिकाएँ भी पात्र के अभिनय का ही हिस्सा बन जाया करती थीं, जब पात्र अपनी मनः स्थिति के अनुसार उन्हें एक ओर हटाते या झटकते थे। उस सूचना को अलग से देने की ज़रूरत नहीं कि प्रत्येक अंक की समाप्ति पर मंच पर उपस्थित सभी पात्र मंच से प्रस्थान कर लेते थे, नाटक का आरम्भ यदि नान्दी पाठ या ऐसे ही किसी दूसरे गीत से होता था तो उसका अन्त भरत वाक्य से होता था।

नाटकों में एक साथ गद्य पद्य का प्रयोग, सूच्य दृश्यों के रूप में अर्थों पक्षेपकों की उपस्थिति और स्वगत, जनांतिक, अपवारित और आकाशभाषित जैसी नाटकीय युक्तियाँ भी नाटक की प्रस्तुतिशैली में स्वयंमेव समाहित हो जाती हैं।

लेकिन उपर्युक्त सम्पूर्ण विवरण, विवेचन एवं विश्लेषण से यह निष्कर्ष निकाल लेना नितान्त भ्रामक होगा कि संस्कृत नाटकों की प्रस्तुति मात्र कुछ युक्तियों, रूढ़ियों, रीतियों में उलझकर रह जानेवाली तकनीकी, शास्त्रीय पद्धति का पुँज मात्र होकर रह जाती है। ये सब कुछ होते हुए भी अन्ततः ये नाटक अभिनेता से पात्रों के अनुकूल उसी भावप्रवणता एवं सम्वेनदना की माँग करते हैं, जो भरत के रस सिद्धान्त की धुरी है और जिसमें दर्शकों के साथ उसका तादात्म्य स्थापित होता है। यदि वहाँ दर्शक से सहृदय होने के अपेक्षा है तो अभिनेता से भी उसी धरातल पर और उसी अनुपात में अन्यथा साधारणीकरण की अवस्था तक कैसे पहुँचा जा सकेगा। संक्षेप में शाकुंतल की नाट्यशास्त्रीय प्रस्तुति भी एक सम्पूर्ण जीवन दृष्धि एवं अनुभव को आत्मसात करके ही अभिनेता द्वारा एक विशेष 'फार्म' अथवा शैली में प्रस्तुत की जाती थी और इस तरह वह हमें अपने आज के रंगानुभव एवं प्रक्रिया से कहीं भी अलग नहीं जान पड़ती।

यहूदी की लड़की

'यहूदी की लड़की' आग़ा हश्र काश्मीरी ने पहले विश्वयुद्ध के आसपास लिखा था। यूँ तो आग़ा हश्र के लगभग सभी नाटक शेक्सपीयर के नाटकों के भारतीय रूपान्तर थे। लेकिन 'यहूदी की लड़की', 'रुस्तम-सोहराब' उन नाटकों में आते हैं, जो शेक्सपीयर के नाटकों से अलग कहे जा सकते हैं। 'यहूदी की लड़की' की कहानी के लिए आग़ा हश्र रोमन साम्राज्य के समय रोमनों और यहूदियों में होनेवाले साम्प्रदायिक तनाव में से सामग्री ढूँढ़कर लाते हैं। लेकिन इसका अर्थ यह नहीं है कि यह नाटक मात्र युद्ध विशेष से सम्बद्ध दो सम्प्रदायों के बीच की लड़ाई का नाटक होकर रह जाता है। गहराई से अध्ययन किया जाए तो नाटक का कथानक सुदूर अतीत में स्थित होते हुए भी बिलकुल आज का नाटक लगता है। जब हमारे समाज में दिन-प्रतिदिन साम्प्रदायिक दंगे और तनाव बढ़ते जा रहे हैं। इस दृष्टि से यह नाटक सिर्फ़ आज का ही नहीं वरन् हमेशा उतना ही सार्थक और समकालीन रहेगा जब तक समाज और देश में इस तरह की परिस्थितियाँ उपस्थित रहेंगी। इसे संयोग ही कहा जा सकता है कि आग़ा हश्र काश्मीरी ने यह नाटक उस वक़्त लिखा था जब प्रथम विश्वयुद्ध छिड़ने को था अर्थात् विश्व के सभी देश अलग-अलग हिस्सों में बँटकर एक-दूसरे के विरुद्ध लड़ने के लिए तैयार थे। ऐसे हिंसक वातावरण में नाटककार ने 'यहूदी की लड़की' के माध्यम से जिस आपसी भाई-चारे और प्रेम का सन्देश दिया, वह शाश्वत और सार्वजनीन है।

आग़ा हश्र पारसी रंगमंच के अग्रणी नाटककार हैं। उनका जन्म 1879 में हुआ

था। लगभग 1850 के आसपास हमारे यहाँ इस शैली के नाटकों का लेखन और मंचन शुरू हुआ। इस धारा को शुरू करनेवालों में पारसी व्यवसायियों का सबसे बड़ा योगदान है। 1757 में प्लासी और 1764 में बक्सर की लड़ाई के बाद जब धीरे-धीरे अंग्रेज़ों ने यहाँ पूरी तरह से अपने पैर जमाने शुरू कर दिए, तो उनके मनोरंजन के लिए इंग्लैंड से नाटक कम्पनियाँ हमारे देश में आया करती थीं, लेकिन उनके द्वारा प्रस्तुत प्रदर्शनों में हमारे देश के लोगों को भाग लेने की इज़ाज़त नहीं थी। इसके विरोध में यहाँ के बड़े-बड़े व्यवसायियों ने स्वयं की नाटक कम्पनियाँ बनाकर नाटकों का मंचन शुरू किया और चूँकि वे व्यावसायिक रूप से पारसी थे इसलिए ये कम्पनियाँ 'पारसी नाटक कम्पनियों' के नाम से प्रसिद्ध हुईं और उसी के साथ-साथ इनकी अभिनय एवं प्रस्तुतिशैली को भी पारसी शैली के नाम से जाना जाने लगा।

नाटकों के मंचन के लिए उस वक़्त विधिवत बने प्रेक्षागृह उपलब्ध नहीं थे। इसलिए ये कम्पनियाँ समय-समय पर लगनेवाले मेलों-त्यौहारों में अस्थायी रूप से मंच बनाकर एक विशाल जन-समूह के सामने अपने प्रदर्शन किया करती थीं। उन दिनों क्योंकि किसी प्रकार के माइक अथवा दूसरे ध्वनि-यन्त्रों का प्रावधान नहीं था, इसलिए अभिनेताओं को मेले में होनेवाले शोर-शराबे और हंगामे के बीच आख़िरी पंक्ति में बैठे हुए दर्शक तक अपनी आवाज़ पहुँचाने के लिए ज़ोर-ज़ोर से संवाद-अदायगी करनी पड़ती थी। धीरे-धीरे संवादों से जुड़ी यह अतिरंजित शैली उनके हाव-भाव, हस्त-संचालन, पद-संचालन और मंच पर किए जानेवाले सारे कार्य-व्यापार का हिस्सा बनती चली गई। और इस प्रकार से शास्त्रीय और लोकशैली से प्रेरित किन्तु अपनी स्वतन्त्र पहचान भी बनानेवाली पारसी नाट्यशैली का जन्म और विकास हुआ।

अतः यह स्वाभाविक है कि आज जब हम किसी भी पारसी नाटक का रंगमंचीय अध्ययन करना चाहते हैं तो वह इसी शैली के सन्दर्भ में किया जा सकता है। जैसा कि अक्सर होता है कि किसी भी युग-विशेष में नाट्य-रचना प्रेक्षागृह के स्थापत्य और नाटकों की प्रस्तुतिशैली में अभिन्न सम्बन्ध हुआ करता है। 'यहूदी की लड़की' भी इसका अपवाद नहीं है। पारसी नाटक प्रायः तीन अंकों के नाटक हुआ करते थे, जिन्हें 'बाब' कहा जाता था। प्रत्येक अंक में कई-कई दृश्य हो सकते थे। लेकिन हर अंक का आख़िरी दृश्य एक उत्कर्ष पर जाकर समाप्त होता था और उसके बाद एक लम्बा मध्यान्तर। यह मध्यान्तर दर्शक को तनावमुक्त करने के लिए तो होता ही था; साथ ही मध्यान्तर में खान-पान की बिक्री के पीछे के व्यावसायिक दृष्टिकोण का भी इसमें बहुत बड़ा हाथ था। जैसा कि पहले ही संकेत किया जा चुका है कि नाटक के मंचन के लिए एक अस्थायी मंच का निर्माण कर लिया जाता था। अतः मंच पर भी दृश्य-सज्जा के नाम पर किसी स्थायी परिवेश का निर्माण नहीं किया जाता था। दूसरे शब्दों में कहा जाए तो दृश्य-सज्जा तो होती ही नहीं थी, पूरे-का-पूरा नाटक एक सपाट धरातल पर खेला जाता था, जिसके ऊपर थोड़े-थोड़े अन्तर की दूरी पर पर्दे लगे रहते थे। ये पर्दे 'लिपटवा' थे और ऊपर से नीचे या नीचे से ऊपर जाते थे। हर पर्दे पर

बाज़ार, बाग़, शहर के दृश्य चित्रित रहते थे और जिस दृश्य की जैसी अपेक्षा हो वैसा ही पर्दा पृष्ठभूमि के रूप में नीचे गिरा दिया जाता था और उसके आगे अभिनय होता था। नाटक के मुख्यतः दो हिस्से हुआ करते थे—एक नाटक की मूल-कथा और दूसरा उसके साथ-साथ कॉमिक दृश्य। ज़रूरी नहीं था कि इसका नाटक की मूल-कथा से कोई सम्बन्ध भी हो। नाटककार, नाटकों के मुख्य दृश्यों के बीच-बीच में इन्हें इसलिए इस्तेमाल करता था ताकि इनके बाद आनेवाले दृश्य में यदि किसी विशेष सज्जा परिवेश अथवा तकनीकी प्रभाव की व्यवस्था करनी हो तो उस अन्तराल में आसानी से की जा सके और दर्शक को उससे चमत्कृत किया जा सके। इन दोनों प्रकार के दृश्यों को 'बाध्य दृश्य' और 'अन्तर्दृश्य' के नाम से भी जाना जाता है। 'यहूदी की लड़की' की शुरुआत एक प्रार्थना गीत से होती है, जिसे 'हम्द' कहा जाता था। यह हर पारसी नाटक की शुरुआत का ज़रूरी हिस्सा था। नाटक के सभी संगीतकार मंच के सामने दर्शकों की ओर पीठ करके अपने-अपने वाद्यों के साथ पूरे प्रदर्शन के दौरान नाटकों में संगत करते थे। शुरू का प्रार्थना-गीत जहाँ नाटक के आरम्भ की सूचना देता था, वहीं नाटक के कथ्य के लिए एक उचित वातावरण की भी तैयारी करता था। उदाहरण के लिए—'यहूदी की लड़की' का प्रार्थना गीत पूरी तरह से नाटक के नारी-चरित्रों द्वारा गाया जाता है। यह अपने आप में ही इस बात का संकेत है कि नाटक का कथानक कहीं-न-कहीं मुख्य चरित्र के रूप में नारी-केन्द्रित है। इस युक्ति की तुलना हम चाहें तो प्राचीन यूनानी नाटककार यूरिपिडीज़ के नाटक 'द ट्रोजन वूमन' से भी कर सकते हैं, जिसमें उसने कोरस के रूप में सिर्फ़ औरतों का प्रयोग किया था। दूसरा पर्दा अथवा दृश्य एक महल का है, जो पहले राजकुमारी डैसिया और उसकी सहेलियों के बीच और फिर शहज़ादे मारकस और शहज़ादी डैसिया के बीच तेज़ी से आगे बढ़ता है, जब मार्क्स उसका तिरस्कार करके चला जाता है। जैसा कि पहले दृश्य से ही स्पष्ट है—पारसी नाटक कभी भी लम्बे-चौड़े मंच-निर्देश नहीं देता और सीधे-सीधे नाटक के मुख्य कार्य-व्यापार की शुरुआत कर देता है। यह क्रम नाटक के आरम्भ से लेकर अन्त तक सहज रूप से चलता रहता है। उदाहरण के लिए यहूदी की लड़की में बहल, रास्ते, इबादतग़ाह से होते हुए पहला अंक बाग़ीचे में घटित होनेवाले उस दृश्य तक पहुँचता है, जब शहज़ादा मारकस अपनी प्रेमिका राहिल को भी छोड़कर चल देता है और राहिल का बाप अज़रा उसे बद्दुआ देता है, "मगर यह सुनकर जाओ कि जिस वाहिद बरतर ख़ुदा को गवाह करके तुमने इस भोली लड़की को धोखा दिया है, जिस क़ह्हार के पुरजलाल नाम की क़समें खा-खाकर तुमने इसे ठगा है, वह वहदत और ज़लालवाला ख़ुदा बग़ैर सज़ा दिए तुम्हें कभी भी इस दुनिया में न छोड़ेगा। जिस बेदर्दी से इस ग़रीब का दिल तोड़ा है, उसी तरह वह तुम्हारे गुरूर को तोड़ेगा। मैं वादा करता हूँ कि इसका क़ह्रे-आज़िल तुझ पर नाज़िल हो। जाओ ज़हन्नुम दाख़िल होओ :

"ख़ुदा ही इसका लेगा बदला, जो दुख दिया तूने दिल-जले को।
उसी के हाथों में सौंपता हूँ, मैं अपने तेरे मुआमले को ॥"

इस प्रकार यह स्पष्ट है कि नाटक का पहला अंक अथवा 'बाब' जहाँ समाप्त होता है वह कथानक की दृष्टि से नाटक की पहली चरम-सीमा है। इसीलिए उपर्युक्त दृश्य के बाद मंच-निर्देश के रूप में ड्रॉप-सीन दिया गया है, अर्थात् नाटक का वह पर्दा जो हर अंक के अन्त में आता है और मध्यान्तर की सूचना देता है। नाटक का दूसरा 'बाब' पुनः उसी बग़ीचे से शुरू होता है, लेकिन इस बार उसकी शुरुआत डैसिया और मारकस के बीच होती है। इस तरह से वह पिछले दृश्य के सन्दर्भ में एक समानान्तर प्रस्तुत करता है और एक ख़ास क़िस्म की नाटकीयता भी। दूसरा दृश्य दरबार में घटित होता है, जिसका अन्त बादशाह द्वारा अपने ही बेटे मारकस को हथकड़ी पहनाने और मज़हबी अदालत में पेश करने के हुक़्म से होता है। तीसरे दृश्य में राहिल का घर—जहाँ शाहज़ादी डैसिया उसे इस बात के लिए तैयार कर लेती है कि वह मज़हबी अदालत में शहज़ादे मारकस के ख़िलाफ़ दिया गया बयान वापस ले ले। दूसरे अंक का अन्त चौथे दृश्य में पुनः एक चरम-बिन्दु पर जाकर होता है; जब ब्रूटस को पता चलता है कि सोलह बरस पहले रोम में भड़की आग में उसकी जिस ख़ूबसूरत बीवी और बच्ची को वह जलकर मरा हुआ समझ बैठा था, उनमें से वह बच्ची आज भी जीवित है। लेकिन वह कौन है इससे वह फिर भी अनजान रहता है। इसके बाद फिर वही ड्रॉप सीन अर्थात् एक और मध्यान्तर। कहने का तात्पर्य यही है कि पारसी नाटक का हर अंक अपने-आपमें एक स्वतन्त्र इकाई के रूप में विकसित होता है और एक निश्चित् चरम-सीमा तक पहुँचता है। वास्तव में हर अंक का यह अन्तिम दृश्य ही अभिनेता के लिए भी भावनाओं के ज्वार से परिपूर्ण अभिव्यक्ति को अतिरंजना के माध्यम से प्रस्तुत होने का अवसर प्रदान करता है। इस अर्थ में हम पारसी नाटकों के इस प्रक्रिया और दर्शकों पर पड़नेवाले प्रभाव की तुलना प्राचीन यूनानी त्रासदी नाटकों में समाहित विवेचन की युक्ति से की जा सकती है, जहाँ बड़े-बड़े पात्रों के पतन को दर्शाकर दर्शकों के भीतर बैठी भय और दीनता की क्षुद्र भावनाओं का परिष्कार किया जाता था और यह तभी सम्भव था जब दर्शक भी भावनाओं के उस उद्दाम ज्वार में बह जाएँ।

नाटक के तीसरे अंक का पहला दृश्य जेलख़ाने में जहाँ मारकस और राहिल एक-दूसरे से माफ़ी माँगते हैं। दूसरा दृश्य कड़ाही के उस दृश्य के रूप में सामने आता है जब ब्रूटस खौलते तेल की कड़ाही में अज़रा और राहिल को डुबोकर उनका ख़ात्मा करना चाहता है, लेकिन जब उसे पता चलता है कि वास्तव में राहिल एक यहूदी नहीं स्वयं उसी की बेटी है, तो नाटक एक सुखान्त पर पहुँचता है। डैसिया स्वयं आगे बढ़कर मारकस की शादी राहिल से करा देती है और सभी दूसरे पात्र मंच पर आते हैं और शादी का एहतमाम करते हैं। जिस तरह नाटक का आरम्भ एक प्रार्थना-गीत से हुआ था उसी तरह अन्त भी एक खुशी के गाने पर होता है। यह भी पारसी नाटकों की एक चिरपरिचित नाटकीय युक्ति है जिसके माध्यम से वे लोग नाटक के आरम्भ और अन्त की उद्घोषणा करते थे। देखा जाए तो यह युक्ति भी पारसी नाटकों में प्राचीन शास्त्रीय अथवा संस्कृत-नाटकों और लोक-नाटकों से ही ली है। इस संस्कृत और लोकनाटक के

न जाने कितने तत्त्व इस नाटक में सहज रूप से देखे जा सकते हैं—नाटक का एक प्रार्थना से आरम्भ, स्थान-स्थान पर गीत एवं नृत्यों का समावेश, स्वगत- सम्भाषण, नाटक के हर दृश्य में पर्दे का गिरना अथवा मंच पर उपस्थित सभी पात्रों का प्रस्थान, नाटक का एक सुखमय अन्त और भरत वाक्य जैसा एक गीत। संस्कृत और लोक-नाटकों में मात्र संवाद और सूचना से ही स्थान का बोध हो जाया करता है तो यही काम पारसी नाटकों में सम्पन्न होता है—पर्दे के जरिए—जिसे अंक की समाप्ति और आरम्भ में गिराया या उठाया जाता है। इस प्रकार जहाँ इस नाटक का शिल्प और संरचना अपने आपमें सूक्ष्म और जटिल है, वहीं मंचन के स्तर पर यह नाटक अत्यन्त सादगी और सहजता की माँग करता है। कथ्य और संरचना के स्तर पर भी इस दृष्टि से यह नाटक परस्पर दो विरोधी ध्रुवों का संगम है—प्रायः कथ्य जटिल हो तो नाटककार वैसा ही फॉर्म भी प्रयोग में लाता है। अपने मंचन में यह नाटक प्रस्तुतकर्ता के लिए निश्चित् रूप से कोई चुनौती खड़ी नहीं करता—यहाँ प्रश्न यह उठता है कि कहीं दर्शक समुदाय ने इसीलिए तो इसे अस्वीकृत नहीं कर दिया।

वैसे तो ऐसा कम ही होता है कि कोई रचना अपने समय में अस्वीकृत होकर बाद के आनेवाले समय में खुलेपन से स्वीकार कर ली जाए। वैसे यह कोई नई घटना बिलकुल भी नहीं थी क्योंकि अतीत पर जब हम नज़र डालते हैं, इतिहास के पन्नों को पलटते हैं तो कई ऐसे उदाहरण मिल जाते हैं जहाँ रचनाकार और उसकी रचना को किन्हीं विशेष कारणों से अपने युग और काल में वह स्वीकृति या प्रतिष्ठा प्राप्त नहीं हुई, जिसका कि वह अधिकारी था, लेकिन परवर्ती काल में उसे हाथोंहाथ लिया गया। भारत में भास का 'उरुभंग' और विशाखदत्त का नाटक 'मुद्राराक्षस' इसके उदाहरण हैं तो पश्चिम में यूरीपिडीज का नाटक 'मीडिया' और मार्लो का नाटक 'फॉस्टस' साक्ष्य के रूप में प्रस्तुत किए जा सकते हैं। इस सन्दर्भ में जिस एक ख़ास पहलू पर ग़ौर किया जाना चाहिए तो यह कि ये रचनाएँ आज के अभिनेता के लिए किस प्रकार की रचनात्मक सम्भावनाएँ और चुनौतियाँ खड़ी करती हैं ? क्या भारतेन्दु का 'अन्धेर नगरी', धर्मवीर भारती का 'अन्धा युग' और प्रसाद के तो लगभग सभी नाटकों के साथ ऐसा ही हुआ था। लेकिन आज यदि आधुनिक हिन्दी रंगमंच के नाटकों के मंचनों-प्रदर्शनों का कोई पूरा लेखा-जोखा तैयार किया जाए तो सम्भवतः उपर्युक्त नाटक और नाटककारों की संख्या ही सर्वोपरि हो। इसी क्रम में आग़ा हश्र का 'यहूदी की लड़की' भी अपवाद नहीं है।

'यहूदी की लड़की' की कुछ और विशिष्टताओं का उल्लेख किया जा सकता है। शेक्सपीयर ने अपने नाटक 'मर्चेंट ऑफ़ वेनिस' में यहूदी व्यापारी शाइलॉक़ को नीच और धन-पिशाच बताया गया है। इसी प्रकार एक और पाश्चात्य नाटककार शैरिडन ने अपने नाटक डीना में आइजक (इसहाक) यहूदी के स्वभाव का उपहास किया है। किन्तु हश्र ने 1913 ईसवी में, जब यहूदी पूरी दुनिया में एक लाचार क़ौम थी, तब यहूदियों को जिजीविषा, उनकी मानवता और प्रामाणिकता आदि विशेषताओं को प्रकट कर

लेखकीय साहस और विवेक का परिचय दिया है। अज़रा कहता है :

> *"आली मरतबत, दीनी सरदार ! जिस तरह रोमन क़ौम बादशाह की फ़रमाबरदार है उसी तरह यहूदी क़ौम भी उसकी दुआगुज़ार है। जिस तरह वो शाही एहक़ाम की हुरमत करते हैं, हम भी करते हैं। जिस तरह वो शाही दुश्मनों को अपना दुश्मन जानते हैं, उस तरह हम भी उनको हक़ीर जानते हैं। जब बादशाह का अपनी रैयत के हर छोटे-बड़े यकसाँ हाथ है तो महज़ मज़हबी तअस्सुब की बिना पर उसकी एक शरीफ़ रेआया को सरे दरबार ज़लील करना कितनी शर्म की बात है।"*

देखा जाए तो पहले विश्वयुद्ध के ठीक पहले लिखा गया यह नाटक मानो भविष्य में उन पर किए जानेवाले अत्याचारों की भविष्यवाणी करता जान पड़ता है। यद्यपि आज तो 'यहूदी की लड़की' का आलेख उपलब्ध है, उसके साथ कोई कॉमिक उपलब्ध नहीं है, फिर भी अपने समय में मंचन के दौरान 'यहूदी की लड़की' के साथ एक कॉमिक अवश्य खेला जाता था। छम्मी और बरखुदार बटेर नामक कॉमिक में उस समय के धनवानों-नवाबों की पाखंडपूर्ण ज़िन्दगी पर व्यंग्य किया गया है। धनिकों-नवाबों में, महफ़िलों की बटेरबाज़ी के, नाच-गाने के, खुशामद और झूठी तारीफ़ सुनने आदि के जो शौक़ होते थे, इस कॉमिक में उनका उपहासात्मक चित्रण है। नवाब साहब की बहादुर बटेर को बिल्ली खा जाती है तो नवाब साहब मातम करते हैं। उनके साथ लगे खुशामदी भी शोक में गाते हैं :

> *लाऊँ कहाँ से ऐसे*
> *बहादुर बटेर को।*
> *हें हें निवाला कर दिया*
> *बिल्ली ने शेर को ॥*

सम्भव है कि 'यहूदी की लड़की' के अपने कथानक की गहराई और मार्मिकता का जो त्रासद प्रभाव दर्शकों पर पड़ता होगा उसके चलते बाद में इस कॉमिक को मुख्य नाटक के साथ खेलना बन्द कर दिया गया होगा। इसीलिए आज हमारे सामने 'यहूदी की लड़की' का जो संस्करण उपलब्ध है, उसमें इस कॉमिक का कोई संकेत नहीं मिलता अथवा यह भी नितान्त सम्भव है कि 'यहूदी की लड़की' के मूल आलेख में भी कोई कॉमिक न हो और उसके मंचन के समय एक आशु रचना के रूप में इस कॉमिक को जोड़ दिया गया हो अथवा उनके किसी और नाटक से उधार लिया गया हो। बाद में दर्शकों ने 'यहूदी की लड़की' जैसे नाटक में इतने हल्के-फुल्के कॉमिक को लेकर अपनी असन्तुष्टि, अस्वीकृति और विरोध जताया हो तब इस कॉमिक को प्रदर्शन से निकाल दिया गया हो।

शायद, रंगमंच के दर्शकों और पाठकों के लिए यह सूचना भी काफ़ी दिलचस्प हो सकती है कि आग़ा हश्र के यही दोनों नाटक यानी 'रुस्तम सोहराब' और 'यहूदी की लड़की' फ़िल्म जैसे माध्यम के प्रयोग में भी आए। इस बात का उल्लेख यहाँ इसलिए करना ज़रूरी लगता है कि फ़िल्मों में जिस तरह यथार्थवादी अभिनय का विकास हो रहा था, उसके कुछेक संकेत इस नाटक में मिलने शुरू हो जाते हैं। यहाँ दो पात्रों के बीच बहुत ही छोटे-छोटे संवादों के माध्यम से वार्तालाप आगे बढ़ता था। दूसरी तरफ़ यह नाटक इसलिए उन फ़िल्मों के लिए प्रेरणा बना होगा जो कि यथार्थवादी अभिनयशैली और संवाद-अदायगी के साथ-साथ ठेठ पारसी रंगमंच से जुड़ी अतिरंजित अभिव्यक्ति भी यहाँ मौजूद है जो इस तरह की ऐतिहासिक दिखनेवाली फ़िल्मों के लिए बहुत ज़रूरी थीं :

अज़रा—मनशिया ! राहिल में कौन सी खूबी नज़र आई जो तुम इसके क़द्रदान हो ?

मारकस—सूरत और सूरत से ज़्यादा इसकी सीरत।

अज़रा—तो क्या तुम इसको चाहोगे ?

मारकस—अपनी जा़न की तरह।

अज़रा—इसको अज़ीज़ रक्खोगे ?

मारकस—अपनी इज़्ज़त और शान की तरह।

अज़रा—इसकी हिफ़ाज़त करोगे ?

मारकस—अपने दीन और ईमान की तरह।

अज़रा—अच्छा तो मैं अपने पिछले अलफ़ाज़ वापस लेता हूँ। बढ़ो और दो ज़ानू होओ।

मारकस—क्या आप मुझसे कोई मज़ीद इक़रार कराना चाहते हैं ?

'यहूदी की लड़की' नाटक में संवाद-अदायगी भी शायराना अन्दाज़ में होती है। शेरो-शायरी का ख़ूब प्रयोग—ज़्यादातर चार लाइनों के शेऱ को ख़ास अन्दाज़ में बयाँ करना, तीसरी पंक्ति पर ज़ोर देना और स्वयं दर्शक वर्ग का चौथी पंक्ति को बोल देना। भाषा के स्तर पर दर्शक किस क़दर जुड़ा हुआ था, यह इन नाटकों से स्पष्ट होता है। सीधी-सादी ज़बान में या फिर ये कहा जाए कि जनमानस तक पहुँचनेवाली भाषा का प्रयोग किया गया। यही कारण था कि पारसी रंगमंच की लोकप्रियता क़ायम रही :

जोना : पूछा न परेखा, वहाँ तो कुछ और ही लेखा
तुम्हें बुत मानकर करना था जो तौक़ीर पत्थर की।
अब उसके दिल में शायद आ गई तासीर पत्थर की ॥

डैसिया : तू प्यार क्या समझेगी ऐ तस्वीर पत्थर की
अगर समझे तो हो जाए बुत बे-पीर पत्थर की ॥

जोना : न रक्खो उस बुते अय्यार का खंज़र कलेजे़ में।
बस अब रख लो तुम उस बुत की जगह पत्थर कलेजे़ में॥

डैसिया : चुभोती है तू ऐ ज़ल्लाद क्यों खंज़र कलेजे़ में !
ज़बाँ तेरी उतरती है छुरी बनकर कलेजे़ में॥

'यहूदी की लड़की' के मंचन से सम्बद्ध एक तत्त्व की यों तो बहुत ज़्यादा चर्चा होती रही, लेकिन चर्चा के बावजूद उसके वास्तविक महत्त्व को समझने की कोशिश नहीं की गई है। यह है, प्रदर्शन के दौरान किसी दृश्य विशेष में अभिनेता के मार्मिक अभिनय और अभिव्यक्ति से प्रभावित होकर दर्शक वर्ग का 'वंस मोर' चिल्लाना और उस अभिनेता द्वारा उस गीत, दृश्य, संवाद इत्यादि को पुनः आरम्भ से अन्त तक उसी रूप में प्रस्तुत किया जाना। भले ही यह प्रक्रिया पारसी रंगमंच के अभिनेताओं और दर्शकों के बीच स्थापित अन्तरंग सम्बन्ध को रेखांकित करती है, लेकिन इस तथ्य को भी नज़रअन्दाज़ नहीं किया जाना चाहिए कि इस प्रक्रिया में अपने अनजाने अभिनय के उस अलगाव सिद्धान्त को ब्रेष्ट से बहुत पहले ही ढूँढ़ निकाला था और वह इस रूप में कि किसी दृश्य को पहले तो उसमें पूरी तरह से डूबकर अभिनीत करना और फिर दूसरी-तीसरी बार उसे दर्शकों की माँग पर दोहराने की प्रक्रिया से गुज़रना। न केवल 'यहूदी की लड़की' वरन् अन्य कई नाटकों के मंचन के समय अभिनेता का स्टेज पर मर जाना और दर्शकों की विशेष माँग पर पुनः जीवित हो उठना और फिर से मरने का सीन करना। कल्पना करने पर एक-एक पल को ये हास्यास्पद ज़रूर लग सकता है, लेकिन अभिनेता और दर्शक के बीच का यह अन्तरंग रिश्ता ही पारसी नाटकों और रंगमंच का सबसे सशक्त और जीवन्त पक्ष है, जिसकी भारतीय रंगमंच को आज सबसे ज़्यादा ज़रूरत है।

जयशंकर प्रसाद ने निश्चय ही पारसी नाटकों का सूक्ष्म अवलोकन किया होगा। सम्भवतः इसीलिए उन्होंने पारसी नाटकों का समर्थन किया। इन नाटकों में गीत-संगीत की प्रधानता होती थी। नाटक के हर दृश्य की शुरुआत एक गीत से होती थी। प्रसाद के नाटकों में भी गीतों का बाहुल्य है। प्रसाद के नाटकों का रंगमंचीय अध्ययन के दौरान इन गीतों पर भी प्रश्नचिह्न लगाया जाता है। लेकिन उस वक़्त जब सवाल न केवल नाटकों का था बल्कि भाषा के प्रचार और प्रसार का भी था—आग़ा हश्र के नाटक जनमानस की भाषा का प्रतिनिधित्व करते हैं। उस दौरान अभिनेता से यह अपेक्षा की जाती थी कि वह नृत्य, गीत और संगीत में माहिर हो और इसके साथ-ही-साथ अभिनय की बारीकियों को भी समझता हो। 'यहूदी की लड़की' का जब हम अध्ययन करते हैं तो उसके गीत-संगीत, शेरो-शायरी की तरफ़ ध्यान खिंचता है। इसीलिए पारसी नाटकों की पहली शर्त ही यही होती थी कि अभिनेता को स्वयं गाना-नाचना आना चाहिए। और आज अधिकांश रंग अध्येता, आलोचक एवं विद्वान इस बात पर एकमत हैं कि भविष्य के भारतीय रंगमंच का यदि कोई फिर नया स्वरूप उभरकर सामने आएगा तो

उसमें गीत-संगीत की अहम् भूमिका होगी—ऐसे में हम पारसी रंगमंच से प्राप्त इस विशेषता से कैसे अलग रह सकते हैं।

आज भारतीय रंगमंच को जिस प्रकार की अभिनयशैली की ज़रूरत अथवा तलाश है—'यहूदी की लड़की उसका भी एक बेजोड़ उदाहरण और विकल्प प्रस्तुत करता है। वह न तो पाश्चात्य रंगमंच की उस बनावटी यथार्थवादी अभिनयशैली का अनुकरण है, जो यथार्थ का भ्रम उत्पन्न करती है, और न ही हमारे यहाँ की उस दुरूह शास्त्रीय मुद्रा विधानवाली शैली से प्रेरित है, जिसका आज के दर्शक से कोई पारस्परिक सम्बन्ध नहीं बनता और न ही वह लोक-रंगमंच की उस उछल-कूदवाली शैली पर आधारित है, जहाँ सिर्फ़ गीत-संगीत होता है और अभिनय तो शायद होता ही नहीं। 'यहूदी की लड़की' में शुरू से आख़िर तक अनेकानेक भावप्रवण दृश्य भरे हुए हैं :

राहिल—नहीं, नहीं ! औरतों का नाम नहीं हँसाऊँगी। मर्दों को यह कहने का मौक़ा नहीं दूँगी कि एक रोमन शहज़ादी ने सर झुकाया और एक मग़रूर यहूदन ने रहम न खाया। उठो—शहज़ादी, उठो। जो मैं इसको अपनी वाज़िबी दाद न पाऊँगी मगर तुम्हारी इस गिरिय : ओ-जारी से जफ़ा पर भी वफ़ा दिखाऊँगी। सरकार ! जाओ, ख़ौफ़ न खाओ। जब मेरा ज़िस्म पाक़े ख़ाक़ में मिल जाय और बेवफ़ा दुनिया हमारी क़ौम को ख़ुदग़रज़ बताए, उस वक़्त तुम पुकारकर कह देना कि शिकस्ता-दिल राहिल अगरचे यहूदी थी, मगर सच्ची वफ़ादार और प्यार का सदाबहार गुलशन थी।

डैसिया—आफ़रीन ! ओ सच्चे प्यार की पुतली आफ़रीन ! अगरचे मौत का दरवाज़ा इस वक़्त तुम्हारे सामने खुला है मगर ज़न्नत का दारोग़ा तुम्हारी पेशवाई को खड़ा है।

दरअसल आज के हिन्दी रंगमंच में जिस तरह से पारसी नाटकों की पुनर्प्रस्तुति और पुनराविष्कार हो रहा है, उस परिप्रेक्ष्य में 'यहूदी की लड़की' को एक मानक नाटक के रूप में परिभाषित किया जा सकता है। अपने मंचन के लिए यह नाटक किसी अतिरिक्त तामझाम की माँग नहीं करता और सीधे-सीधे अभिनेता को अभिनय एवं चरित्र-चित्रण के स्तर पर उस मार्मिकता और गहराई को उभारकर लाने के लिए उकसाता है जो एक ओर पारसी नाटकों में समाहित गहरी भावप्रवणता से जुड़ी है, दूसरी ओर यथार्थवादी रंगमंच में आन्तरिक अभिनय के सत्य की खोज से भी सम्बद्ध है। यही वह विशेष कारण है जो 'यहूदी की लड़की' को अपने कलेवर में छोटा होते हुए भी एक विशिष्ट नाटक बनाता है और पश्चिम के यथार्थ अभिनय के बीच एक सन्तुलन बनाने के लिए प्रेरित करता है। क्या आज के अभिनेता के सामने भी यही प्रश्न नहीं है कि अलग-अलग तरह की शैलियों एवं परम्पराओं के भीतर से अपनी एक अलग, निजी और स्वतन्त्र पहचान कैसे बनाए ? इसमें 'यहूदी की लड़की' का रचना विधान निश्चय ही उसकी सहायता कर सकता है।

ध्रुवस्वामिनी

प्रसाद के तीन नाटक—'चंद्रगुप्त', 'स्कंदगुप्त' और 'ध्रुवस्वामिनी'—उनके सभी नाटकों में सबसे ज़्यादा चर्चित रहे हैं। मात्र पाठ्य-पुस्तक के रूप में ही नहीं वरन् अपने प्रस्तुतिकरण को लेकर भी। जहाँ पहले दोनों नाटक अपनी अनेकानेक प्रस्तुतियों के बावजूद प्रदर्शन एवं अभिनय सम्बन्धी प्रश्नों एवं समस्याओं से घिरे रहे हैं, वहाँ 'ध्रुवस्वामिनी' सम्भवतः सबसे ज़्यादा प्रदर्शित नाटक तो है ही, इससे भी ज़्यादा महत्त्वपूर्ण बात यह है कि प्रदर्शन एवं अभिनय से सम्बद्ध सबसे कम आपत्तियाँ इसी नाटक पर उठाई गई हैं। इससे नाटक की सफलता एवं लोकप्रियता स्वयं सिद्ध है।

मुझे लगता है कि नाटक को मिली सफलता एवं लोकप्रियता के पीछे कई कारण हैं, जिन पर विस्तार से चर्चा करना अपेक्षित है। सबसे पहले तो नाटक के कथ्य को ही लें। आज से साठ-पैंसठ वर्ष पहले स्त्री को केन्द्र में रखकर एक नाटक की सृष्टि करना निश्चय ही साहस का काम था, जिसने एकदम से सामाजिकों का ध्यान अपनी ओर आकृष्ट किया। इसमें कोई संदेह नहीं कि तत्कालीन स्वतंत्रता संग्राम से जुड़े सारे आन्दोलनों, सत्याग्रहों एवं समाज सुधार के कार्यक्रमों ने भी ऐसे नाटक की रचना के लिए एक निश्चित् पृष्ठभूमि तैयार कर दी थी। इतना ही नहीं, इस नाटक की रचना से पचास-पचपन वर्ष पहले इब्सन का 'ए डॉल्स हाउस' अर्थात् 'गुड़ियाघर' लिखा और खेला जा चुका था और उसने भी अपने समय के रूढ़िवादी पश्चिमी समाज को झकझोर कर रख दिया था। स्वयं अपने देश में 'ध्रुवस्वामिनी' के आसपास ही 'अछूत कन्या' जैसी फ़िल्मों का निर्माण भी होने लगा था। कहने का तात्पर्य यही है कि जिस समय प्रसाद ने इस नाटक के कथ्य को उठाया, वह उसके लिए बहुत ही उपयुक्त समय था।

लेकिन कथ्य का स्त्री-परक होना ही चर्चा के लिए पर्याप्त कारण नहीं है, बल्कि एक स्त्री द्वारा एक नपुंसक पति का अस्वीकार और वह भी धर्म के अनुमोदन से; यह एक ऐसा विस्फोटक एवं क्रांतिकारी कथ्य था, जो उस समय तो बिलकुल ताज़ा एवं अनछुआ था ही, शायद आज भी उतना ही सार्थक है। पुरुष जब और जिस रूप में चाहे, स्त्री का त्याग करने के लिए स्वतंत्र है, किन्तु यदि यही पहल कहीं स्त्री की ओर से हो जाती है तो आज भी पुरुष मन कहीं इसे खुले हृदय से स्वीकार नहीं कर पाता। और सबसे बड़ी बात यह कि ऐसे कथ्य को आज के समकालीन परिवेश में से नहीं, नाटककार ने समुद्रगुप्तकालीन सुदूर अतीत में से खोजकर नाटक के कथानक का ताना-बाना तैयार किया है। एक ऐतिहासिक परिवेश, राजनीति एवं धर्म जैसी कठोर संस्थाओं के भीतर स्त्री और पुरुष के आपसी रिश्तों की जाँच-पड़ताल और अन्ततः धर्म एवं राजनीति का भी स्त्री के पक्ष में गवाही देना—निश्चय ही यह ऐसा कथ्य था, जिसने तत्कालीन बौद्धिक वर्ग को तो आकर्षित किया ही, उसके बाद भी इस नाटक की माँग बराबर बनी रही। यह मात्र संयोग नहीं कि छात्राओं के विद्यालयों-महाविद्यालयों में जितने प्रदर्शन इस नाटक के हुए हैं, उतने शायद ही किसी और नाटक के हुए हों।

कथ्य के साथ ही जुड़ा हुआ जो दूसरा पहलू है, वह है इस नाटक का शिल्प एवं शैली। जिस रूप एवं संरचना की खोज में प्रसाद अपने सभी नाटकों के माध्यम से लगे रहे, उन सबका मानो निचोड़ है 'ध्रुवस्वामिनी'। इसीलिए यह उनका अंतिम नाटक भी है। अपने कलेवर में सुगठित एवं एक ऐसी संक्षिप्तता लिए हुए जो प्रसाद के अन्य नाटकों में दुर्लभ है। पूरे नाटक में केवल तीन अंक हैं और तीनों अंकों में एक-एक दृश्य। इतना ही नहीं, प्रत्येक अंक में केवल एक ही दृश्यबंध अथवा परिवेश—स्थान, समय और कार्य-व्यापार की अद्भुत समन्विति।

नाटक अपने शिल्प एवं शैली में यथार्थवादी है, किन्तु यह यथार्थवाद पश्चिम से आयातित नहीं वरन् भारतीय एवं पाश्चात्य रंगपरम्पराओं के मिश्रण से अपना एक अलग ही रूप और रंग तैयार करता है। प्रत्येक अंक का दृश्यबंध एक ओर तो झील, झरने, पर्वत, लता एवं पेड़-पौधों जैसे प्रकृतिवादी तत्त्वों की माँग करता है, दूसरी ओर रँगे हुए परदों, स्तम्भों एवं प्राचीरों की उपस्थिति से पारसी रंगमंच वाले दृश्यांकन की याद दिलाता है। एक ओर चरित्रों के आपसी संवादों में लगभग रोज़मर्रा के सम्भाषण की शैली, दूसरी ओर उनके लम्बे-लम्बे स्वगत। एक ओर युद्ध जैसी पृष्ठभूमि, दूसरी ओर प्रणय की अनेक छवियाँ। एक ओर राजनीति, दुरभि-संधि एवं षड्यंत्र जैसे कठोर प्रसंग, दूसरी ओर बीच-बीच में गीतों का प्रयोग। कुल मिलाकर, एक ऐसी शैली का जन्म होता है, जिसे न तो हम अंतिम रूप से यथार्थवादी कह सकते हैं, न शास्त्रीय, न लोक, न पारसी और न शैलीबद्ध। फिर भी यदि कोई संज्ञा देने की आवश्यकता पड़ती ही है तो हम भारतीय यथार्थवादी अथवा लोकधर्मी कहकर काम चला सकते हैं।

केवल इतना ही नहीं, लुई पिरांदेलो जैसे नाटककार के संदर्भ में, पश्चिम में जिस भ्रम और वास्तविकता का इतना विवेचन हुआ है, वह यहाँ उससे पूर्व ही या लगभग उसके समकालीन नाटककार में कहीं उससे ज़्यादा मौजूद है। एक छोटे से नाटक के भीतर तीन-तीन नाटक—सबसे पहले मंदाकिनी द्वारा खड्गधारिणी के वेश में गूँगी का अभिनय, उसके बाद बौने, कुबड़े और हिज़ड़े का प्रसंग और अन्त में चंद्रगुप्त का स्त्रीवेश धारण करके शकराज से मिलने जाना। ये तीन स्थितियाँ ऐसी हैं जो अपने आप में तो नाटकीय हैं ही, इससे भी ज़्यादा किसी भी निर्देशक के लिए भ्रम क्या है ? वास्तविकता क्या है ?—ऐसे प्रश्न भी खड़े कर देती हैं।

नाटक का शिल्प एक अन्य दृष्टिकोण से भी यथार्थवाद के बने-बनाए ढाँचे को तोड़कर रख देता है। नाटक का प्रत्येक अंक एक सम स्थिति से शुरू होता है और हर बार एक नए चरम बिंदु तक पहुँचता है। उदाहरण के लिए, पहले अंक की शुरुआत ध्रुवस्वामिनी के मंथर गति से आगे बढ़ते स्वगत-सम्भाषण से होती है और अन्त ध्रुवस्वामिनी को उपहार-स्वरूप शकराज के पास भेजने वाले रामगुप्त के विस्फोट निर्णय से होता है, दूसरे अंक की शुरुआत कोमा के स्वगत एवं एकांत प्रणय-निवेदन से होती है और अन्त शकराज की बीभत्स मृत्यु पर होता है, तीसरा अंक घायलावस्था में ध्रुवस्वामिनी एवं मंदाकिनी के परस्पर सम्भाषण से आरम्भ होता है और अन्ततः धर्म,

सत्ता, राजनीति के साथ-साथ ध्रुवस्वामिनी द्वारा रामगुप्त के निश्चित् अस्वीकार व बहिष्कार पर समाप्त होता है। चुनौती यही है कि प्रत्येक अंक अपने चरमोत्कर्ष पर पहुँचता है, दूसरे अंक की वहीं से शुरुआत न होकर पुनः एक नए बिंदु से होती है और तीसरा अंक भी इसका अपवाद नहीं—एक साथ इतने सारे चरमोत्कर्ष एक ही नाटक में बिरले ही मिलते हैं।

नाटक के लगभग सभी पात्रों की बहुआयामिता एक ऐसा तत्त्व है जो ध्रुवस्वामिनी की अभिनय एवं प्रस्तुतिपरक सम्भावनाओं को बहुत दूर तक ले जाता है—ध्रुवस्वामिनी, रामगुप्त, चंद्रगुप्त, शिखरस्वामी, शकराज, कोमा, मंदाकिनी—किसी भी चरित्र का आकलन करें तो वह सीधी-सादी रेखाओं में उकेरा ही नहीं जा सकता। यहाँ तक कि महाराजपुरोहित जैसा पात्र भी नाटकीय अन्तर्द्वंद्व से मुक्त नहीं। इसी से मिलता-जुलता एक और समानांतर—एक स्त्री ध्रुवस्वामिनी और चुनाव दो पुरुषों में से करना है—रामगुप्त और चंद्रगुप्त। इसके विपरीत एक पुरुष शकराज और चुनाव दो स्त्रियों में से करना है—कोमा और ध्रुवस्वामिनी। ऐसा ही एक और समानांतर तीनों स्त्रियों के माध्यम से प्रस्तुत किया जा सकता है—ध्रुवस्वामिनी, कोमा और मंदाकिनी, यानी प्रेम के तीन अलग-अलग रूप। रामगुप्त के साथ शिखरस्वामी है तो शकराज के साथ खिंगिल। इस प्रकार नाटक के शिल्प में इतने अलग-अलग और आपस में एक-दूसरे के विरोध में प्रस्तुत चित्र प्रस्तुति में कई तरह की सम्भावनाओं को जगाते हैं जो दृश्यगत तो होंगी ही, व्याख्या की दृष्टि से भी नई अर्थ-छायाएँ उद्‌भूत करेंगी।

युद्ध की पृष्ठभूमि में—पूरे नाटक में कहीं भी सीधे-सीधे युद्ध को घटते हुए नहीं दिखाया गया वरन् उसके परिणाम का विश्लेषण है यह नाटक। मात्र शकराज की मृत्यु मंच पर होती है, चंद्रगुप्त लौह शृंखलाओं में जकड़ा जाता है और उन्हें तोड़ डालता है अथवा अंतिम अंक में रामगुप्त द्वारा चंद्रगुप्त पर आक्रमण—इन कुछ घटनाओं को छोड़ दें, तो पूरा नाटक चर्चा, परिचर्चा एवं वाद-विवाद के माध्यम से आगे बढ़ता है, जो पुनः उसे यथार्थवादी अभिनयशैली के निकट ले आता है।

मैंने ऊपर स्थान, समय और कार्य-व्यापार की अद्‌भुत समन्विति की चर्चा की थी। इन तीनों में भी जो अलग से रेखांकित की जा सकती है, वह है समय की अन्विति। संस्कृत, ग्रीक एवं यथार्थवादी नाटकों की भाँति यहाँ भी प्रत्येक अंक की समयावधि एक दिन के भीतर ही सीमित है। प्रत्येक अंक सुबह की किरणों से शुरू होता है और रात्रि के आगमन से उसका अवसान होता है। लेकिन एक तथ्य की ओर आज तक किसी का ध्यान नहीं गया कि 'ध्रुवस्वामिनी' में समय की अन्विति का इस सीमा तक ध्यान रखा गया है कि नाटक के तीनों अंक एक-दूसरे के बाद आने वाले तीन लगातार दिनों में बँधे हुए हैं। यह तथ्य प्रस्तुति में पात्रों से जुड़े तकनीकी पक्षों, यथा—वेशभूषा, रूपसज्जा एवं प्रकाश-योजना इत्यादि की परिकल्पना में सहायक सिद्ध होगा।

अभी तक नाटक के आलेख में उपलब्ध जितने नाटकीय तत्त्व हो सकते थे, उनके माध्यम से उसकी प्रस्तुतिपरक सम्भावनाओं की विवेचना की गई है लेकिन एक तत्त्व

को जानबूझकर अभी तक अनछुआ रहने दिया गया था और वह है इस नाटक के लिए एक उचित अभिनयशैली की खोज। जैसा कि अभी तक के विवेचन से स्पष्ट हो गया होगा कि यह नाटक ऐतिहासिक परिवेश में स्थित होते हुए भी उससे जुड़ी अतिरंजना एवं मेलोड्रामा से सर्वथा मुक्त है। ऐसी स्थिति में एक आसान विकल्प तो यही समझ में आता है कि यथार्थवादी अभिनयशैली पर आग्रह रखा जाए। क्या यही विकल्प नाटक के परिवेश को निर्मित करने के लिए दृश्यबंध के निर्माण में भी रखा जाए ? प्रायः देखा गया है कि शौकिया नाट्य मंडलियों ने जब भी प्रसाद के इस नाटक का मंचन किया है, उन्होंने निहायत ही तड़क-भड़क वाले एक ऐसे यथार्थवादी दृश्यबंध की रचना की, जो देखने में फूहड़, बनावटी एवं मात्र चित्रण जान पड़ता ही था, इसके साथ-साथ अभिनय में भी उन्होंने यथार्थवादी शैली के बाहरी स्वरूप का आश्रय लिया। परिणाम यह हुआ कि जहाँ दृश्यबंध अत्यंत अतिरंजित हो गया, वहीं अभिनय भी चीख-पुकार से भरपूर मेलोड्रामा होकर रह गया। यही कारण है कि नाटक का जो गहरा असर दर्शक पर पड़ना चाहिए था, वह नहीं पड़ा और पूरी प्रस्तुति मात्र एक ऐतिहासिक से लगनेवाले परिवेश का सतही चित्रण भी होकर रह गई।

यदि हम प्रसाद द्वारा दिए दृश्यबंध सम्बन्धी निर्देशों का गहराई से अध्ययन करें तो हमें कई सूत्र आप-ही-आप उपलब्ध हो जाते हैं। पहला सूत्र तो यही है कि बेशक नाटककार ने झील-झरनों, दुर्ग, लताओं एवं पेड़-पौधों जैसे तत्त्वों के उल्लेख से एक यथार्थवादी एवं प्रकृतिवादी वातावरण की सृष्टि की है, लेकिन इससे भी ज़्यादा आवश्यक एवं व्यावहारिक मंचसज्जा रस्सियों, डोरियों, स्तम्भों, सीढ़ियों जैसे रीतिमूलक तत्त्वों के माध्यम से की है। इससे स्पष्ट हो जाता है कि स्वयं प्रसाद के मन में बाहरी यथार्थ से अधिक एक आंतरिक एवं अमूर्त यथार्थ की परिकल्पना रही होगी, जो पात्रों के अन्तर्मन में चल रहे संकल्प-विकल्प की दुविधा के द्वंद्व को उभारने की चेष्टा करे। इसीलिए यह तथ्य आकस्मिक नहीं जान पड़ता कि तीनों ही अंकों का परिवेश बहिरंग कम और अन्तरंग ज़्यादा जान पड़ता है, जो नाटक के कथ्य से जुड़े षड्यंत्रों, कूटनीति, छलछद्म के लिए एक रहस्यमय सा वातावरण तैयार करता है। यही कारण है कि मंच-सामग्री एवं उपकरणों के नाम पर भी मात्र दो-तीन आसनों की अवधारणा की गई है। यह सब इसलिए कि मंच पर एक ठोस किन्तु अमूर्त बिम्ब की योजना आकार ले सके, जहाँ दर्शक के सामने सब कुछ उपस्थित होते हुए भी उसकी कल्पना के लिए पर्याप्त अवकाश रहे। इसीलिए जब-जब कल्पनाशील निर्देशकों ने इस नाटक को प्रस्तुत किया, उन्होंने नाटककार द्वारा प्रस्तुत बाहरी यथार्थ का लगभग त्याग करते हुए मंच पर विभिन्न धरातलों, सीढ़ियों एवं स्तम्भों के उपयोग से एक संकेतमूलक, औपचारिक एवं शैलीबद्ध दृश्यबंध का निर्माण किया। यह दृश्यबंध नाटक के आरम्भ से लेकर अन्त तक एक ही रहा। बस अलग-अलग दृश्यों की आवश्यकतानुसार कुछ छोटे-छोटे परिवर्तन कर लिए गए, जिन्हें संपन्न करने में कोई समय भी नहीं लगता था कि नाटक के तेज़ी से घटते कथा-प्रवाह में कोई अनावश्यक व्यवधान पड़े।

मैं समझता हूँ कि यही दृष्टि एवं प्रक्रिया नाटक के लिए प्रयोग में लाई जानेवाली अभिनयशैली के लिए भी अपनाई जानी चाहिए। कहना न होगा कि बेशक देखने में यह शैली यथार्थवादी अभिनय का ही आभास दे, लेकिन धीरे-धीरे सूक्ष्म स्तर पर उस आंतरिक एवं सच्चे यथार्थ की ओर बढ़ा जाए जो एक अच्छे यथार्थवादी नाटक की पहचान हुआ करती है। उदाहरण के लिए, इब्सन का काव्यात्मक यथार्थ और चेख़व का अमूर्त यथार्थ आज के अभिनेता को वह शैली खोजने में सहायता कर सकता है, जहाँ बाहरी संसार में कम लेकिन पात्र के मानस संसार में ज़्यादा घटित होता है। ऐसा भी नहीं कि इस प्रकार की अभिनयशैली की तलाश में सदैव पश्चिम का ही मुँह देखा जाए। स्वयं हमारी अपनी संस्कृत नाट्य परम्पराओं में यह शैली अनिवार्य रूप से उपस्थित है, जहाँ मंच पर कोई भी ठोस अथवा त्रिआयामी दृश्यबंध न होते हुए भी अभिनेता अपने संवादों एवं मुद्राओं से एक ऐसे दृश्य-संसार की रचना कर डालता है, जो पूरी तरह से यथार्थवादी एवं वास्तविक होता है।

फिर यह अभिनयशैली कहीं बाहर से आरोपित नहीं की जा रही है। स्वयं नाटक के आलेख में ही वे सारे संकेत उपलब्ध हैं, जिनके प्रयोग की ऊपर चर्चा की गई है। उदाहरण के लिए गीतों का प्रयोग—मात्र एक नर्तकियों के गीत को छोड़कर कोई भी गीत ऐसी नहीं है, जिसे स्वयं चरित्र ने गाया हो। ऐसी स्थिति में मंच पर कैसे चित्र का निर्माण होगा, पात्र स्थिर होकर मंच पर खड़ा अथवा बैठा रहे और गीत की पंक्तियाँ नेपथ्य से आती रहें। ऐसा नहीं तो नेपथ्य में गाए जानेवाले गीत की पंक्तियों के साथ मंच पर उपस्थित पात्र की गतिचर्या का विधान हो। उपर्युक्त दोनों स्थितियों में एक अलग क़िस्म के यथार्थवादी अभिनय की अपेक्षा होगी। यह युक्ति आज की फ़िल्मों में प्रचलित पार्श्व गायन के अनुसार अभिनय करने से मिलती-जुलती है, लेकिन सच तो यह है कि इस नाटक के लिखे जाने तक फ़िल्मों में पार्श्वगायन की शुरुआत ही नहीं हुई थी। यहाँ तक कि फ़िल्मों में ध्वनि का इस्तेमाल भी एक-आध बरस पहले ही शुरू हुआ था।

यथार्थवादी होते हुए भी अभिनय में नाटककार किस प्रकार शैलीबद्धता और नाट्यधर्मिता का कुशल संयोजन करता है, यह नीचे दिए गए दो मंच-निर्देशों से स्पष्ट हो जाएगा, "ध्रुवस्वामिनी एक मंच पर बैठकर अधरों पर अँगुली रखकर कुछ सोचने लगती है और चमरधारिणी चमर चलाने लगती है।" और "तीन मंचों में दो ख़ाली और एक पर ध्रुवस्वामिनी पादपीठ के ऊपर बाएँ पैर पर दाहिना पैर रखकर अधरों से अँगुली लगाए चिंता में निमग्न बैठी है।"

क्या ये निर्देश अभिनय से भी ज़्यादा चित्रकला जैसे माध्यम के निकट नहीं ले आते, जहाँ मानो जीता-जागता अभिनेता एक फ्रेम में जड़े चित्र का-सा आभास देने लगता है।

प्रसाद ने अपने दूसरे नाटकों में कम-से-कम निर्देश दिए हैं, लेकिन आश्चर्य है कि महज़ पचास पृष्ठों के त्रि-अंकीय नाटक में उन्होंने सबसे ज़्यादा मंच-निर्देश दिए हैं। यह सीधे-सीधे पश्चिम के यथार्थवाद का ही प्रभाव है, लेकिन इससे नाटककार की उस सजग

चेतना का भी गूढ़ परिचय मिलता है कि मानो नाटक के एक-एक क्षण, एक-एक पात्र, एक-एक स्थिति और एक-एक गति की परिकल्पना उसके मन में बिलकुल स्पष्ट है। यहाँ तक कि ध्रुवस्वामिनी का आलेख मानों एक नाटककार के आलेख की अपेक्षा एक निर्देशक के आलेख जैसा लगता है, जिसमें उसने प्रस्तुति से पहले ही सब कुछ तय करके नोट कर दिया है। इसके ठीक पचास वर्ष बाद हम मोहन राकेश के पहले नाटक 'आषाढ़ का एक दिन' में भी इसी प्रक्रिया के दर्शन करते हैं। ये मंच-निर्देश यदि अभिनेता के लिए क्रियाओं-प्रतिक्रियाओं की पहले से एकत्रित स्रोत-सामग्री प्रस्तुत करते हैं तो साथ ही अभिनय करते समय उसे कार्य और कारण के सम्बन्ध को ढूँढ़ने में भी सहायक सिद्ध होते हैं।

'ध्रुवस्वामिनी' में स्वगतों का प्रयोग पुनः एक ऐसा तत्त्व है जो एक नई यथार्थवादी अभिनयशैली की माँग करता है। शुद्ध यथार्थवादी नाटकों में प्रायः इस तरह के स्वगत हुआ ही नहीं करते और यदि होते भी हैं तो वे एक लम्बे संवाद के रूप में ही आते हैं। संस्कृत नाटकों में भी ऐसे लम्बे-लम्बे स्वगतों की कोई परम्परा नहीं मिलती। पहली बार ऐसे स्वगत शेक्सपीयर के नाटकों में मिलते हैं और प्रसाद ने उनकी प्रेरणा वहीं से ली होगी। यों ऐसे स्वगत प्रसाद के दूसरे नाटकों में भी बहुतायत में हैं, लेकिन वे नाटक तो अपनी मूल प्रकृति में ही यथार्थवादी नहीं हैं, अतः उनका वहाँ होना कोई विशेष बात नहीं। लेकिन एक यथार्थवादी नाटक में उनके प्रयोग से एक नई शैली का सृजन करना, निश्चय ही प्रसाद की अपनी निजी एवं मौलिक खोज है। यहाँ एक और समानता की ओर भी संकेत करना चाहूँगा कि शेक्सपीयर के मंच पर दो स्तम्भ होते थे, जिनके आसपास ही अभिनेता नाटक के स्वगतों का अभिनय करता था। इस नाटक में भी स्वगत की रचना दृश्यबंधों में खंभों को ध्यान में रखकर की गई है।

यदि हम यह कहें कि जिस समसामयिक भारतीय यथार्थवाद की शुरुआत बंगाल में दीनबंधु मित्र के नाटक 'नील दर्पण' से हुई थी और जिसे भारतेंदु ने अपने नाटक 'अंधेर नगरी' में लोककथा का जामा पहनाकर एक नया रंग और आकार दिया, प्रसाद ने उस यथार्थवाद को नाट्यधर्मिता के मेल से एक ऐतिहासिक परिवेश में अंतिम परिणति तक पहुँचाया तो कोई अत्युक्ति नहीं होगी। संक्षेप में, ध्रुवस्वामिनी हिन्दी रंगमंच के एक सौ बीस वर्षों के इतिहास के पूर्वार्द्ध का सर्वाधिक चर्चित, मंचित और प्रतिनिधि रंग-नाटक है, जो बार-बार रंगकर्मियों को नई-नई अभिनयशैली की खोज के लिए प्रेरित करता है।

आषाढ़ का एक दिन

प्रायः नाटक और रंगमंच के छात्रों की जिज्ञासा रहती है कि किसी आधुनिक भारतीय नाटक का रंगमंचीय अध्ययन कैसे किया जाए। जहाँ तक शास्त्रीय नाटक, लोक नाटक

की बात है उनके रंगमंचीय अध्ययन के प्रतिमान नाट्यशास्त्र के सन्दर्भ में काफ़ी हद तक निश्चित् हैं। यहाँ तक कि पारसी नाटक का भी एक निश्चित् रंग विधान रहता था जिसके सहारे आज भी उसका रंगमंचीय अध्ययन किया जा सकता है लेकिन आधुनिक नाटकों के विषय में ऐसा कोई सिद्धान्त या शास्त्र उपस्थित नहीं है। इसलिए हर बार अलग-अलग नाटकों का स्वतन्त्र रूप से रंगमंचीय अध्ययन करना पड़ता है। इसलिए सबसे अच्छा विकल्प यही है कि किसी एक आधुनिक भारतीय नाटक को अपने अध्ययन का आधार बनाकर इस दिशा में आगे बढ़ा जा सकता है। इस दृष्टि से हम हिन्दी के सुप्रसिद्ध नाटककार मोहन राकेश के पहले नाटक 'आषाढ़ का एक दिन' को ले सकते हैं। इस नाटक को रंगमंचीय अध्ययन का आधार बनाने के कई कारण हैं। पहला तो यही कि आधुनिक हिन्दी रंगमंच में यथार्थवादी शैली का यह सबसे ज़्यादा सही, सशक्त और जीवन्त नाटक है। दूसरे—देश के लगभग सभी विद्यालयों, विश्वविद्यालयों के पाठ्यक्रम में इसे नियमित रूप से पढ़ाया जाता रहा है। तीसरा और शायद सबसे अहम् कारण यह भी दिया जा सकता है कि सिर्फ़ पाठ्यपुस्तक के रूप में ही नहीं वरन् रंगमंच पर एक प्रस्तुति के रूप में भी बार-बार खेले जानेवाले कुछ चुने हुए नाटकों में से यह भी एक है।

इस आलेख में मैं जानबूझकर इस नाटक के कथ्य पर कोई बात नहीं कर रहा हूँ। वह इसलिए कि इस दृष्टि से इस पर इतना कुछ लिखा और कहा जा चुका है कि अब अलग से कुछ नया कहने की ज़रूरत नहीं है। लेकिन इसके विपरीत नाटक की संरचना पर कोई गहरा अध्ययन आज तक नहीं किया गया। यदि ऐसा हुआ होता तो एक आधुनिक नाटक की समीक्षा के प्रतिमान निर्धारित करने में काफ़ी सहायता मिल सकती थी। इसीलिए आज यहाँ और भी ज़रूरी हो गया है कि इस नाटक का आरम्भ से अन्त तक एक पुर्नपाठ प्रस्तुत किया जाए और बिन्दुओं, युक्तियों और विशेषताओं की खोज की जाए।

इस नाटक में तीन अंक हैं। यह तीन अंकोंवाला शिल्प यथार्थवादी शैली के साथ रूढ़-सा हो गया। यद्यपि पश्चिम में चेख़व जैसे नाटककार इसके अपवाद ही हैं। स्वयं मोहन राकेश ने भी अपने तीसरे नाटक 'आधे अधूरे' में इससे मुक्ति पा ली थी। देखा जाए तो यह तीन अंकोंवाला विभाजन वास्तव में एक अंकवाले यूनानी नाटकों में प्राप्त कथा के विकास से जुड़े तीन बिन्दुओं पर आधारित है—आरम्भ, मध्य और अन्त। दूसरे शब्दों में कहा जाए तो नाटक का पहला अंक कथा के परिचय और उद्घाटन, दूसरा उसके विकास और चर्मोत्कर्ष और तीसरा धीरे-धीरे कथा को अन्त के उपसंहार की ओर ले जाता है।

'आषाढ़ का एक दिन' पहले अंक में कुछ इस तरह आरम्भ होता है—किसी भी प्रकार के संवाद अथवा मानवीय उपस्थिति से पहले अँधेरे में मात्र मेघ गर्जन और वर्षा का ध्वनि प्रभाव धीरे-धीरे विलीन हो जाता है। मंच पर जो दृश्य सज्जा है वह तीन दीवारों से घिरी एक साधारण प्रकोष्ठ की है जिस पर दो द्वार और एक बड़ी-सी खिड़की

रखी गई है। मंच पर अम्बिका की मौन उपस्थिति से नाटक की शुरुआत होती है। यह शुरुआत, यह दृश्य सज्जा, यह ध्वनि प्रभाव और यह अन्धकार और प्रकाश के संकेत और किसी एक पात्र के पहले कार्य-व्यापार से दृश्य का धीरे-धीरे खुलना पहली दृष्टि में ही नाटक की यथार्थवादी शैली को सुनिश्चित कर देता है।

जैसे ही उपर्युक्त वातावरण अपने मौन में स्थापित होता है नाटककार राकेश मल्लिका के उल्लास भरे प्रवेश से उसे तुरन्त तोड़ देते हैं और इस तरह से मौन के बाद पहले संवाद दृश्य की शुरुआत होती है और ये पहला ही दृश्य दो अलग-अलग पात्रों के बीच की परस्पर दो विरोधी विचारधाराओं का स्पष्ट परिचय दे देता है। दरअसल नाटक की मूल प्रकृति ही ऐसी है कि उसमें संवाद के लिए सदैव दो विरोधी बिन्दुओं का होना अपरिहार्य है। इसी से नाटक में दर्शक के लिए तनाव, उत्सुकता, रहस्य और रोचकता के उन तत्त्वों का जन्म होता है जिनसे नाटक में नाटकीयता का समावेश होता है।

पहले अंक को बारह छोटे-छोटे दृश्य खंडों में बाँटा जा सकता है और हर दृश्य खंड में कम से कम दो पात्र और अधिक से अधिक चार पात्र उपस्थित हैं। भावों, विचारों और भावनाओं का संघर्ष कभी दो पात्रों के बीच, कभी तीन पात्रों के बीच और कभी चार पात्रों के बीच सम्पन्न होता है। पहले अंक की एक विशेषता यह भी है कि उस परिवेश, वातावरण और ग्राम प्रान्तर में रहनेवाले सभी पात्रों का प्रवेश और परिचय तो मिल ही जाता है साथ ही दन्तुल के माध्यम से बाहर से आए हुए चरित्रों और आगे आनेवाले घटनाक्रम की पृष्ठभूमि भी तैयार हो जाती है। घर के भीतर और घर के बाहर कल्पना और यथार्थ, भावना और व्यावहारिकता, कोमलता और कठोरता जीवन के सभी पक्ष पहले अंक में उपस्थित अम्बिका, मल्लिका, कालिदास, दन्तुल, मातुल, निक्षेप और विलोम जैसे पात्रों के माध्यम से हमारे सामने उद्घाटित हो जाते हैं।

पहला अंक अपनी समय सीमा में सुबह से सायं तक घटित होता है। एक-दूसरे अर्थ में सुख से दुख की तरफ़, उमंग से अवसाद की तरफ़ जाने का आभास दिलाता है। इस अंक में जितनी मन्थर गति से अंक की शुरुआत होती है उतनी ही मन्थर गति में अंक का अन्त होता है और बीच के सभी दृश्य अपने-अपने कथ्य की तीव्रता के कारण ऊपर-नीचे उठते-गिरते रहते हैं। देखा जाए तो पूरे अंक में सभी पात्र एक-दूसरे के सामने प्रस्तुत हैं लेकिन उनमें होनेवाला संवाद सीधा, सपाट और प्रत्यक्ष न होकर ज़्यादा से ज़्यादा अन्तर्मुखी और एकालाप जैसा जान पड़ता है। यही कारण है कि जो कुछ बोला जा रहा है उससे भी ज़्यादा जो कुछ उन संवादों के पीछे छिपा हुआ है वह और ज़्यादा मुखर हो उठता है। संवादों की यह विशेषता उन्हें तो बहुअर्थी बनाती ही है, चरित्रों के बाहर और भीतर न जाने कितनी पर्तें खोलती हैं और उन्हें बहुआयामिता प्रदान करती हैं।

यथार्थवादी शैली में मंच निर्देश अलग से अपना स्वतन्त्र अस्तित्व रखते हैं क्योंकि वे उस परिवेश के दृश्यत्व की सूचना देते हैं। लेकिन 'आषाढ़ का एक दिन' के पहले

अंक में वे मानो पूरी प्रस्तुति के छोटे से छोटे विवरण को भी हमारे सामने साकार कर देते हैं। फिर चाहे वह विवरण पात्र की संवेदना से जुड़ा हो, भंगिमा से जुड़ा हो अथवा मंचीय गति से जुड़ा हो।

पहले अंक का पूरा ग्राफ़ जिस तनाव की सृष्टि करता है वह कुछ इस प्रकार घटित होता है—पहले दृश्य में मल्लिका और अम्बिका के अलग-अलग द्वीप, दूसरे दृश्य में बाहर का कोलाहल और घोड़ों की टापों की पृष्ठभूमि में अम्बिका व मल्लिका का बढ़ता तनाव, तीसरे दृश्य में कालिदास और मल्लिका के बीच हरिण शावक के माध्यम से एक निहायत ही सहज, सरल और कोमल संवाद। चौथे दृश्य में राजपुरुष दन्तुल के साथ पुनः बढ़ता विरोध और इसी में अचानक पाँचवें दृश्य के रूप में अम्बिका का प्रवेश। कालिदास के प्रस्थान के बाद अगले दृश्य में पुनः पहले दृश्य से मिलता-जुलता मल्लिका और अम्बिका के बीच का एक और दृश्य और कुछ देर बाद मातुल और निक्षेप के आने से वातावरण में थोड़ा-सा हल्कापन और मल्लिका के प्रस्थान के साथ मानो इस अंक का पहला चरमोत्कर्ष। विलोम के पहले प्रवेश से मानो फिर से नई शुरुआत और धीरे-धीरे कालिदास, मल्लिका, अम्बिका के बीच संवाद, विलोम का प्रस्थान और फिर कालिदास का प्रस्थान और अन्ततः मल्लिका और अम्बिका का पुनः एक साथ मंच पर अकेले रह जाना। लगभग ठीक वैसे ही संवाद अन्तर सिर्फ़ इतना कि पहले वे संवाद मल्लिका के थे, जो अब अम्बिका के पास आ गए हैं और इसी तरह से अम्बिका के संवाद को मानो मल्लिका ने अपने भीतर समाविष्ट कर लिया हो।

इस प्रकार यह अंक अपनी पूरी संरचना में कई तरह की रंगमंचीय सम्भावनाओं का आभास देता है—क्या अम्बिका, मल्लिका के वर्तमान का भविष्य है ? क्या विलोम कालिदास का भविष्य है ? क्या दन्तुल कालिदास के भावी ऐश्वर्य का प्रतीक है ? क्या मातुल का वर्तमान भी एक नए भविष्य की ओर संकेत कर रहा है ? पूरे अंक की पृष्ठभूमि में लगातार होती वर्षा, छाते हुए मेघ और अन्धकार क्या सूचित करते हैं ? ज़ाहिर है कि इन सारे प्रश्नों के उत्तर नाटक के दूसरे और तीसरे अंक तक पहुँचकर ही प्राप्त होते हैं लेकिन इस अंक की सबसे बड़ी विशेषता यही है कि ऊपर से बेहद सतही और सपाट दिखने के बावजूद इसमें उपस्थित अर्थ छायाएँ और नाटकीय संकेत बेहद गहरे हैं। इस दृष्टि से यह अंक मुझे कालिदास के ही लिखे नाटक 'अभिज्ञानशाकुंतल' के पहले अंक की याद दिलाता है। दोनों में हरिण शावक मात्र एक युक्ति नहीं वरन् एक सजीव एवं सशक्त पात्र की सी भूमिका निभाता है।

यदि वहाँ आश्रम का नैसर्गिक परिवेश है तो यहाँ पूरा ग्राम प्रान्तर ही उस वातावरण का प्रतीक है। यदि वहाँ दुष्यन्त स्वयं एक राजपुरुष के रूप में है तो यहाँ दन्तुल को उस श्रेणी में रखा जा सकता है। पहले अंक से आगे के अंकों की विकास यात्रा दोनों नाटकों में लगभग एक जैसी है अर्थात् गाँव से नगर, प्रकृति से राजभवन तक और अन्ततः पुनः वापसी प्रकृति की ओर हो जाती है।

नाटक का दूसरा अंक कुछ वर्षों के अन्तराल के बाद आरम्भ होता है। प्रकोष्ठ

की व्यवस्था पहले से काफ़ी जीर्ण-शीर्ण हो गई है जो इसमें रहनेवाले लोगों की शीर्ण होती जाती आर्थिक एवं सामाजिक स्थिति को भी रेखांकित करती है। पिछले अंक की तरह ही इस अंक में भी छोटे-छोटे बारह दृश्य खंड हैं जिनमें कालिदास को छोड़कर पहले अंक के सभी मुख्य पात्र यहाँ उपस्थित हैं। इसके अतिरिक्त पाँच नए पात्र भी पहली और अन्तिम बार इसी अंक में प्रवेश करते हैं। वे हैं—रंगिणी, संगिणी, अनुस्वार, अनुनासिक, और रानी प्रियगुमंजरी। ये पात्र एक प्रकार से उस बाहरी नागरी और राजकीय व्यवस्था के प्रतिनिधि हैं जिसका कालिदास भी अब एक अंग है। पिछले अंक में प्रकृति और राजकीय व्यवस्था के बीच जिस भावी विरोध अथवा संघर्ष के झीने-झीने से संकेत कालिदास और दन्तुल के बीच हुए विवाद में दिखाई पड़े थे यहाँ वे कभी मल्लिका और रंगिणी, संगिणी, कभी मल्लिका और अनुस्वार, अनुनासिक और अन्ततः मल्लिका और प्रियगुमंजरी के माध्यम से अत्यन्त मुखर होकर सामने आते हैं।

नाटक का यह अंक कुछ और बातों के दोहराव से भी कथ्य की विडम्बना को और गहरा बनाता है। उदाहरण के लिए, जिस प्राकृतिक वातावरण और विशेषतः हरिण शावक को छोड़कर कालिदास पहले अंक में नागरिक सभ्यता और राज्य सम्मान को स्वीकारने के लिए तैयार नहीं है उसी प्राकृतिक सम्पदा और हरिण शावक को उसकी पत्नी प्रियगुमंजरी अपने साथ ले जाना चाहती है। पहले अंक में खिड़की के बाहर से गुज़र जानेवाली नई आकृतियाँ यदि किसी भावी अनिष्ट की आशंका पैदा करती हैं तो दूसरे अंक में पुनः वैसी ही आकृतियाँ किसी भावी अप्रत्याशित घटना-दुर्घटना का संकेत देती हैं। एक और दृष्टि से भी नाटक का यह अंक पहले अंक के विरोध में एक बहुत ही रोचक सामानान्तर चित्र प्रस्तुत करता है। पहले अंक की शुरुआत एक मौन में अम्बिका के छाज में धान फटकने से होती है तो इस बार मल्लिका पत्थर पर औषधि पीसती हुई दिखाई पड़ती है—मानो ज़िम्मेदारी अम्बिका से उतरकर मल्लिका के हाथों में चली आई है। जैसे पहले अंक में अम्बिका की पहली उपस्थिति के बाद मल्लिका की दूसरी उपस्थिति होती थी। इस अंक में अम्बिका का प्रवेश मौन उपस्थिति के रूप में तो आरम्भ हो जाता है लेकिन वार्तालाप का अंग वह बहुत बाद में जाकर बनती है। दोनों अंकों का अन्त पुनः एक समान है अर्थात् मल्लिका टूटकर सिसकने लगती है और अम्बिका उसे सहारा देती है। पिछली बार मल्लिका के आँसुओं में कालिदास से अलग होने की पीड़ा से अधिक कहीं इस खुशी, सुख और सन्तोष का आभास भी था कि उसने अन्ततः कालिदास को उज्जयिनी जाने के लिए तैयार कर लिया। लेकिन इस बार का सिसकना सचमुच में उसके अन्तःमन की गहरी पीड़ा का परिचायक है कि कहीं वह हार गई है, पीछे छूट गई है और सम्भवतः कहीं भीतर से टूट भी गई है।

मात्र दो दृष्टियों, विचारों और पात्रों के आपसी संघर्ष से ही नाटक की कथावस्तु का विकास नहीं होता वरन् यह प्रक्रिया पात्रों की वेशभूषा और शारीरिक अवस्था में भी रेखांकित की गई है। प्रकोष्ठ जीर्ण-शीर्ण है तो अम्बिका और मल्लिका की वेशभूषा में भी जगह-जगह पैबन्द लगे हुए हैं अथवा फटी हुई हैं। अम्बिका बीमार है तो मल्लिका

स्वस्थ होते हुए भी उससे कहीं अलग दिखाई नहीं देती। विलोम इस अंक में भी आता है और अब भी उसका आगमन उतना ही अनचाहा और अयाचित है, इसीलिए फिर एक बार उसे वापस जाना पड़ता है।

पहले अंक का आरम्भ और अन्त अम्बिका और मल्लिका के माध्यम से हुआ है। दूसरा अंक भी इसका अपवाद नहीं है। बाहर से आनेवाले सभी पात्र एक के बाद एक पुनः बाहर लौट जाते हैं और दोनों बार मंच पर केवल दो स्त्री पात्र शेष रह जाती हैं। यही बिम्ब नाटक के तीसरे अंक के अन्त में भी पुनः उपस्थित है जब मंच पर केवल मल्लिका और भीतर से बच्ची के रोने का स्वर सुनाई देता है। एक तरह से मल्लिका, मल्लिका न होकर मानो अम्बिका हो गई है और भीतर लेटी हुई बच्ची मल्लिका बन गई है। यहाँ अथवा इससे मिलते-जुलते बिम्ब राकेश के लगभग सभी नाटकों में दिखाई पड़ते हैं। 'लहरों के राजहंस' के तीनों अंकों के नन्द और सुन्दरी के बीच और 'आधे अधूरे' के दोनों भागों में सावित्री और बड़ी बेटी बिन्नी के बीच। दूसरे अंक में यद्यपि कहीं भी वर्षा या मेघ गर्जन का उल्लेख नहीं है लेकिन फिर भी यह आशंका लगातार बनी रहती है कि न जाने कब वर्षा आ जाए। दूसरी ओर यह अंक एक-दूसरे रूप में भी पहले अंक का ठीक उल्टा दिखाई पड़ता है और वह यूँ कि उसमें वर्षा आनन्द की सूचक है तो यहाँ धूप की चमक होने के बावजूद पूरे परिवेश और वातावरण पर एक उदासी का आवरण छाया हुआ है।

कालिदास की उपस्थिति की सूचना लगातार अलग-अलग पात्रों के मुख से मिलती रहती है लेकिन वह मंच पर प्रवेश नहीं करता। पहली बार इस अंक के आरम्भ में निक्षेप खिड़की से बाहर कालिदास को घोड़े पर सवार दूर जाते हुए देखता है और दूसरी बार विलोम कालिदास को खिड़की से ही लौटते हुए देखता है। नाटकीयता इस तथ्य में है कि दोनों बार वह मल्लिका से मिले बिना लौट जाता है और मल्लिका के हृदय में यह आशा और विश्वास बना रहता है कि वह अवश्य ही उससे आकर मिलेगा। पूरा अंक इसी सम्भावना पर टिका हुआ है और जब वह साकार नहीं होती तो मल्लिका पूरी तरह से टूट जाती है। यही है नाटक की कथावस्तु का चरम बिन्दु जो तीन अंकोंवाले यथार्थवादी नाटकों में मिलता है, प्रायः दूसरे अंक के अन्त में आता है। राकेश ने भी इस रूढ़ि का अक्षरशः पालन किया है।

जैसा कि पहले ही उल्लेख किया गया है यद्यपि इस अंक में वर्षा अथवा समय का कहीं भी उल्लेख नहीं किया गया है फिर भी अंक की बुनावट और उसमें घटती घटनाओं से यह साफ़-साफ़ पता चल जाता है कि पहले अंक की तरह इसकी शुरुआत भी सुबह से होती है और दोपहर से होते हुए सन्ध्या में समाप्त होती है। दरअसल एक श्रेष्ठ नाटक अथवा नाटककार की पहचान यही है कि वह किसी तरह से पात्रों की भावनाओं को बाहरी परिवेश और प्रकृति से जोड़कर प्रस्तुत करता है।

नाटक का तीसरा अंक फिर कुछ वर्षों के बाद आरम्भ होता है और उसी वर्षा और मेघ गर्जन के शब्द के साथ। प्रकोष्ठ भी वही है लेकिन जैसे सब कुछ बदल गया

है। इस तरह से तीनों अंकों में कुल मिलाकर शायद पाँच से दस वर्ष की अवधि को समेटने की कोशिश की गई है। लेकिन ये पाँच या दस वर्ष एक तरफ़ यदि इस घर के लगातार जर्जर और जीर्ण-शीर्ण होते जाने के वर्ष हैं तो दूसरी तरफ़ उसमें रहनेवाले अथवा उसमें बाहर से आनेवाले पात्रों के साथ भी लगभग ऐसा ही कुछ पहले दो अंकों की भाँति यह अंक भी बारह छोटे-छोटे दृश्य खंडों में बँटा हुआ है। लेकिन जहाँ उन अंकों में हर बार आठ-दस पात्र आते-जाते रहते हैं इस अंक में मात्र चार पात्र उपस्थित हैं—उनमें भी तीन मातुल, कालिदास और विलोम बाहर से आते हैं और मल्लिका पहले से मंच पर मौज़ूद है। इस बीच एक और बहुत ही महत्त्वपूर्ण मोड़ आया है कथानक में और वह यह कि अम्बिका का देहान्त हो चुका है और मल्लिका एक बच्चे की माँ बन चुकी है। देखा जाए तो अम्बिका का स्थान मल्लिका ने ले लिया और उसकी जगह पर एक बच्ची है—एक संवाद में मल्लिका अपनी बच्ची के बारे में ऐसा कहती भी है।

एक-दूसरे रूप में नाटक का यह अंक कालिदास के 'अभिज्ञानशाकुंतल' की फिर से एक बार याद दिलाता है। उस नाटक में जहाँ अन्तिम अंक में दुष्यन्त और शकुंतला एक-दूसरे से बहुत वर्षों तक अलग रहकर पुनः एक-दूसरे को एक नए रूप में पहचानते हैं और साथ रहने की एक नई शुरुआत करते हैं लेकिन इस नाटक के तीसरे अंक में कालिदास और मल्लिका बहुत सालों तक एक-दूसरे से अलग रहने के बाद मिलते ज़रूर हैं लेकिन यह मिलना फिर से एक बार बिछुड़ने के लिए होता है। 'अभिज्ञानशाकुंतल' में अँगूठी एक प्रतीक है तो यहाँ हरिण शावक एक युक्ति के रूप में इस्तेमाल किया गया है। पहले अंक में आहत हरिण शावक कालिदास और राजनीतिक व्यवस्था के मिलन का माध्यम बनता है और अन्तिम अंक में हरिण शावक की सी आँखें लिए मल्लिका की बच्ची कालिदास और मल्लिका के अलग होने का कारण बनती है।

यह अंक पूरी तरह से मल्लिका, कालिदास और विलोम के बीच बनते और टूटते त्रिकोण पर आगे बढ़ता है जिसके केन्द्र में मल्लिका की बच्ची है। यों अंक के आरम्भ में भी मल्लिका, मातुल और उन दोनों के बीच में बच्ची अपना एक अलग से त्रिकोण बनाती है लेकिन मातुल के प्रस्थान के बाद वह त्रिकोण ज़्यादा देर तक स्थिर नहीं रह पाता। अतः मुख्य रूप से नाटक के अन्तिम भाग में तीन पात्रों की उपस्थिति ही सबसे ज़्यादा महत्त्वपूर्ण बिन्दु है जो नाटक के पहले अंक से लगातार मिलते रहते हैं, अलग होते हैं और पुनः मिल जाते हैं लेकिन तीनों की नियति यही है कि वे साथ-साथ होकर भी साथ-साथ नहीं हो पाते।

नाटक का यह अंक पहले दो अंकों से एक और अर्थ में अलग दिखाई पड़ता है। स्वगत, एकालाप या मोनोलॉग पहले दो अंकों में भी हैं। लेकिन वे बहुत ही छोटे-छोटे हैं और बहुत देर तक आत्मकेन्द्रित नहीं रहते लेकिन इस अंक में इस तरह के जितने भी सम्भाषण हैं वे सचमुच में अपने एकान्त में स्व से सम्बोधित हैं। प्रायः उस समय मंच पर कोई दूसरा पात्र होता भी नहीं। इसीलिए जहाँ पहले दोनों अंकों के एकालाप वास्तव में संवाद के ही अंग के रूप में देखे जाने चाहिए वहाँ इस अंक के सारे एकालाप

सचमुच में एकालाप ही हैं। वे पात्रों के भीतरी और बाहरी अन्तर्द्वन्द्व को एक साथ प्रस्तुत करते हैं, इसीलिए उनमें कई-कई अर्थ छायाएँ समाहित हैं।

यदि ये एकालाप नाटक की शक्ति हैं तो यही उसकी सबसे बड़ी सीमा बन जाती हैं और वह इस तरह कि नाटककार को हर दृष्टि से मानो अपने पात्रों को 'जस्टीफाई' करना पड़ रहा है, अच्छा तो यह होता कि पहले दो अंकों में ही इतनी ठोस और स्पष्ट ज़मीन तैयार हो गई होती है कि नाटककार को अपने चरित्रों के माध्यम से इतने बड़े-बड़े स्पष्टीकरण देने की ज़रूरत ही न पड़ती। लेकिन शायद नाटक जैसी विधा के व्याकरण में यह अन्तर्निहित है कि पहले लगातार घटनाएँ और स्थितियाँ घटती जाती हैं और फिर अन्त में जाकर उन्हें बाँधना और समेटना पड़ता है, तभी नाटक अपनी अन्तिम परिणति उपसंहार अथवा निर्वहण तक पहुँचता है। यह नाटकीय युक्ति मुख्य रूप से पश्चिमी नाटकों से हमारे यहाँ आयातित की गई है और वह भी विशेषतः यथार्थवादी नाटकों के परिप्रेक्ष्य में। मोहन राकेश भी इसके अपवाद नहीं हैं बल्कि कहना तो यह चाहिए कि वे इस युक्ति का अक्षरशः पालन करनेवाले नाटककार हैं। उनके नाटकों में पात्रों के बीच तनाव है, संघर्ष है। बहुत-सी घटनाओं के भीतर से गुज़रकर उनका चारित्रिक विकास भी होता है लेकिन इस सबके बावजूद उनका हर नाटक फिर वहीं लौट आता है जहाँ से उसकी शुरुआत हुई थी। दूसरे शब्दों में कहा जाए तो उनके नाटक यथास्थिति के नाटक होकर रह जाते हैं। 'आषाढ़ का एक दिन,' 'लहरों के राजहंस' और 'आधे अधूरे'—हर नाटक इस निष्कर्ष को प्रस्तुत करता है। नाटक के आरम्भ में लगता है कि नाटककार जैसे किसी नई, अनछुई दुनिया में प्रवेश करनेवाला है और पहले दोनों अंकों में यह आशा लगातार बनी ही रहती है लेकिन तीसरे अंक के अन्त तक आते-आते वह प्रायः बिखर जाती है। मुझे लगता है कि इसके पीछे कहीं न कहीं राकेश का कहानीकार वाला रूप ज़्यादा ज़िम्मेदार है। कहानी या उपन्यास में प्रायः पहले कथा को काफ़ी दूर तक फैला दिया जाता है और फिर आख़िर में आकर सभी कथा-तन्तुओं और बिन्दुओं को समेटना पड़ता है। बेशक कहानी और उपन्यास में जल्दी-जल्दी समेटने की कोई ज़रूरत नहीं होती लेकिन नाटक में रचनाकार न जाने क्यों जल्दी-जल्दी समेटने के लिए बेचैन हो उठता है। यदि ऐसा न हो तो फिर लम्बे-लम्बे स्पष्टीकरण देने की ज़रूरत ही क्यों पड़े। नाटककार को लगता है कि शायद अभी भी कुछ छूट गया है और यदि उसमें उस छूटे हुए के बारे में कोई सूचना नहीं दी तो कहीं कुछ आधा-अधूरा न रह जाए। ऐसी प्रक्रिया में नाटककार कम से कम शब्दों की अपेक्षा यदि बहुत ज़्यादा शब्दों को प्रयोग में लाने लगे तो कोई आश्चर्य नहीं। इसी के साथ यह सवाल भी बना रहता है कि आख़िर यह नाटक मुख्य रूप से किस पर केन्द्रित है—कालिदास पर ? मल्लिका पर ? विलोम पर ? देखा जाए तो यह सवाल राकेश के तीनों नाटकों के बारे में उठाया जा सकता है—'लहरों के राजहंस,' नन्द का नाटक है अथवा सुन्दरी का या इन दोनों के बीच स्थित गौतम बुद्ध का ? 'आधे अधूरे' महेन्द्रनाथ का नाटक है या उसके बहाने से सभी पुरुष पात्रों का नाटक है अथवा सावित्री का ? प्रायः किसी श्रेष्ठ नाटक में

किसी एक पात्र की प्रधानता स्वतः दिखाई दे जाती है जिसे नाटकीय मुहावरे में प्रोतेगनिस्त कहा जाता है लेकिन राकेश के उपर्युक्त तीनों नाटकों में ऐसा कोई स्पष्ट विभाजन करना बहुत मुश्किल है। इसे नाटक की कमज़ोरी माना जाए या गुण ? आख़िर नाटककार की सहानुभूति, उसका पक्ष और विचारधारा किसके साथ है ? यदि हम नाटककार की इस दुविधा को नाटक के आलेख की कमज़ोरी मानकर चलें और उसके आधार पर उसकी प्रस्तुतियों की समीक्षाओं पर दृष्टिपात करें तो हम पाते हैं कि प्रायः सभी नाट्य समीक्षकों ने भी इस तरफ़ ध्यान दिलाया है। दूसरी तरफ़ नाटक इस सम्भावना को भी खुला रखता है कि जब-जब अलग-अलग निर्देशकों ने उसे मंचित किया तो किसी ने मल्लिका, किसी ने कालिदास और किसी ने विलोम को अपनी प्रस्तुतियों में रेखांकित करने की कोशिश की। वैसे यह कोई नई कोशिश भी नहीं। ऐसी सम्भावना नाटक में यूँ भी मौजूद रहती है।

इसमें कोई सन्देह नहीं कि अपनी सारी सीमाओं और सम्भावनाओं के बावजूद 'आषाढ़ का एक दिन' सिर्फ़ हिन्दी रंगमंच का ही नहीं वरन् सम्पूर्ण भारतीय रंगमंच का एक महत्त्वपूर्ण नाटक है, जिसने पहले अपने प्रकाशन और बाद में अपने मंचन से आज़ादी के बाद के आधुनिक हिन्दी रंगमंच का सूत्रपात किया। यह आधुनिक रंगमंच इतिहास अथवा अतीत को समकालीनता से जोड़नेवाला रंगमंच है। यह आधुनिक रंगमंच व्यक्ति की नई सोच, नई संवेदना का रंगमंच है और यह यथार्थवादी रंगमंच के सन्दर्भ में कथ्य और शिल्प के स्तर पर किस तरह से भारतीय और पश्चिमी दृष्टिकोण और संरचना का मिश्रण करके एक नई शैली का निर्माण करता है जो अपनी भाषा, अपने मुहावरे और तेवर में अन्ततः नितान्त हमारा अपना हो जाता है इसका प्रतिनिधि है 'आषाढ़ का एक दिन।'

●●●